KB155893

어휘 능력
Lexical Competence

어휘 능력
Lexical Competence

Diego Marconi(디에고 마르코니) 지음

신명선, 이기연, 차경미, 강경민 옮김

역락

우리가 개인의 능력이 외연을 실질적으로 결정할 만큼 매우 강해야 한다는 생각을 포기할 때, 우리는 마음에 대한 연구를 새로운 틀에서 시작할 수 있다.

– H. Putnam, 『의미의 의미』

감사의 말

현재 작업의 대부분은 1992년 7월 볼차노(Bolzano) 대학의 '언어 철학' 하계 강좌를 위해 조직된 것이다. 의미와 어휘부에 대한 흩어져 있는 생각들에 순서를 매길 수 있는 기회를 준 Liliana Albertazzi, Roberto Poli에게 감사드린다. 강좌의 참가자 중에 Roberto Casati와 Achille Varzi는 특히 논의에 적극적이었다. 하계 강좌를 위한 강의 노트는 광범위하게 회람되었으며, Aldo Antonelli, Alessandra Damiani, Vittorio Di Tomaso, Giancarlo Mezzanatto, Alfredo Paternoster, Anna Maria Goy, Dario Voltolini와 같은 많은 친구들과 학생들이 조언을 주었다. 1992년 강의의 본문은 현재의 형태에 이르기까지 많은 변화를 겪었다. 원문의 발전에 중요한 사건은 산마리노(San Marino) 대학의 '언어와 이해' 강좌(1995년 6월)에 참여했던 참가자와 관련된 것이다. 여기서 나는 볼차노 대학에서 발표한 생각 중 일부를 새롭게 발표하고, 강좌를 함께 가르쳤던 Ray Jackendoff 및 참가자들과 토론할 수 있었다. 모든 이탈리아 언어 철학자들의 과학적 삶의 중요한 부분인 산마리노 대학의 강좌 및 많은 행사의 지치지 않는 조직자인 Patrizia Violi에게 감사드린다. 한편, 이 책에 있는 자료의 출처는 다음과 같다.

1장의 첫 부분은 Nunzio La Fauci가 감독한 그룹 중 하나인 팔레르모(Palermo) 대학에서 강의한 것이다. 이것은 나중에 N. La Fauci(편), *낙천*

자의 옷감(*Il telo di Pangloss*, 이탈리아 팔레르모: L' Epos, 1994)으로 출간되었다.

2장은 로마(Rome) 대학, 볼로냐(Bologna) 대학, 로마 국제 전체론 워크숍(1994 12월)에서 발표한 전체론에 대한 여러 논문을 바탕으로 조직되었다. 이 논문을 읽은 사람 중, Umberto Eco, Marcello Frixione, Marco Santambrogio에게 감사하고 싶다. 이 장의 일부의 초기 판은 1994년 인공지능을 위한 이탈리아 협회(AI*IA) 회보에 실렸다.

3장은 David Charles, Nathan Salmon, Tim Williamson과 논의한 두브로브니크(Dubrovnik) 대학 하계 강좌 '의미와 자연적 종류(1986)'에서 제시한 논문의 자료를 담고 있다. 이후 이 논문은 "어휘 능력의 두 측면(*Lingua e Stile*, 1987)"에 실렸다. 이 논문의 나중 판을 Pier Marco Bertinetto, Jim Higginbotham을 포함한 많은 사람들이 읽고, 논평을 주었다. 현재 형태의 3장은 1995년 2월 아리스토텔레스 학회에서 발표한 논문에 기반하고 있다. 이 학회에서 Jonathan Dancy, Barry Smith가 준 논평에 특히 감사드린다. 이 논문은 같은 해에 발표 자료집에 실렸다. 신경심리학적 자료는 투린(Turin) 대학의 인지 과학 센터 세미나에서 발표되었으며, Bruno Bara, Leonardo Lesmo, Marina Zettin을 비롯해 여러 회원들과 논의하였다. 이 논의에서 Remo Job과 Giuliano Geminiani의 조언이 정확했다.

4장의 대부분은 새로운 내용이다. 그러나 일부 자료는 이전 논문 두 개에서 나온 것이다. 하나는 의미에 대한 Karlóvy-Váry(1993년 9월) 회의에서 발표되고, 의미와 지시에 대한 *Karlóvy-Váry 연구*(1995년, 프라하)에 실렸다. 다른 하나는 "어느 의미론인가?(Which semantics?, 1995년 12월, 이탈리아 볼차노)" 회의에서 발표한 것이다. 진리 조건에 관한 분과는 Richard Rorty와의 토론이 도움이 되었다.

5장은 1995년 1월 밀라노 가톨릭 대학에서 발표한 논문에 기반을 두고 있으며, Mike Martin, Scott Sturgeon, Alberto Voltolini가 토론에 참여한 제노바 '생각과 존재론 회의(1995년 11월)'에서도 발표되었다. 훨씬 초기 판은 1991년 파두아(Padua)에서 '열린 지시에 대한 회의'에서 발표되었으며, Joseph Almog, Keith Donnellan, Paolo Leonardi, Ernesto Napoli와 토론하였다.

현재 6장의 초기 판은 부다페스트의 John Von Neumann 학회에서 강의되었으며, 나중에 프랑스 잡지 "기호학(*Sémiotiques*, 1991)"에 실렸다. 이탈리아어 번역은 "인식론(*Epistemologia*, 1993)"에 실렸다. 이후 판은 1992년 5월 아테네의 피츠버그 과학 철학 센터의 교수 회의에서 발표되었다. Jonathan Berg는 가장 훌륭한 조언자였으며, 이 논문의 일부 버전에 대해 논평한 사람들 중 Andrea Bonomi, Michele Di Francesco, Marcello Frixione, Carlo Penco, Philip Pettit, Nicholas Rescher, Marco Santambrogio, Patrizia Violi에 대해 언급하고 싶다.

이 책의 처음 세 장에 대한 Pieranna Garavaso의 조언은 특히 유용했다.

동료이자 친구인 Paolo Casalegno와 Carlo Penco는 책의 전반적인 기획에 있어 다양한 방식으로 나를 지원했다. Carlo의 격려 없이는 이 책을 쓸 수 없었으며, Paolo의 비판 덕분에 이 책이 훨씬 나아졌다고 말하는 것이 맞을 것이다. 두 사람에게 깊이 감사드린다.

옮긴이의 말

이 책은 Diego Marconi의 'Lexical competence(1997, MIT Press)'를 번역한 책이다. Marconi는 2017년까지 이탈리아 토리노 대학교에서 언어 철학을 가르쳤다. 이 책은 Marconi의 광범위한 언어 철학적 지식을 기반으로 '어휘 능력'을 구체화하고 있는 책으로서, 언어에 관한 철학적 논쟁과 어휘 능력 규정 시 쟁점화될 수 있는 논점을 풍부하게 담고 있다.

우리 네 명의 번역자들은 모두 (한)국어교육학자로서 어휘교육에 깊은 관심을 갖고 있다. 어휘교육의 목표로 언급되는 어휘 능력이 무엇인지 고민하던 차에 이 책을 접하게 되었다. 그러나 철학적 지식이 부족한 탓에 이 책을 읽어나가는 것은 매우 힘들었다. 이 책을 접한 지 20년 가까이 되었지만, 지금도 여전히 철학적 내용에 대한 Marconi의 익살스런 비판이나 비아냥거림 등을 이해하기는 쉽지 않다.

그럼에도 우리는 용기를 내어 이 책을 번역하기로 하였다. 우선은 어휘 능력에 대한 Marconi의 깊이 있는 혜안과 논증이 깊은 학문적 의의를 갖는다고 생각했기 때문이다. 그리고 무엇보다도 '어휘 능력'은 어휘교육의 목표로서 이에 대한 깊이 있는 성찰이 어휘교육적 논의를 활성화하는 데 크게 기여할 수 있다고 생각했기 때문이다.

이 책은 크게 두 부분으로 나뉠 수 있다. 이 책의 1장과 2장은 언어에 관한 철학자들의 논쟁을 사적으로 고찰하면서 각 철학자들의 언어 논의가 갖는 장점과 단점을 개괄하는 데 할애되었다. Marconi는 기존 철학자들의 논의를 자신의 입장에서 날카롭게 비판하면서 어휘 능력과 의미론을 구분 짓고 어휘 능력에 대한 본인의 논의 기반을 마련하고 있다. 3장~ 6장에는 어휘 능력에 대한 Marconi의 생각이 전개되고 있다. 이 책에서 Marconi는 어휘 능력을 '지시 능력'과 '추론 능력'으로 나눈 뒤 각각의 개념을 구체화하고 있다.

만일 언어 철학적 지식이 부족하거나 언어 철학에 관심이 없는 독자라면 3장부터 읽는 것을 권한다. 1장과 2장은 언어 철학적 지식이 부족한 사람들이 읽기에는 버겁다. 특히 언어 논리를 다루는 부분은 이에 대한 기반 지식이 없으면 이해하기 쉽지 않다. 그러나 3장~6장은 어휘 능력이 무엇인지를 깊이 있게 다루고 있을 뿐만 아니라 어휘교육에서 반드시 고민해야 하는 여러 가지 논제들이 풍부하게 담겨 있어 매우 흥미진진하고 비교적 읽기 쉽다.

이 책을 번역하는 과정에서 가장 힘들었던 것은 역시 철학 용어들이었다. 우리는 여러 가지 언어 철학서들을 찾아보고 함께 토론하면서 오독을 줄이기 위해 최대한 노력하였다. 그러나 오독에 대한 두려움은 여전히 존재한다. 만일 오독이나 잘못된 번역 용어를 발견하면 우리에게 메일을 보내 주시기 부탁드린다.

번역하는 과정은 힘들었지만 우리는 Marconi의 사고의 흐름을 따라가면서 생각하는 즐거움, 학문하는 즐거움을 만끽했다. Marconi는 평소에 철학과 인지 과학, 컴퓨터 공학의 융합을 주장했던 학자로 알려져 있다. 이 책에서 그는 그의 풍부한 지식을 바탕으로 넓으면서도 깊이 있는 융합적 논의를 펼쳐 나간다. 바야흐로 융합의 시대에 우리가 갖고 있는 교육적 안목을 넓힐 수 있는 좋은 길잡이가 되었다. 때로는 커피숍에서 때로는 스터디룸에서 Marconi를 만나면서 우리는 어휘교육에 대한 즐거운 꿈을 꿨다. 우리 네 명이 누렸던 행복한 상상을 이제 독자 여러분과 나누고자 한다. Marconi를 진정으로 이해하는 것이 쉽지는 않겠지만 Marconi가 독자 여러분의 학문의 길을 더욱 깊고 풍부하게 해 줄 것이라 믿는다.

이 책은 문법교육학회의 번역 총서 기획으로 시작되었다. 이 자리를 빌려 학회와 학회 임원진들에게 감사를 드린다. 그리고 조용히 성실하게 편집을 해 주시고 책을 내 주신 역락 출판사에도 감사를 드린다.

마지막으로 국립국어원의 이기연 선생, 서울대 국어교육연구소의 차경미 선생 그리고 서울대에서 한국어를 가르치고 있는 강경민 선생에게 깊은 감사를 드린다. 모두가 학문에 대한 깊이 있는 열의를 갖고 있어서 우리의 만남과 번역 작업은 힘들었지만 늘 즐겁고 보람찼다. 모두에게 학운이 융성하길.

2019. 3.

인하대 국어교육과 신명선

도입

이 책은 하나의 철학적 문제, 이름하여 자연언어를 이해할 수 있는 자연언어 시스템과 그렇지 않은 인공 언어 시스템의 차이가 무엇인지에 대한 것이다. 원래 이 질문은 내가 인공적인 자연언어 처리 시스템을 공부하고 있었던 1980년대 초에 시작되었다. 근본적으로 인공적인 자연언어 처리 시스템에는 무슨 문제가 있는가? 많은 사람들에게 시스템이 *진정으로* 언어를 이해하지 못한다는 점은 왜 그렇게 분명한 것처럼 보이는가? 진정한 의미 능력을 시스템에 부여하기 위해서는 무엇을 할 수 있는가? 이러한 질문에 대답하기 위해서 우리 자신의 의미 능력을 조사하는 것, 즉 *우리가* 언어를 이해하기 위해 어떤 종류의 지식과 능력을 가지고 있는지 조사하는 것이 유용할 것이다.

처음부터 나는 *단어*의 이해에 집중하였다. 이 단어들은 '모든 것(all)', '그리고(and)', '필수적으로(necessarily)'와 같은 단어가 아니라 '노란색(yellow)', '책(book)', '차다(kick)'와 같은 단어를 말한다. 그 이유는 두 가지였다. 하나는 Frege에서 유래된 철학적 의미론의 전통 안에서 만들어진 연구 방법은 일반적으로 자연연어에서 의미를 연구하는 방법에서 다른 대안보다 훨씬 우월하지만, 단어의 의미를 적절하게 설명하지 못하는 것으로 보인다(그러한 부적절함의 속성과 불충분한 뿌리의 일부는 제1장에서 탐구된다.). 어휘 의미론(lexical semantics)은 많은 사람들에게 모형

-이론적 의미론(model-theoretic semantics)과 진리 조건(truth conditions)의 개념을 중심으로 하는 다른 연구에서 문제 영역으로 인식되었다. 더욱이, Frege의 전통에서도 능력에 관한 질문에 만족스러운 답을 이끌어내기 어렵다는 점에서 어휘 수준에서 이런 식의 부적절함은 부분적으로는 책임이 있는 것처럼 보인다. (Frege의) 전통은 문장의 진리 조건에 대한 지식을 가지고 의미에 대한 지식(즉, 의미 능력)을 확인하는 경향이 있었다. 그러나 진리 조건은 진리 조건에 대한 지식이 완전한 의미 능력으로 식별될 수 없는 방식으로 논의되었고, 대부분의 어휘 단위의 의미가치가 명시되지 않은 채 남겨진 것처럼 보였다. 사실, 어휘 의미를 설명하기 위해 의미 공준(meaning postulates)과 다른 장치가 있었다(그것들과 관련하여 발생하는 문제 중 일부는 2장에서 논의된다.). 그러나 어휘 능력의 전체 내용을 설명하는 데 있어 부족한 점은 이미 지적되었는데, 특히 Barbara Partee(1981)의 지적이 그것이다.

다른 한편으로, 문제를 이해와 능력으로 설정하는 것은 단어를 즉각 전경으로 가져오게 한다. 예를 들어, 자연언어 문장을 여러 가지 방법으로 처리할 수 있지만 각각의 의미가 어떻게 식별되더라도 문장을 구성하는 단어의 의미를 무시하는 인공 시스템은 유능한 것으로 간주되기 어렵다는 것이 분명해 보인다. 그러한 시스템은 '고양이는 매트 위에 있다.'와 '책은 탁자 위에 있다.'라는 문장의 차이를 알지 못하거나 또는 능력 있는 인간 화자가 문장의 의미를 안다고 말하는 것과 같은 의미로는 문장의 의미를 알지 못한다. 분명히 *어휘* 능력, 즉 단어를 사용하는 능력은 의미 능력의 필수 요소이다. 그래서 다음과 같은 질문이 제기된다. 단어를 사용하는 우리의 능력은 무엇으로 구성되는가? 어떤 종류의 지식, 그리고 어떤 능력이 인간의 어휘 능력의 기초가 되는가?

단어를 사용할 수 있다는 것은 한편으로 단어와 다른 단어, 그리고 언어 표현 사이의 연결로 이루어진 망에 접근하는 것과 같다. 즉, 그것은 고양이가 동물임을 아는 것, 어딘가에 도착하려면 움직여야 한다는 것을 아는 것, 질병은 치료될 수 있다는 것을 아는 것 등이다. 다른 한편으로 단어를 사용할 수 있다는 것은 어휘 항목을 실제 세계에 주사(map)하는 방법, 즉 *명명*(주어진 대상이나 상황에 대한 응답으로 올바른 단어 선택)과 *적용*(주어진 단어에 대한 응답으로 올바른 대상이나 상황 선택) 두 가지를 할 수 있는 것이다. 두 가지 능력은 서로 매우 독립적이다. 이에 대해서는 3장에서 자세히 설명하고 있다.[1] 전자의 능력은 우리의 추론 수행에 기초가 되는 것으로 추론 능력이라 부를 수 있다. (예를 들어, 동물에 관한 일반적인 규칙을 고양이에게 적용하는 것이다.) 후자는 *지시* 능력이라 부를 수 있다. 표준적인 종류의 자연언어 "이해" 시스템은 *추론적으로 제한된* 것으로 기술될 수 있다. 이러한 시스템은 언어적 묘사에 의해서만 세상에 접근할 수 있기 때문에 지시 수행을 할 수 없다. 오직 그러한 시스템은 *우리가* 세상에 연결되어 있는 방식, 즉 지각과 행동에 가까운 방식으로 세계와 연결되는 것을 통해서만 진정한 이해의 방향으로

1) 능력에 대한 이론은 아니고 내포(외연의 반대로)에 대한 이론이긴 하지만 1940년대에 C. I. Lewis에 의해 비슷한 설명이 제안되었다는 사실을 나중에 발견하였다. Lewis는 표현의 언어적 의미, 그 표현과 다른 표현의 정의와 다른 관계의 망, 그 개념적 의미 또는 우리가 직면할 수 있는 상황과 사물을 표현하기 위해 그러한 표현을 사용할지, 사용하지 말지를 선택하는 정신적 기준 사이의 구분을 (의도적으로) 내렸다. Lewis는 개념적 의미가 반드시 이미지와 연결되어 있다고 생각했다. 사물이 실제로 존재하기 전에 사물과 언어적 표현을 연결할(그것에 적용하면서) 수 있는 것은 순전히 이미지화 덕분이다. 그러나 개념적 의미는 이미지가 될 수 없다. 이미지는 요구되는 일반론을 가지지 않기 때문이다. (이 지점에 대한 논의는 6장을 보라.) 그들은 오히려 Kant의 스키마와 동일시되어야 한다. (이 역시 6장을 보라.) 그러한 흥미로운 견해는 1960년대에 모든 유형의 검증주의와 조작주의(역자 주: 과학적 개념은 그 개념을 측정한 구체적인 절차나 정신적 조작에 의하여 규정되어야 한다는 견해, 출처: 표준국어대사전)를 거부한 채 살아남을 수 없었다.

나아갈 수 있다(이 효과에 대한 몇 가지 제안은 6장 참조).

나중에 발견한 것이지만, Glyn Humphreys와 다른 신경심리학자들의 뇌 손상 환자에 대한 경험적 연구를 통해 내가 그려 왔던 어휘 능력의 직관적인 그림을 어느 정도는 확인했다. 추론 능력과 지시 능력은 분리된 것처럼 보인다. 심각하게 손상된 지시 능력과 온전한 추론 능력이 공존하는 많은 사례가 보고되었고, 최근에는 반대의 경우도 기술되어 있다. 한 여성이 자신이 명명할 수 있는 일반적인 사물들을 언어로 특징짓지 못하는 사례이다. 그녀에게 전화는 단지 '전화'라고 이름 붙여진 어떤 것이다. 다른 특징은 없다. 이러한 사례들과 어휘 능력에 대한 도식은 3장의 후반부에서 논의된다.

철학은 날마다의 과학 연구의 결과에 관심을 가져서는 안 된다고 주장되기도 한다. 과학 연구의 결과는 악명 높게 불안정하며 이에 대한 해석이 단순하지 않고, 종종 각기 다른 연구자의 이론적 선입견에 대한 Procustes의 침대[2)]를 강요한다. 또한 철학은 이러한 모호한 자료에 의존해서는 안 된다고 주장한다. 그러나 과학 연구의 결과가 실제로는 불안정하다는 것(일부는 다른 것보다 불안정성이 적지만)을 인정한다 해도 나는 보편적인 원칙에 동의하지 않는다. 나는 철학적 연구가 과학 연구보다 덜 잠정적이고, 보다 안전하다고 생각하지 않는다. 나는 철학이 Platon적 편향으로부터 기인하는 것으로 경험적 지식의 변천으로부터 어떻게든 지켜져야 한다고 생각한다. 철학적 탐구는 사물의 분리된 영역과 관련이 있으며, 그 사물(어떤 대상이든 간에)에 직접적으로 접근하기 때

2) 역자 주: 그리스신화에 나오는 이야기에서 유래된 것으로, 침대에 사람을 눕혀 침대보다 사람이 크면 다리를 잘라 죽이고, 사람이 침대보다 적으면 몸을 늘려 죽였다고 한다(출처: pmg 지식엔진연구소, 시사상식사전, 박문각).

문에 축복받았다고 생각한다. 이 경우도 마찬가지이다. 철학은 언제나 과학에 충실하지만, 철저히 비판적인 동반자이다.

1970년대 후반과 1980년대에 많은 사람들이 의미(능력은 아니다)의 '이중' 도식을 제시했다. 그러나 적절하게 '이중 양상 의미론(dual-aspect semantics)'이라고 불리는 McGinn, Block, Loar, (일부 시각에서의) Fodor와 다른 사람들에 의해 옹호된 이론은 내가 제안하고 있는 능력의 이중 도식을 위한 기초는 될 수 없는데, 양상 의미론에서 지시적 요소는 *외부적*이라고 여겨지기 때문이다. 게다가, 이중 구성 이론을 옹호하게 된 동기의 일부는 Putnam과 관련 학자들이 적어도 의미의 측면이 머릿속에 있지 않다는 것을 보여 주었다고 믿었기 때문이다. 그들에 의하면 의미는 외부 환경, 자연적이고 사회적인 환경에 의해 결정된다. 반면에 지시 능력은 인간 마음의 인지적인 능력이다. 이러한 점에서 그것은 전적으로 "머릿속에" 있다. 이중 양상의 그림에서 생각한 지시는 단어의 객관적인 속성이다. *누군가*의 단어에 대한 지시 능력이 해당 단어를 지시하는 데 적절하리라는 보장은 없다. 따라서 나의 의미에서의 지시 능력은 이원론자(또는 좀 더 일반적으로는 외재주의자의)의 의미에서의 지시에 대한 지식과 동일시될 수 없다. 실제로, 특히 강경한 외재주의자는 내가 사용하는 '지시 능력'은 잘못된 용어라고 말할 것이다.

이러한 갈등에서 벗어나는 쉬운 길이 있다. 그것은 의미에 대한 이론으로부터 능력에 대한 이론을 깔끔하게 분리하는 것이다. 그렇게 되면 외재주의자나 이원론자의 의미를 인정할 수 있다. 즉, (개인적인) 지식과 능력의 복합체로 이해되는 어휘 의미 능력을 인정할 수 있고, 의미에 대한 지식, 의미 또는 의미의 일부가 부족해지는 것은 외재주의적으로 간주된다. 이것은 능력, 심지어 지시 능력이 가치 있는 탐구의 대상이 되지 못하게 막는다. 그러나 나는 그러한 쉬운 해결책이 만족스럽다고 생각하지 않는다. 왜냐하면 나에게는 능력에 대한 이론과 의미에 대한 외재주의적인 시각 사이에 교차하는 지역이 존재하는 것으로 보이며, 이것이 언어 사용의 현상이라고 생각하기 때문이다. 언어 사용이 어떻게 기술되어야 하는가? 예를 들어, Putnam이 느릅나무와 너도밤나무를 체계적으로 혼동함에도 불구하고 느릅나무를 지시하기 위해 '느릅나무'를 실제로 사용하고 있다고 말해야 하는가? (따라서 그가 만약 "큰 느릅나무 밑에서" 친구와 만나기 위해 나타났다면, 동시에 너도밤나무 아래에 있는가?) 다시 말해 우리는 관절염이 근육과 관절 둘 다에 원인이 있다고 믿는 Burge의 논의 속의 Bert가 그러한 부정확한 믿음에도 불구하고 실제로 관절염에 대한 전문가의 개념을 공유하고 있다고 말해야 하는가? 또는 패러다임적으로, 쌍둥이 지구의 주민들은 누구도 두 물질을 구별할 수 없고 어떤 쌍둥이 지구인도 H_2O를 '물'이라고 부르지 않았던 1750년 이전에도 XYZ(H_2O가 절대로 아닌)를 '물'이라는 단어를 사용하여 가리킨다고 말해야 하는가? 이러한 모든 경우에서, 능력에 대한 이론과 외재주의(와 이원론)이 관계를 끊는 경향이 있는 것 같다. 4장과 5장에서 나는 언어 사용이 능력의 관점에서 개인의 능력이 위치하는 규범적 환경을 고려함으로써 설명될 수 있음을 보여 주려고 한다. 차례로 그러한 규범적 환경은 절대적인 규범 또는 표준의 존재를 가정하지 않아도 준-자연주의적 용어로 기술될 수 있다. 물론, 그러한 설명은 그것이 만족스럽더라도 외재주의의 논증에는 미치지 못한다. 그것의 의도된 효과는 오히려 외재주의의 의미를 언어 사용의 기술에서 어떠한 유용한 역할도 하지 않는 게으른 바퀴로 만드는 것이다. 이러한 면에서 나의 주장은 의미를 하늘에서 땅으로 가져 오는 시도이기 때문에 많은 사람들이 불만을 가질 것으로 예상한다. 천국은 지상보다 훨씬 좋은 곳이기 때문이다.

차례

제1장 어휘 의미에 대한 지루한 논쟁

Frege의 전통과 어휘론

철학적 의미론의 전통에서 어휘 의미에 대한 논의는 많지 않다. 그동안은 의미의 다른 측면, 내가 앞으로 계속 *'구조적(structural) 또는 합성적(compositional)'* 측면이라고 부를 측면에 초점을 두어 왔다. 이것은 Hilary Putnam이 1970년대에 "그것은 '의미 이론(semantic theory)이라는 총체적인 아이디어를 불러일으키는 … 작문 사전(그리고 작문에서 필요로 하는 사전)의 현상...이다(Putnam, 1975b: 150).[1]"라고 이미 기술했다는 사실에 비추어 보면 놀라운 일이다. '의미'라는 단어는 종종 개별 단어와 상투적으로 연계되어 등장한다. 우리는 '화장하다(火葬하다, cremate)'라는 단어가 무슨 뜻인지 궁금해 하거나 '진홍색(crimson)'이 정확하게 어떤 색을 의미하는지 궁금해 하거나 '방탕한(profligate)'과 '음탕한(licentious)'이 동일한 의미인지 아닌지 등을 궁금해 한다. 철학자가 아닌 보통 사람들은 '만약... 그렇다면(if... then)'의 의미나 과거 시제가 무엇인지, 불완전 상(imperfect aspect)이 문장의 의미에 어떤 영향을 미치는지 등을 궁금해

1) 어휘론을 적절하게 다루지 않은 의미론은 전혀 의미론이 아니다(Bonomi, 1987: 69).

하지 않는다. 또 'John이 달린다(John runs)'의 의미가 어디에서 생겨난 것인지, 'John'과 '달린다(run)'의 의미가 어떻게 합성되는지-합성 의미론(compositional semantics)의 전형적인 논의 주제인- 등도 궁금해 하지 않는다. 물론 그런 통찰력이나 언어학적인 전통은 정확성을 요구한다. 그럼에도 그러한 것들이 완전히 무시되는 것은 놀라운 일이다.

더 놀라운 것은 이와 같은 것이 그동안 전혀 논의되지 못했다는 점이다. 다는 아니지만, Frege가 그의 논의의 시발점이 된 1982년의 논문(1980a)에서 제기한 의미적 논쟁들 중의 상당수는 개별 단어들과 관련되어 있다. -'Aristotle', '사람(man)', '금성(Venus)', '말(horse)' 그리고 '비엔나(Vienna)[2)]' 등과 같은 단어들- 사실, 의미론에서 '합성'을 강조하는 것은 거슬러 올라가면 Frege의 영향으로 볼 수 있다. 논리적 기본 개념으로서의 진리(truth), 의미론의 기본 논의 주제로서 사고와 진리의 관계(the connection of thought and truth), '사고를 위한 적절한 표현 수단'[3)]으로서의 문장, 본질적인 의미 가치(essential semantic value)로 생기는 문장의 진리 조건(truth condition)에 대한 구성성분들의 기여 등을 통해, Frege는 합성 의미론의 길을 열었다. 그러나 Frege는 그가 '*Gedankenbausteine*'[4)5)]라고 불렀던 사고의 구성 요소(the building blocks of thought)에 대한 관심을 결코 놓지 않았었다. 그는 지속적으로 문장의 의미 형성에 기여하는 개별 단어들의 의미 가치에 대하여, 간단하게 말해, 어휘 의미에 대해 궁금해

---

2) "마음과 의미에 대하여(Über Sinn und Bedeutung)"에서의 'Aristotle', "개념과 대상에 대하여(Über Begriff und Gegenstand)"에서의 기타 사람들(둘 다 Frege: 1980a), "의의와 의미에 대한 논평(Comments on Sense and Meaning, Frege, 1979: 119, 120, 123 등)" 그리고 "논리(Logic, Frege, 1979: 139-140)"등을 보라.
3) "논리(Logic, Frege, 1979: 126)"
4) "수학에서의 논리(Logic in Mathematics, Frege, 1979: 225)"
5) 역자 주: 독일어에서 'gedanken'은 '사고'를 'bausteine'는 '구성 요소'를 가리킨다.

했다. Russell과 그 밖의 다른 사람들의 비판에도 불구하고, 그는 결코 개별 표현을 위한 *'의의(sense)'*의 개념을 포기하지 않았다. 즉 개별 구성 요소들의 의미적 기여가 그것의 외연(denotation)을 흐리게 하는 것은 아니라는 생각을 포기하지 않았었다.

어휘 의미의 쇠퇴

그러나 1920년대에 이것은 완전히 잊혀졌다. 왜일까? 한 가지 이유는 Wittgenstein이 '논리철학논고(Tractatus, 1922: 6.1224)'에서 언급한 것처럼 논리(logic), "형식과 추론(form and inference)의 이론"이 의미론의 핵심으로 간주되었기 때문이다. 그리고 논리는, 물론, 오직 구조적 문제와 관련되어 있었다.

또 다른 이유는 구조적 문제가 지배적이었기 때문이다. 어휘 의미적 문제는 *없는* 것으로 생각되었다. Tarski 이전에 의미론에 관해 가장 영향력 있는 책인 '논리철학논고(Tractatus)'를 보라. 이 책에서, 어휘적 단위는 이름으로 압축된다. 명명하고 있는 대상이 실제로 무엇이든 간에 '이름'의 총체적인 의미적 기능은 '명명하기(naming)'이다. '명명하기'가 자연언어 단어나 그것의 일부와 일치하는 것으로 생각되느냐의 여부와 상관없이 무엇인가를 명명한다는 간단한 사실을 넘어서는 의미적 기능에 대해 논하는 의미 이론은 아예 없었다.[6] 순수한 사물은 내적 속성(internal properties)과 이름을 가지는데[7] 그러한 속성은 순수하게 결합되는 것으

6) 실제로 이것은 '논리철학논고(Tractatus)'의 전문적인 의의(Technical Sense)에서도 사실이 아니며 심지어 말해질 수도 없다. 그것은 스스로 보일 뿐이다.

로 간주되었다. 이러한 측면에서 이름의 의미론은 다소 통사론(syntax)과 유사하다. 이름의 내적 속성은(그것이 무엇이든 간에) 그것의 '의미적 내용'을 구성할 수 있는 것으로 보기 어렵다. 의미적 내용(the Bedeutung)은 단지 명명된 사물이고, 의의를 고려해 보면 아무것도 아니다. 언어에서 그 밖의 모든 것은 결합된다.

학계의 전통상 또 하나의 영향력 있는 저작인 Carnap의 '언어의 논리적 통사(Logical Syntax of Language, 1937)'를 보라. 이 책에서는 의미해석을 번역으로 축소시켰다. "현 저작들에서, 우리가 늘 말하는 언어의 해석에 의해... 명시적 진술의 방법... 언어적 표현의 해석 S_1은... 언어 S_2로 번역됨으로써(1937: 228)". 전형적으로 어휘적 단위 S_1의 해석은 그것에 딸린 어휘적 단위 S_2로 구성된다. Carnap의 예들 중 하나에서, *k*로 기술되는 단일 술어 'P_1', ... 'P_k'는 "의미와 동등하다(Carnap, 1937: 230)."라고 규정되어짐으로써 영어 단어 '빨강', ... '파랑' 그리고 다른 색깔 단어들로 번역된다. 단어의 의미는 단순하게 다른 번역된 단어로 가정되어 주어진다. 개별 단어의 의미를 설명하려고 하는 어떤 시도도 그것이 의미론의 한 분야로 필요한 것인지에 대해 명시적으로 주목하지 않았다.

Tarski와 어휘부(lexicon)의 의미적 분류

그리고 Tarski의 (오래 가진 못했지만) 의미론이라고 할 수 있는 지시에 대한 이론(theory of reference)이 있다. Tarski의 의미론 그 자체가 잊

7) "Wittgenstein의 '단순체(simples)'는 유용한 비합성성을 가지는데 일종의 합성성을 갖는 것처럼 다뤄질 수 있는 동의할 수 있는 속성과 결합된다(Pears, 1979: 202)."

혀진 것은 아니라는 점을 다시 언급하는 것은 중요하다. 정말로, 어휘 의미의 분석에서, Tarski는 Frege의 전통에서 그 이전의 대부분의 연구자들을 넘어섰다. 제1언어(first-order language)에 대한 Tarski의 해석에서, 개별 상수(constant)는 해석 시 대상에 할당되며, 단항 술어들은 대상들의 집합(set)에 할당되고, 이항 술어들은 순서대로 짝지어진 집합에 할당된다. 기능적 기호들은 그 영역을 넘어서는 적절한 기능을 할당받는다. 그러므로 Tarski는 언어의 기술적 상수들(descriptive constants), 그것의 어휘적 단위들을 추론의 논리적 유형으로 분류했다. 즉 그는 그것들을 개체를 지정하는 단어들, 개체의 집합을 지정하는 단어들 등등으로 분류했다. 그는 통사적으로 잘 정리된 인공 언어를 연구 대상으로 했기 때문에 문법 범주와 의미 범주가 1:1로 대응한다는 가정을 문제없이 고수할 수 있었다. 만약 단어가 통사적으로 하나의 술어라면 그것은 개별적인 집합으로 지정했다. 그리고 반대의 경우나 모든 다른 범주에도 유사하게 하였다. 그 가정은 연구자들에게 모형-이론적 의미론(model-theoretic semantics)의 틀로 이어졌다. 그리고 그것은 두드러지게는 Richard Montague와 그의 원리에 의해 자연언어에까지 적용됐다.[8)] 우리가 앞으로 보게 되겠지만, *자연언어*의 경우에는 이러한 가정을 적용하는 것이 어려우며 그러한 어려움은 어휘 의미론의 장애물이 되어 왔다.[9)]

---

8) 문법과 의미 범주 사이의 일정한 대응을 영어와 같은 자연언어가 갖고 있다는 그런 믿음은 영어가 Kaplan(1970)의 의미에서 "논리적으로 완벽한" 언어라는 믿음의 일부분이다.
9) 내가 아는 한 현대에 와서 단어를 모든 의미적 기능과 동일한 것으로 생각할 이유가 없다는 점을 언급한 첫 번째 사람은 Wittgenstein이다. "도구 상자에 있는 도구(망치, 펜치, 나사돌리개, 자, 아교냄비, 접착제, 못, 나사 등)들을 생각해 보라. 각 단어들의 기능은 이러한 도구들의 기능처럼 다양하다(1953: 11장)." Putnam의 자연언어 단어에 대한 의미론은 하나의 동일한 문법 범주(보통 명사) 안에서의 의미적 변별성을 지적하는 것처럼 읽힐 수 있다. 더욱 최근에, Johnson-Laird는 동일 문법 범주 안에서조차 '내포의 비동일성(nonuniformity of intensions)'이 있음을 강조했다.

그러나 Tarski는 추론 유형에 기반을 둔 어휘 단위의 분류를 넘어서지는 않았다. 그는 동일 유형의 두 단어들 사이의 의미적 차이('개(dog)'와 '달리다(run)'와 같은 단항 술어들, '치다(beat)'와 '~의 왼쪽구성요소(left of)'과 같은 이항 술어들)를 명시적으로 설명하지는 않았다. 그의 이론은 뼈대만 있는 어휘 의미론이다. 그의 방법론은 형식적(formal)이고 자료의(material) 제약이 있는 언어를 대상으로 했으며, 진리를 정의하기 위한 구성성분 분석을 위한 방법론에 유용했기 때문에 그는 더 논의할 필요가 없었다.

Tarski가 어떤 어휘적 단위에 대해 그전보다 더 논의한 점은 종종 지적되어 왔다.[10] '그리고(and)', '않다(not)', '모든(all)' 등과 같은 논리적 단어들(logical words)의 경우에, Tarski의 설명은 단어들의 의미에 대한 설명으로서 충분히 만족스럽다. 그의 주장은 어느 정도 유지될 수 있지만,[11] 단어의 의미 가치를 성공적으로 설명했다는 평가가 Frege나 Wittgenstein보다 Tarski에게 주어지는 것은 적절치 않다. 여하튼, '논리 상수(logical constant)'에 대해 하나 또는 그 이상의 주장들이 있어서 행복한 것은 사실이다. Frege의 이론이든 Tarski의 이론이든 그것들은 자연 연역법 시스템(natural-deduction system)에서 제공하는 증명-이론적 설명(proof-theoretical account)일 수 있다. 우리는 Tarski의 설명에서, 접속사에 대

10) 예를 들어 Harman(1975)을 보라.
11) Field(1977: 410)는 논리적 연결사의 의미조차 본질적으로 번역적인 것으로 간주될 수 있다는 Tarski의 설명에 반대했다. 오직 '*p*'가 사실이 아닐 때만(그 해석과 관련하여) '~*p*'는 사실이다(해석과 관련하여)는 우리에게 '~'의 의미에 대해 아무것도 말해 주지 않는다. 그것은 '~'이 논리적 대상 언어에서 메타언어로서 '않다(not)'으로 번역되어진다고 말함으로써 드러나는 것은 아니다. 그러나 예를 들면 "'~*p*'는(어떤 번역에서) 단지 '*p*'가 거짓인 경우(동일한 번역에서)에 사실이다"와 같이 (적어도) 좀 더 정보적이라고 생각되게 진리 조건을 재진술하는 다른 방법이 있다. 비논리적인 단어들의 경우에 그렇게 명확한 어구로 나타내기는 어렵다.

한 의미적 평가와, 단항 술어의 의미적 평가 사이에 정보성 차이가 있다고 느낀다. 이것은 그러면 어휘 의미의 문제인가? Tarski(또는 Frege나 Gentzen)는 논리적 단어들(logical words)을 우리에게 겨우 몇 개 남겼는데 우리가 '걷다(walk)'에 대응하는 진리 함숫값 같은 뭔가를 발견할 것을 기대할 수 있는가?[12)]

그렇기도 하고 아니기도 하다. '걷다(walk)', '그림(painting)', '세피아(sepia)'[13)], '유치(inducement)'와 같은 그런 단어들의 경우에 있어서 우리가 정말로 필요하다고 느끼는 것은 단어들의 사용을 *명시적으로 설명해* 줄 수 있는 진리 함수에 근접한 어떤 것이다.[14)] 이것은 Tarski 의미론(또는 Montague 의미론)이 우리에게 주지 못한 것이다. 왜냐하면 그러한 설명은 유의어가 아닌 단어들에서는 서로 다르기 때문이다. 반면에 우리가 Tarski의 의미론에서 어떤 어휘적 정보를 뽑든 간에 그것은 '책상(table), 책(book), 걷다(walk)'에서 똑같다.[15)] 반면에 우리가 필요한 것은 *분명* 진리 함수 같은 것이 아니며, 진릿값 도출 원리가 명백하게 효과가 있는 것도 아니다. 접속에서 진리표에 의해 포착되는 것보다 아마도 '그리고(and)'의 의미가 더 중요하다.[16)] 그럼에도 여전히, '그리고(and)'의 경우에

12) Thomason(1974: 49)

13) 역자 주: 검은색에 가까운 흑갈색(출처: 표준국어대사전).

14) Philip Johnson-Laird는 어휘 수준에서의 명시적 설명의 필요성을 주장했다. "사람들은 어떤 정보가 술부의 내포에 대응하는 기능의 핵심인지 즉 어떤 개체가 갖는 속성을 특수화하기 위해 계산되어야만 하는 것을 알고 싶어 한다. 이러한 문제는 모형-이론적 의미론으로 잘 처리될 수 있다. 그것은 그것들이 어떻게 작동하는지 기술하지 않고 단순히 그러한 기능이 있음을 사실로 상정한다(1983: 172-173)."

15) 1장의 38-40쪽을 보라.

16) '그들은 결혼하여 아이를 가졌다(They got married and had a child).'와 '그들은 아이를 가졌고, 결혼하였다(They had a child and got married).' 사이의 차이점이 진리 조건 의미론과 '그리고(and)'에 의해 설명될 수 없다는 점은 오래 전에 지적되었다(Strawson, 1952: 80). 더 일반적으로 연결사의 (표준적인) 의미 규칙과 그것들의 총체적인 분열 사이의 균열에 대한 Grice의 언급을 보라(1975; 1978; 1989: 1장 8-9).

–'않다(not)', '또는(or)', '만약 ~ 그렇다면(if ~ then)'처럼– 우리는 우리의 의미적 직관의 상당수가 적절한 진리 함수에 의해 설명된다고 느낀다. 진리 함수는 적어도 논리적 단어의 사용에 대해서는 거칠지만 어떤 설명을 한다. 반대로 개별 집합을 언급하는 '걷다(walk)'는 너무 간략한 정보만 있어서 제대로 된 설명을 제공하지 못한다는 것을 알 수 있다.

Quine이 지시(reference)와 의의(sense)의 차이에 대해 다시 논의하다

1943년(1952년)에 분석 공동체를 만들었던 Quine의 '존재와 필요에 관한 메모*(Notes on Existence and Necessity)*'는 단순한 지시(reference) (또는 Quine의 용어로 '지정[designation]')보다 의미에 더욱 주목하게 만들었다. Tarski의 의미론은 의미에 대한 이론으로 해석될 수 *없다*. Quine 자신은 본래 '실체적인 약속(ontic commitment)', 조동사의 쓰임 그리고 양화사와 관련된 일반적인 내포적 맥락 등에 관심을 갖고 있었다. 그러나 그는 그의 문제들이 의미(meaning)와 지시(designation)의 혼동에서 생겨난 것이라고 생각했다(Quine, 1952: 77). 그러므로 그는 그것들의 차이를 지적했다. 예를 들어 '페가수스'와 같은 비지시적 단어들이 의미가 없는 것이 아니다. 페가수스의 의미는 우리에게 단어의 의미가 지시만은 아니라는 것을 알게 해 준다(Quine, 1952: 83). 더욱이 만약 의미가 단지 지시라면, 심지어 샛별과 개밥바라기가 같다는 실제 사실을 알고 있음에도, 형식 *a*=*b*라는 사실은 *a*와 *b* 사이에 의미적 유사성의 관계가 있다는 것을 말해 주어야 한다. 물론 진리는 실제 세계를 조사함으로써만 구축될 수 있다

(Quine, 1952: 83).[17] 일반적으로 Quine는 의미와 지시 사이의 관계를 다음과 같이 보았다. 단어들 중에는 단지 그것들의 지시, 오늘날 우리가 문장의 진리 조건(truth conditions)이라고 부르는 것이 문제시되는 그런 단어들이 있고, 어떤 단어들은 일반적으로 의도적 맥락(intentional contexts)이라고 부르는 것과 조동사(modal) 사용과 같은 것이 문제가 되는 단어들이 있는데, 그때에는 지시가 더욱 문제가 된다. 그런 사용에서 공지시적 표현의 대체성은 성립하지 않는다. 그런 경우에 Quine은 이름이 적절한, 특별한 경우에 대해 언급하는데 "진술은 〈지시된(designated)〉 사물뿐만 아니라 〈지시하고 있는(designating)〉 이름의 형식에 의존한다(Quine, 1952: 78)." 만약 우리가 단어의 의미 가치가 그것의 지시(reference)에 의해서만 결정된다고 생각한다면 이것은 설명될 수 없다.

더 나아갈 것도 없이, Quine은 의미의 개념은 쓸데없이 모호하므로 어떤 과학적 목적으로도 사용할 수 없다는 설득 논리를 폈다. 그런 식이라면 우리는 언어의 비외연적(nonextensional) 측면, 즉 지시(reference)는 진리 조건을 결정하는 데 충분하지 않다는 언어의 성질을, 여하튼 과학적 틀 내에서, 제거해야 한다.

역설적이게도, 그럼에도 Quine의 1943년의 언급은, 1950년대 초반 Church가 Frege를 복귀해 낸 것과 함께,[18] 의미를 지시로부터 분리해 내고 의미를 복귀시키는 데에 기여했다. 이러한 복귀를 이끌어 낸 두드러진 저서는 Carnap의 1947/1956b년의 책, '의미와 필요(Meaning and Necessity)'이다. 그 후 몇 년 뒤 '의미 공준(Meaning Postulates(1952/ 1956c)'이라는 논문이

17) $a=b$는 좀처럼 분석적이지 않다. 왜냐하면 그것은 좀처럼 선험적이지 않기 때문이다. 물론 "마음과 의미에 대하여(Über Sinn und Bedeutung)"의 서두에서 Frege가 언급했었다.

18) Church, 1951a; 1951b.

나왔는데 그것은 후에 '의미와 필요(*Meaning and Necessity*)'에 첨부되어서 다시 인쇄되었다. 이 논문은, 내가 그렇게 주장하는 것일 수도 있지만, Tarski의 논리적 유형 분류(Tarskian taxonomy of logical types) 이후 어휘 의미에 대한 가장 중요한 첨언을 담고 있다.

내포(Intensions)

Carnap의 책에서 핵심 개념은 '내포'이다. 내포는, 현대적인 정확한 표현으로는, 예컨대 가능 세계 지수로부터 적절한 외연까지의 함수이다.[19] 예를 들어 '개(___은/는 개다[___ is a dog])'와 같은 한 자리 서술어(1-place predicate)의 내포는 암묵적으로 가능 세계의 개들을 개별적인 각각의 가능 세계 집합에 할당하는 함수이다. Tarski의 언급이나 Carnap의 내포 개념처럼, 내포의 논리적 유형은 내포와 연합되어 있는 표현의 문법적 범주에 의해 결정된다. 모든 적절한 이름의 내포는 가능 세계로부터 개별적 집합까지의 함수이며 모든 한 자리 서술어의 내포는 가능 세계로부터 개별적 집합까지의 함수이다. 본질적으로, Carnap의 스키마(scheme)는, 하나의 변수(parameter)를 더하면서, Tarski에 의해 반복되어졌다.

왜 내포(intensions)인가? 그것은, 그것들의 지시가 같을지라도, 직감적으로 서로 다른 의미로 보이는 표현들을 구별하는 데 기여했다. 그 차이는 내포의 차이로 해석된다. 그런 표현은 실제 세계에서는 동일한 실체를 나타내지만(집합, 진리치 등) 모든 가능한 세계에서는 아니다. 적어도

19) 그러나 이것은 Carnap이 스스로 전망했던 것이었다(1956b: 181을 보라.).

그 외연이 다른 하나의 가능 세계가 있을 수 있다. 그러므로 적어도 금성이 샛별이 아닌 가능 세계나 신장 대신 심장을 갖고 있는 어떤 동물들이 있는 가능 세계가 있을 수 있다. 우리는 더 이상 똑같은 지시물을 갖는 동일한 표현들이 의미적으로 존재할 수 있다는 것을 받아들이지 않을 필요는 없다. 우리가 아는 것처럼, 직감을 아끼는 것보다는 직감이 조동사로 구성된 문장의 분석에 매우 도움이 되며 명제적 태도 분석에도 *다소* 도움이 됨을 인정할 필요가 있다(물론 불행하게도 충분히 도움이 되지는 않지만 그것은 다른 이야기이다.).

Carnap의 체계는 기술적 상수(constant)의 내포를 *명시적으로* 설명할 수 없다. 이러한 의미에서 Carnap조차도, Tarski처럼, '고양이(cat)'와 '책상(table)'의 어떤 차이, 즉 똑같은 문법적 범주에 속해서 똑같은 논리적 유형의 내포에 할당되는 표현들 사이의 어떤 차이(이 경우 가능 세계로부터 개별적인 집합 세계까지의 함수)를 설명할 수 없다. 어떤 이들은 내포가 다르지만 누구도 어떻게 다른지를 모른다고 *생각한다*. 이것은 몇 가지 중요한 결과를 함의한다. 무엇보다도, 만약 의미가 내포라면(내포라는 개념은 직관적으로 아는 의미의 개념을 "명시화한다."), 그러면 기술적 상수(descriptive constants)의 의미는 Carnap의 체계에서는 정말로 주어질 수 없다. 둘째로, 그리고 결과적으로, 만약 문장의 의미가 문장의 진리 조건으로 결정된다면 문장의 의미는 그 자체로 오직 "가상적으로(virtually)"만 주어진다.[20)]

한 가지 결론은, Carnap 스스로도 민감해 했던 것처럼, 다음과 같다. 체계는 그 자체적으로는 '이집트 고양이는 숭배의 대상이었다(Egyptian

20) Johnson-Laird(1983: 232, 258-259), Marconi(1989: 76-77).

cats were an object of worship)'와 '고양이는 동물이다(cats are animals)' 사이의 어떤 차이도 설명할 수 없다. 두 문장은 (아마도) 가능 세계에서는 사실이건 아니건 간에 실제 세계에서는 사실이다. 그러나 이집트인들이 고양이를 섬기지 않은 가능 세계가 있다든가 고양이는 동물이 아니며[21] 노총각은 결혼했고 원은 사각형이라는 가능 세계가 없다는 점은 논해질 수 있다. Carnap의 '순수한' 체계 맥락에서는 참과 거짓이 논리가 아니라 의미에 의존하면 분석적으로 참이거나 거짓인 문장을 선정하는 것이 불가능하다. 그러한 불가능성은 내포로 발생한다. 명확하게 만약 내포가 그것의 논리적 유형으로서만 제약되어진다면, 내포들 사이의 관계는 그것들 스스로의 유형 제약으로서만 제약되어질 것이고 그것은 참이거나 또는 거짓인 의미-분석적 문장들을 추출하는 데 충분하지 않다.

의미 공준(meaning postulate)

이러한 문제에 대한 Carnap의 해결책은 의미 공준 이론이다. 본질적으로, *의미 공준*은 어휘 단위들 사이의 관계 약정(stipulation)이다. 더욱 정교하게 말하면, 지시물들 또는 외연들(Carnap의 용어) 사이의 관계에 대한 약정이다. 다음과 같은 의미 공준을 세움으로써 우리는 어떤 사람이 노총각(bachelor)인지 아닌지를, 결혼했는지 아닌지의 여부로 판단하기로 약속할 수 있다. 노총각과 결혼은 외연이 서로 다르긴 하다.[22]

21) 이 특별한 논쟁을 위해서는 Putnam(1975c)를 보라.

22) 그런 조건은 연결사와 양화사의 '의미 규칙', 기술적 상수를 위한 논리 유형에 대한 Tarski의 이원분류법 등 언어의 형성 규칙에 속한다. 그것은 Carnap이 물려받은 것들이다. 단항 술어들은 그것의 외연에 따라 개별 집합을 갖는다.

(MP) $\forall x$ (노총각(x) $\supset$ ~ 결혼한(x))
(MP) $\forall x$ (bachelor(x) $\supset$ ~ married(x))

Carnap은 의미 공준이 언어 사용 또는 그것에 대한 의미학자의 직관을 반영할 수도 있고 그렇지 않을 수도 있다고 주장했다(1956C: 225). 그러나 어떤 것보다도 더, 그것은 의미학자의 "의미에 관한 직관", 즉 기술적 상수(descriptive constants)의 사용 방법을 표현한다(1956c: 225). 그러므로 의미 공준은 설명이라기보다는 진정한 조건(stipulation)이며 의미학자들은 언어 사용(그것은 여하튼 종종 규정짓기 어려우므로) 시의 실제 자질을 지나치게 고려하지 않아야 한다.

나는 의미 공준을 단어들의 외연 사이의 관계에 대한 제약(constraints)으로 소개했다. 그러나 Carnap의 이론적 맥락에서, 의미 공준을 단어들의 내포 조건(stipulation)으로 받아들이면 안 되는지 여부에 대한 질문이 즉각적으로 대두된다. 그 문제는 다음과 같이 주어질 수 있다. '*MP가 유지되는* 한 만약 John이 노총각이라면, 그는 결혼하지 않았다'는 모든 가능 세계에서 사실인가? 또는 모든 *허용되는* 가능 세계에서 그것이 사실이라고 말하고 싶은가? 달리 말하면, John이 노총각임에도 불구하고 결혼한 가능 세계를 지지할 수 있는가?[23] 또는 시작부터 (MP를) 포기함으로써 그것들을 배제하기를 원하는가? 직관적으로 첫 번째 질문과 관련해 우리는 언어의 상대성 원리가 적용되는 가능 세계가 있으며 그러한 가능

23) Carnap은 가능 세계를 논하지 않았다. 그는 문장이 상태 묘사 안에 있든지 그것의 부정이든지(그러나 둘 다는 아니다.) 간에 원자적 문장의 집합과 원자적 문장의 부정과 같은 *상태 묘사*(state description)를 했다. 표준적인 *모형-이론적 의미론*에서 사용되는 것처럼 가능 세계는 몇 가지 양상에서 상태 묘사와 다르다. 예를 들면 Carnap에 의해 구성된 상태 기술은 동일한 개인들을 가정한다. 반면에 가능 세계의 경우에, 그것은 개별적인 숙고를 요구한다. 그러나 현재 맥락에서 이러한 차이는 어디에서도 논해지지 않았다.

세계에서 John은 노총각이지만 결혼해서 두 단어는 서로 다른 *의미*를 가질 수 있다는 점을 생각해 볼 수 있다. 특징적으로, Carnap은 그 문제를 다르게 보았다. 그는 두 질문을 다소 동등한 것으로 보았다. 그가 의미 공준을 언어 사용을 반영하는 것이 아니라 의미학자의 직관을 표현하는 것으로 보았다는 점을 기억하라. 여하튼 후대의 이론가들은 대개 두 번째 질문을 선택했다. (MP)와 같은 의미 공준을 단언하는 것은 모든 가능 세계에서 그것이 사실임을 명기하는 것이다. 그러므로 의미 공준은 가능 세계에 대한 제약이다.[24]

의미 공준을 소개하는 데 있어 Carnap의 주요한 이론적 관심사는 분석성(analyticity)의 개념을 설명하는 것이었다. 우리가 본 것처럼, 의미와 필요(Meaning and Necessity, 1956b)의 "순수한" 체계에서, (1)과 같은 문장은 모든 가능 세계에서 사실로 결론지어질 수 없다(즉 Carnap의 용어로 'L-truth'가 아니다.). 간단하게 말해, 언어의 모든 기술적 상수(descriptive constants)는 외연적으로나 내포적으로 서로서로 독립적이다. 어떤 가능 세계에서, John은 노총각의 외연에 속할 수 있으며 결혼한 사람들의 외연에도 속할 수 있고 또는 둘 다 아닐 수 있다.

24) Montague의 글(1974c: 263)에서 의미 공준은 언어 허용적 모델(admissible models)(해석)의 제약이다. 이것은 차이를 만든다. Montague(1974c)에서 각 해석은 그 자체적인 가능 세계 집합으로 이루어진다. 상태 기술 집합을 고정된 것으로 간주하면 Carnap에서 언어의 구조와 어휘에 의해 결정되는 주어진 언어를 변별하기는 어렵다. 그것은 Katz(1986: 194)처럼 "의미 공준은 의미를 전혀 기술하지 않는다. 그것은 외연적 상태를 기술하지만 의미와 관련된 것들을 반영하지 않는다." 그래서 "'의미 공준'이라는 이름은 부적절한 명칭이다"는 논의를 야기한다. Katz는 내포가 의미가 될 수 없다고 가정한다. 그것들은 외연으로부터 구성된다. 의미 공준은 '외연적 상태'를 기술하지만 (적어도) 모든 가능 세계에 적용하기 어렵다. 그러므로 그것들은 내포와 관련되지 외연은 아니다.

(1) 만약 John이 노총각이라면, 그는 결혼하지 않았다.
(If John is a bachelor, then he is not married.)

결과적으로, 'L-truth'는 직관으로 분석할 수 없다. 직관으로 문장을 분석하게 되면 논리적 사실('John은 노총각이다' 또는 'John은 노총각이 아니다'와 같은)은 L-truth로 나타날 수 있지만 (1)과 같은 문장은 그렇지 않다. 만약 그리고 오직 의미 공준이 부가된다면 문장이 분석적이라고 말함으로써(첫 번째 질문), 또는 만약 그리고 오직 그것이 모두 허용되는 가능 세계에서, 즉 의미 공준이 유지될 수 있는 모든 허용되는 가능 세계에서 유지된다면 문장이 분석적이라고 말함으로써(두 번째 질문) 두 종류의 문장을 포괄하는 분석성(analyticity)을 정의할 수 있다.[25)]

의미 공준의 기능은 종종 분석성보다는 다소 *추론*, 더 자세하게는 소위 *의미적 기반의* 추론과 동등하게 기술되어진다.[26)]

다음의 추론은 직관적으로 타당하다.

(2) John은 노총각이다(John is a bachelor.).
John은 결혼하지 않았다(John is not married.).

(3) 이것은 장미다(These are roses.).
이것은 꽃이다(These are flowers.).

(4) John이 달렸다(John ran.).
John이 움직였다(John moved.).

25) 우리는 분석성을, 위에서 한 것처럼 직접적으로 또는 L-truth의 재정의를 통해서나 분석이 명확하도록 L-truth를 선택해 정의할 수 있다.

26) Brandom은 그런 추론을 "논리적으로 좋은"과 대비하여 "실질적으로 좋은" 추론으로 명명했다(Brandom, 1994: 168).

(5) John이 Bill이 달리는 것을 보았다(John saw Bill run.).
Bill이 달렸다(Bill ran.).

더욱이 이것들은 능력 있는 화자에 의해 인식될 수 있다. 우리는 위 (2)에서 (5)의 타당성을 즉각적으로 인식하지 못하는 화자의 능력을 부인하는 경향이 있다.[27] 그런 화자에 대해 우리는 '장미'가 무엇을 의미하는지 '달리다'가 무엇을 의미하는지 모르는 화자라고 말하고 싶어 한다. 그런 추론은 실제로 제1논리(first-order logic)만으로는 타당하다고 판결 날 수 없다. 그리고 이러한 사실은 다음과 같은 추론과는 다르다.

(6) John이 달렸다(John ran.).
John은 달렸거나, 집에 있었다.
(Either John ran, or John stayed at home.)

(7) Greta는 소다(Greta is a cow.).
소가 있다(There are cows.).

그러나 만일 우리가 제1논리에 적절한 의미 공준을 결부시킨다면, 우리는 (2)~(5)를 타당화할 수 있다. 그러므로 의미 공준은 (2)에서 (5)의 타당성을 판별하도록 하는 어휘 의미적 지식의 측면을 포착하게 해 준다. 나는 이러한 측면을 *추론적* 측면으로 부를 것이다. 반면에 그것이 어휘

27) '능력'은 본질적으로 모호하다. 다른 한편 우리는 그것을 언어 사용에 있어서의 일정한 능력으로 사용한다. 그리고 다른 한편 우리는 종종 그것을 *사회적으로 적절한* 능력으로 제한한다. 그러므로 우리는 어떤 화자가 무능력하다는 것의 의미를 그의 어휘부가 불충분하다는 의미가 아니라 어떤 목적(그것은 다양하다)에 맞게 수행하는 데 불충분하다는 의미로 사용할 수 있다. 다음에서 드러나듯, 그런 모호성은 대부분의 경우에 그 자체적으로 검토되도록 남겨질 것이다. 그러나 5장에서, 나는 능력의 계층성에 대한 이슈, 즉 의미 능력과 동일한 것으로 간주되어질 수 없는 개별적 능력의 효과와 관련된 이슈를 소개할 것이다.

의미의 총체와 일치하는가 여부에 대한 문제(또는 적절한 능력이 어휘 의미적 능력의 총체와 일치하는가와 같은 매우 흥미로운 문제조차도)는 여기서 논하지 않을 것이다.[28)]

무엇이 의미 해석(interpretation)인가?

Carnap이 해결하고 싶어 했던 특별한 문제(의미-분석적 전리를 판별하는 것)를 풀어내는 것과 별도로, 의미 공준은 어휘 의미에 대해 적절한 설명을 하는가? 이것에 대답하기 위해서 더 폭넓은 질문을 해 보자. 즉 무엇이 진짜 의미 해석인가?

(8)과 같은 문장을 보자.

(8) 책상 위에 책이 있다(There is a book on the table.).

완벽하게 특수한 형식언어 *L*로 어휘와 문법이 번역될 수 있는 알고리즘을 어떤 언어(영어로 해 두자.)가 갖고 있다고 생각해 보자.[29)] (8)의 번역은 (9)이다.

(9) $(\exists x_1)B^1x_1$ & $O^2(x_1,(1x_2.T^1x_2)))$

사람들은 (9)에 속하는 언어 *L*은 그 자체로는 해석되지 않은 언어라는

28) "의미 표상의 주요 목표는 타당한 추론이 이루어질 수 있는 층위(level)를 제공하는 것이다(Thomason, 1991: 7)."

29) 실제적으로, 대상 언어(the object language)는 영어와 같은 언어의 파편이다.

명백한 이유로 쉽게 (9)가 그 자체로는 (8)의 의미 해석('*the*'의 의미 해석은커녕)이 아니라는 것을 알 수 있다. 표현은 완전히 통사적으로 결정되어 단어의 어떤 유연한 의의(plausible sense)조차 의미와 완전히 분리되어 있다. 엄격하게 말해 (우리가 관습적으로 말하는 것처럼) 사람들은 (9)가 (8)을 *L* 언어로 *번역*한 것이라고조차 말할 수 없다. 번역은 의미 *있는* 언어로 행해져야 한다. Frege(1980b: 61)는 번역될 수 있는 의미의 한 부분으로서 인지적 의미를 부각시켰다. 그러나 (인지적) 의미를 유지하기 위해서 번역은 의미를 '갖는' 언어적 표현으로 이루어져야 한다.

이제 우리가 *'해석'의 통상적 의의에 기초해*, *L*의 해석을, 즉 체계적으로 특수한 *L*의 형식적 진리 조건을 특수화함으로써 결과적으로 (9)의 해석을 제공한다고 생각해 보자. 이것은 다음 장에서 더 자세하게 다룰 화제이다. 만약 그러한 특수화가 표준이라면, 우리는 다음과 같은 무언가를 얻는다.

해석 (9)는 (해석 *I*에서) 만약 그리고 오직 사물 $o_1 \in \mathrm{Dmn}_I$ (*I*의 영역에서)이고 사물 $o_2 \in \mathrm{Dmn}_I$이며 다음과 같은 경우에 사실이다.

- $o_1 \in I\,(B^1)$,
- $o_2 \in I\,(T^1)$,
- 모든(for every) $o \in \mathrm{Dmn}_I$, $o \notin I\,(T^1)$ 또는(or) $o = o_2$,
- $\langle o_1\ ,\ o_2 \rangle \in I\,(O_2)$.[30]

이것이 (8)의 의미 해석인가? (8)과 (9) 사이의 구별 문제를 피하기 위해 (8)과 (9)를 억지로 동일한 것으로 생각해 보자. 예를 들어, Montague 문

30) 역자 주: 약어는 다음을 뜻한다. o: 사물(object), I: 해석(Interpretation), B: 책(book), T: 책상(table), Dmn_I: 해석의 영역(the domain of Interpretation)

법에서처럼 (9)는 곧 (8)이다. 이제 그러면 (8)의 해석에 이르렀는가? 대답은 기술적 상수의 해석이 분명히 구체적으로 주어지지 않았기 때문에 '아니다'이다. 기억하라, 우리는 해석이 표준적이라는 점을 가정했다. 표준적 해석에서 우리는 *I*(*B*), *I*(*T*) 등의 논리적 유형만을 구체화해야 한다(예를 들어 $I(B) \subseteq \mathrm{Dmn}_I$, 즉 '그것은 개별집합이다' 등과 같은 것을 언급함으로써).[31] 우리는 실제로 외연이나 기술적 상수의 내포를 구체화하지 않았다. 이러한 의의에서 표준적 의미 해석은 언어의 무한히 많은 가능한 변별적 모형들 중에서 하나를 선택하지 않는다. Montague는 정말로 이것을 인식했다.[32] 만약 우리가 능력 있는 화자가 (8)을 이해했을 때 이해한 것을 의미 해석으로 명시적으로 재현하고자 한다면, 우리는 직관적으로 우리가 순수한 의미 해석의 수준에 도달하지 않았다는 것을 안다. (8)을 이해함으로써,[33] 당신은 지금까지 말해진 것 이상을 아는 데 도달했다. 그것은 당신이 '책상', '책', '위에(on)' 등과 같은 것이 무엇을 의미하는지 알기 때문이다. 그리고 그것이 무엇이든 간에 이것을 아는 것은 그것들의 논리적 유형 이상을 아는 것이다.

당면한 반대 논리를 살펴보는 것은 이 지점에서 멈추도록 하자. 의미 능력의 내용을 상세히 설명하는 것은 의미 이론의 적절한 임무가 아니라는 점이 지적될 수 있다.[34] 의미 이론이 '그레나다(Grenada)는 미국의 주이다.'가 '눈은 보라색이다.'를 의미하지 않는다는 것을 보여 주는 것을 요

31) 내포(지시라기보다는)를 언어의 기술적 상수로 할당한 논의와 다른 것은 아니다.

32) "언어 사용은 이상적으로는 모든 언어 모델을 계산한 것뿐만 아니라 개별적이고 *실제적인* 모델의 특수화에도 관여한다(Montague, 1974a: 209)."

33) 이것은 몇 가지 방법으로 이해될 수 있다. (8)의 "정보적 내용", (8)에 의해 제공된 "인지적 또는 정보적 입력", 화자가 (8)를 믿을 때 능력 있는 화자가 믿게 되는 것 등등이다.

34) 나는 이러한 언급을 의미에 관한 Karlóvy-Váry 회의(1993년 8월)에서 Terence Parsons에게 들었다. 그의 논문은 "자연언어에서 의미와 진리에 대한 이론(Theories of Meaning and Truth for Natural Language)"으로 불렸다.

구하는 것은 진리에 대한 이론이 '눈이 하얗다.'를 증명하는 것을 요구하는 것과 같다. 이것은 부적절할 수 있다. 진리에 대한 이론은 사실의 *개념(concept)*을 설명하는 것이기 때문에 개념의 *외연*이 구체적일 것을 요구하지 않는다(그것은 내포적 설명이다.). 이론은 문장의 의미나 이 또는 저 언어의 다른 표현들을 구체화하지 않고서도 의미의 개념을 설명할 수 있다. 만약 '의미는 사용이다'라는 Wittgenstein의 슬로건이 이론으로 채택될 수 있다면, 그런 이론은 확실히 의미를 구체적으로 명시하지 않는다. 다른 예로 의미를 직관('t'로)과 관련시키는 Grice의 이론이 있을 수 있다. 다른 측면에서 이것은 모형-이론적 의미론이나 비슷한 유형의 다른 이론들과 다르다. 그것들은 의미 개념의 내포적 설명을 의도하지 않는다. 그것들은 의미 개념을 더 간단하게 하거나 더 친숙한 개념으로 정의함으로써 의미 개념을 명확하게 하는 데 목표를 두고 있지 않다. 그런 이론들은 단지 의미 개념에 대해서가 아니라 개별적인 문장과 (영어와 같은) 주어진 언어의 다른 표현들에 대해 논의하는 데 초점을 둔다. 그리고 그것들은 언어적 대상을 고려함으로써 *의미적* 정보를 제공하는 데 초점을 둔다. 내가 여기서 논의하고자 하는 지점은 단순히 그것들이 제공하는 정보가, 그것이 장점이 있든 없든 간에, 문장의 의미에 대한 *충분한* 정보를 제공하지 못한다는 점이다.

의미 공준은 충분하지 않다.

그래서 의미 공준의 집합을 첨가한다고 생각해 보자. (8)을 위해 의미 공준의 정말로 완벽한 집합(이상적인 개념으로 무의미한 것이 아닌)을 가져왔다고 생각해 보자. 우리가 더한 것은 능력 있는 영어 화자가 접근할 수 있는 모든 추론을 타당하게 하는 데 필요한 공준의 집합으로서 다음과 같은 추론이다.

책상 위에 책이 있다(There is a book on the table.).
책상 위에 물리적 물체가 있다.
(There is a physical object on the table.)

책상 위에 책이 있다(There is a book on the table.).
가구의 일종이 있다(There is a piece of furniture.).

능력 있는 화자가 '책상'이나 '책' 등에 대해 아는 것을 말했음에도 불구하고, 개별 단어들이 의미하는 것을 말한 것이 아니기 때문에 해석이 순수하지 않다는 점에 대해 이제 더 이상 불평할 수는 없다. 이것이 단어 의미와 관련된, 그러므로 의미 해석과 관련된 전체 이야기인가? 역시 아니다. Partee가 언급한 것처럼, "아무리 많은 언어 내적 관련성(또는 의미 공준)을 제시해도 그것이 언어 외적 내용에 결부된 내포를 설명할 수 없다. 그러한 점에서 언어와 세계는 *묶여 있음*에 틀림없다(1981: 71, 이탤릭체는 저자가 첨가함.)."[35)]

이것은 적어도 세 가지 가능한 해석을 갖고 있다. *수학적* 해석에서(아마도 Partee가 염두에 두었던) 핵심은 어떤 의미 공준 집합도 논리적으로 가능한 모든 해석들로부터 추출된 의도된 해석을 드러낼 수 없다는 점이다.[36)] 의미 공준은 '책상'은 '컵'과 유사하게 해석되지 않는다거나 또는 책

35) 그래서 문제는 Bonomi(1987: 62-66)가 언급한 것처럼 단순히 "순수한" 진리 조건(의미 공준 없이)이 진정한 의미 해석에 충분하지 않다는 것이 아니다. 의미 공준을 한 진리 조건도 충분하지 않다.

상은 가구의 하위 집합으로 판명된다고 말하는 것과 같은 식으로 많은 해석을 제거한다. 그러나 '책상은 실제 세계에서 책상으로 지시되며 책은 책을 지시한다.' 등과 같은 해석은 배제하지 않는다. 이것은 단지 Löwenheim-Skolem 정리 때문이다. 어떤 변함없는 제1이론은 비동일 모형의 무한성을 갖는다.[37)]

의미 해석의 핵심은, 의미 없는(즉 해석될 수 없는) 언어적 기호는 비해석적 기호에 연결됨으로써 의미 있는 것이 될 수 없다는 점이다. 만약 당신이 중국어를 모른다면, '중국어'라는 단어의 정의만으로 당신은 그 단어를 이해할 수 없다.[38)] 이것은 당신이 나열해 놓은 단어 간의 연결이 얼마나 많든 간에, 당신이 얼마나 많은 의미 공준을 쓰든 간에, 당신이 엄청나게 큰 중국어 사전을 가지고 있든 간에 상관없이 그러하다. 속임수를 쓸 수 있는 전체주의(holism)라 불리는 마술은 없다.[39)]

---

36) Partee가 R. Grandy와 "그리고 다른 사람들"에게 언급했다. 유사한 차이점이 형이상학적 리얼리즘에 반대한 Putnam(1983a)의 잘 알려진 "모형-이론적 논쟁(model-theoretic argument)"에서 강조되었다.

37) Löwenheim-Skolem 이론의 그런 결론은 본질적으로 Quine(1969)과 Putnam(1983a)에 의해 지적되었었다. Lakoff(1987: 235)는 Putnam의 논의가 제1언어(first-order languages)적 제한에 의존하는 것은 아니라는 점을 지적했다. Putnam의 논의는 진리(예를 들면 의미 공준)가 지시(그 구성 요소적 표현의)를 충분히 결정할 수 없다는 점이다. 그러므로 이러한 형식에서 논의는 Löwenheim-Skolem 이론의 필연적 결과가 아니다. 그것은 단지 모형-이론적(model-theoretic) 의의(합성성을 포함하여)에서 의미 해석의 일반적 자질에 의존한다.

38) "단지 기호라는 관점에서 정의된 기호에서, 그 의미는 타당하지 않다. 문제는 중국인이 중국과 관련된 사전 지식 없이 단지 중-중 사전으로만 학습하려고 노력하는 것과 유사한 것이다(Harnad, 1989: 15; Harnad, 1990도 보라.)."

39) 내가 믿기에, 이런 해석은 정확하다. 그러나 의미 공준이 의미적 중요성을 갖지 않는다는 진술로부터 그것은 오해의 소지가 있다. 이것은 그렇지가 않다. 초점은 의미 공준이 엉망이라는 것이 아니라 어휘 의미를 표시하는 데 불충분하다는 점이다. 이러한 점에 대한 과도한 언급의 예로 다음과 같은 Haiman의 언급을 들 수 있다. "다음과 같은 세 개의 Ooga Booga 단어들 'nooze', 'thung', 'slimp'를 보자. 'nooze'는 'thung'의 반대라는 정보나 'slimp'의 하위어라는 정보가 있어도 우리는 그것들에 대해 어떤 것도 명확하게 알기 어렵다. 그것들 중 하나는 사전적 정의에 의해 명명되어야 한다(1980: 333)."

마지막으로 *인지적* 해석의 핵심은(이것은 우리가 이 책에서 다룰 것이다.), 영어의 능력 있는 화자들은 '책', '책상' 등등과 같은 단어들에 대해(또는 모든 다른 영어 단어들에 대해) 의미 공준으로는 포착될 수 없는 무엇인가를 안다는 점이다. 결과적으로 (8)의 정보적 내용은 우리가 지금까지 논해 온 것처럼 의미 공준으로 의미 해석에 도달할 수 없다. 즉 우리가 (8)을 이해할 때 우리는 매우 엄격하게 해석된 제1명령(또는 그 문제에서 제2명령)과 적절한 의미 공준으로 그것을 번역함으로써 그것을 명시화하는 것보다 더 많은 정보를 갖고 있다. 우리가 아는 것은, 매우 간단하게, 그런 단어들을 실제 세계에 적용하는 방법이다. 우리는 "'책상'에서 떨어져!"와 같은 명령에 어떻게 대처해야 하는지 안다. 우리는 '방에 책상이 있습니까?' 등과 같은 질문에 대답할 수 있다. 우리는 이러한 능력으로 돌아가야 한다. 의미 공준은 이러한 능력을 설명할 수 없다. 책이 물리적 대상이라는 것, 판지와 종이로 만들어졌다는 것, 대개 3×4에서 9×12 인치의 크기라는 것을 안다고 해도, 우리가 판지나 종이 그리고 다른 많은 단어들을 어떻게 적용해야 하는지 모른다면 우리는 책상 위에 있는 책을 인식할 수 없다. 다시 말하지만, 이와 같이 '어떻게'를 설명하는 것은 의미 공준의 역할이 아니다. 그러므로 의미 공준은 어휘 의미에 대한 모든 것을 말해 주지 않는다. 추론도 어휘 의미의 모든 것은 아니다.

이러한 언급을 기억하면서 다시 Carnap으로 돌아가 보자. '노총각'(또

위 세 단어와 관련하여 나는 우리가 정확하게 아는 것을 다음과 같이 말할 수 있다. 이것은 명확하게 slimp를 인식하거나 thung과 관련된 순서를 정하는 데 충분하지 않다. 반대로 모든 thung이 slimp임을 단언하는 데는 충분하다. 아마도 다음과 같은 유추가 가능할 것이다. 전자 타자기는 전기 코드를 꽂지 않으면 쓸 수 없다. 그러나 그 기계가 또는 그것의 쓰기 기능이 쓰기에서 아무런 역할도 하지 못한다고 말하는 것은 잘못이다.

는 노총각의 형식)과 '결혼한'의 의미 공준을 언급한 후 Carnap은 다음과 같이 언급했다. "이제 우리는 '노총각(B[achelor])'과 '결혼한(M[arried])'을 위한 지시 규칙을 주지 않는다. 그것들은 명시적 분석이나 실제적 (통사적) 사실을 설명하기 위해 요구되지 않는다(1956c: 224)." '지시 규칙(rules of designation)', 즉 지시적 관련성이 분석의 명료성에 필요하지 않다는 주장에 대해서는 Carnap이 옳다. 실제로 분석성은, 만약 그런 개념을 갖기 원한다면, 의미 공준에서 도출될 가능성이 있는 것처럼 보일 수 있다(의미 공준은 그것이 그래야 하는 것처럼 그 스스로도 분석적이다.). 지시 규칙들은 실제적 사실을 위해 요구된다는 주장에 대해서도 역시 그가 절대적으로 옳다. 우리는 'John은 노총각이다.'가 의미 공준에 기초해서 사실인지 여부를 결정할 수 없다(만약 우리가 그가 결혼한 사람인지 여부를 모른다면). 그러나 지시적 관련성이 *오직* 실제 사실만을 요구한다는 그의 생각은 잘못이다. 그것들은 의미 능력 또한 요구한다.

의미 공준 이상의 것이 있는가?

물론 Carnap이 1952년에 의미 공준을 제안한 이후(1956c) 어휘 의미에 관한 다른 이론들이 제안되었다. 이 중 단지 몇 가지만 언급하고자 하는데 인공지능 분야에서 큰 영향력을 갖고 있는 Katz의 비합성성 의미론(decompositional semantics, Katz & Foder 1963; Katz, 1972, 1987)과 의미적 연결망(semantic network, Quillian, 1968; Lehmann, 1992을 보라.), 그리고 Pustejovsky의 생성어휘론(generative lexicon, Pustejovsky, 1991)이 그것이다. 의미 공준 이론과 동등하게 이런 이론들은 논란이 되는 문제를 갖고 있다. 이것들은 이론적 연결 지점을 갖고 있다. 예를 들어 Israel (1983)은 의미적 연결망에 기반한 표상(representation) 체계(예를 들어 Shapiro, 1971)가 공리로서 의미 공준을 갖는 제1이론과 적어도 같지는 않다고 주장했다. 더욱 자세히 말하면, 분명한 것은 그런 체계에는 의미적 설명이 주어질 *수 있다*는 것으로, 의미적 설명은 "표준적인 제1논리의 범위를 넘어 넓게 퍼져 있다(Israel, 1983: 2)." 그리고 그런 의미적 설명은 의미적 연결망에 깔려 있는 직관을 제대로 설명하고자 한다면 반드시 필요하다. 의미 공준이 필수불가결하게 제1논리는 아니다. 결과적으로 나는 제1논리의 경계를 넘어서는 것이 왜 재현의 형식으로서 의미 공준을 배제하는 것이 되는지 모르겠다.

Katz 또한 자신의 의미론적 방법이 의미 공준의 방법보다 우수하며(그러므로 그것과 다르며) 적어도 의미론적 추론을 설명한다고 주장했다. Katz의 이론에서 단어의 의의는 구조화된 실체이며 그것은 (통사적 구 표시자와 유사한) *의미 표지(semantic marker)*로 대표된다. 의미 표지는 마디에 이름을 붙인 나무이다. 나무의 구조는 재현된 의미의 구조를 반영한다. 그리고 이름표는 의의의 *개념적 구성성분(conceptual components)*을 확인시켜 준다. 그림 1.1.의 수형도는 '쫓다(chase)'의 의의를 표시한다.

그림 1.1.

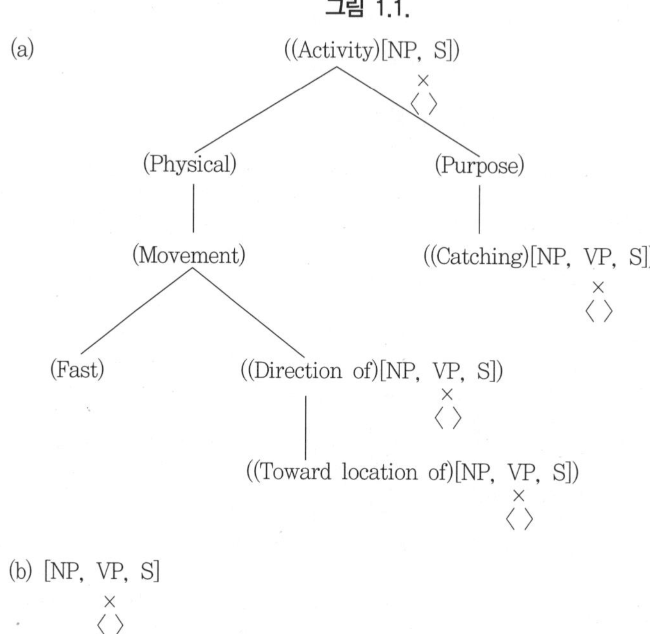

(b) [NP, VP, S]
×
〈 〉

(a)는 '쫓다(chase)'의 의의(sense)이다(Katz, 1987). (b)와 같은 하위 표시들은 변항(variables)들로 이해되어야 한다. 그것들은 '다른 의미 표지들이 안고 있는 의미 표지에서의 위치'를 가리킨다(Katz, 1987: 187). 동시에, 그것들은 변항의 위치를 채울 수 있는 의미적 표시의 범위를 구별한다. 예를 들어 [NP, VP, S]는 직접 목적어의 문법적 기능을 나타낸다. 〈 〉는 가능한 선택 제약을 나타내는 플레이스홀더이다. 여기서 제약은 변항의 위치를 점유할 수 있는 의미 내용에서의 제약이다. 이러한 종류의 정보는 문장을 구성하는 단어들로 전체 문장을 표시할 때 이용될 수 있다. 나는 여기서 상세하게 논하지 않을 것이다.

이러한 뼈대 안에서 아래의 추론과 같은 의미적 추론의 정당화는, Katz에 따르면, 단순히 점검(inspection)의 문제이다. '뒤따르다(follow)'가 '쫓다(chase)'의 의미 표지의 하위 수형도인지 점검해야만 한다.

경찰이 시위대를 쫓았다(The police chased the demonstrators.).
경찰이 시위대를 뒤따랐다(The police followed the demonstrators.).

만약 전제(또는 어떤 면에서는 그것의 의미적 재현)가 쓰인다면, 결론은 더 잘 정리된다. 대조적으로 의미 공준의 방법은 함의(entailment)를 이끌어 내기 위해 '추론의 원리(principles of deduction)'에 호소한다. 위의 사례에서 결론은 정말로 *몇 개의 추론 규칙에 의해 주어진*(Katz, 1987: 193을 보라.) '(∀*x*) (∀*y*) (쫓다(chase)(*x*, *y*) ⊃ 뒤따르다(follow)(*x*, *y*))'와 같은 의미 공준과 함께 전제로부터 이끌어진다. 그러므로 의미 공준의 방법은 일반적으로 엄격한 차이를 무시한다면 의미적 추론과 제1논리 추론을 구별하지 않는다. 의미적 추론의 경우에(일반적인 경우에는 아니지만) "결론의 진리 조건들은 전제의 진리 조건들의 명시적인 일부*이다*(Katz, 1987: 193)."

Katz의 방법과 의미 공준의 방법론을 비교해 보면 Katz는 지나치게 점검(inspection)의 직접성(immediacy)에 의존하고 있다. 주어진 수형도가 다른 것의 하위 수형도인지 여부를 결정하는 것은 만약 '큰' 수형도가 매우 크다면 힘든 과업이다. 다행히도, 컴퓨터는 (다차함수로) 주어진 몇 개의 규칙을 이용하여 (추정되는) 거대 수형도를 정밀하게 계산할 수 있다. 그러나 그것은 규칙에 따라 수행되는 과업이다. 가장 간단한 경우에도 해결책이 "실제로 즉각적이라는" 점은 그 문제가 본질적으로 하나 또는 그 이상의 전제에서 나온 결론의 문제나 의미 공준의 문제와 다르지 않음을 보여 준다(아주 간단한 경우에서조차 문제는 그리 간단하지 않다.).[40)]

40) Katz도 "의미 공준은 의미를 전혀 기술할 수 없다. 그것들은 의미 관계를 반영하지 못하고 외연적 조건을 기술한다(1987: 194)."는 관점을 유지했다. 그러므로 의미 공준 방법은 추론이 의미에 기반하기에 의미적 추론을 재구성하지 않는다. 그것들은 다른 것들

여하튼, 나는 어휘 의미의 표시 형식이 *어떤* 관점에서도 의미 공준과 구별되지 않는다는 점을 불평하고 싶지 않다. 내가 불평하고 싶은 것은 그것들 중 어떤 것도 지시의 문제에 관한 한 의미 공준과 구별되지 않는다는 점이다. 의미적 연결망, 의미 표지, 그리고 Pustejovsky의 표상은, 그 어떤 것도, 의미 공준 집합보다 더 기초가 약하다.[41)]

원형과 지시

1973년 초에 Eleanor Rosch가 개념의 정신적 표상에 관한 새로운 이론을 제시했다. 그녀는 '*가구*'나 '*새*'와 같은 개념은 "명확한 경계를 가진 기준 자질들(의 집합)"로 표상될 수 없다고 했다. 그 결과 어떤 항목은 그것이 적절한 기준을 충족하느냐 혹은 그렇지 않느냐에 따라서 그 개념 아래에 들어갈 수도 그렇지 않을 수도 있다. "범주 안의 어떤 요소들은 범주적 의미를 구별되게 표상하는 것으로 간주될 수 있다(Rosch, 1975a: 193-194)." 몇 개의 실험들은 개념의 적용이 단순히 흑백논리의 문제가 아님을 보여 줬다. 어떤 항목('좋은 표본')은 다른 항목('나쁜 표본')보다 어떤 개념 아래 포함되는 것으로 더 쉽게 인식되었다. 그러므로 '*자동차*'

처럼 제1추론으로 재구성된다. 그러나 Katz는 명백히 의미 공준이 "외연적 조건"을 기술한다는 사실을 무시했다. 그러나 그것은 *모든 가능 세계에서* 유지된다. 그러므로 하나 또는 그 이상의 의미 공준과 연계된 추론은 제1추론이 아니다. 그것들은 모형화된 전제와 관련되어 있다. 만약 누군가 희망한다면, 이것은 그것들이 "의미에 의존하는 것처럼" 특징지어질 수 있는 것이다. 물론, 대개는 내포에 대한 Carnap(Montague도)의 의미적 처리에 만족하지 못할 것이다. 그러나 대개 그것을 단순히 무시할 수도 없을 것이다. 앞의 각주 24를 보라.

41) 물론 누구도 주장하지 않았다. 기초(grounding)에 대한 이슈는 본질적으로 이론화되지 않았다.

는 '보트'나 '엘리베이터'보다 '탈 것'의 훨씬 더 좋은 예로 간주될 수 있다. 당근은 호박보다 더 쉽게 *채소*의 개념 범주 안에 포함되는 것으로 이해된다. 만약 개념이 단지 어떤 기준으로 표상된다면 동일한 기준을 충족시키는 서로 다른 항목들 사이에서 발생하는 차이를 설명하기 어려울 것이다. 그러므로 범주적 단어들의 정신적 표상은 다소 나쁜 표본보다 좋은 표본과 더 유사하다고 유연하게 생각해야 한다. '새'라는 단어 개념의 정신적 표상은 타조보다는 울새[42]에 '더 가깝다'.[43] 울새는 타조보다 더 '새다운' 새로 인식된다. 사람들이 말하는 것처럼 울새가 새의 '*원형*(또는 '*원형적인*' 새)에 더 가깝다.[44]

Rosch는 실험에서 원형에 상응하는 개별적 정신적 실체가 있다거나 '새'와 같은 범주적 단어의 정신적 표상이 '울새'를 닮은 정신적 실체를 갖는다거나 하는 결론을 내리지 않았으며 그러한 주장을 기록하지도 않았다. 그녀의 실험이 지지하는 것은 어떤 자연적 범주의 정신적 표상에 관한 이론은 *'원형 효과'*, 즉 지각이나 명명 등에서 개념을 적용할 때에 '좋은 표본'의 적절성을 설명해야만 한다는 점이었다. 그러나 Rosch 그녀 스스로도 나중에 인정했고[45] Lakoff가 보여 주기도 했던 것처럼,[46] 원형을

42) 역자 주: 딱샛과의 하나. 참새보다 조금 큰데 몸의 길이는 14cm 정도이고 편 날개의 길이는 6.5cm 정도이며, 등은 감람빛의 갈색, 꽁지는 밤색, 배 부분은 흰색, 부리는 어두운 갈색이다(출처: 표준국어대사전).

43) "범주에 대한 인지적 표상은 명백하게 범주 내 가장 좋은 예로 생각되는 범주 내 구성원들에 대응하여 필요로 하는 많은 정보를 함유한다.... 범주 내 나쁜 예로 제시되는 것들보다는. 다시 말해, 범주의 인지적 표상은 나쁜 예보다는 좋은 예와 유사하게 나타난다(Rosch, 1975a: 225)."

44) Wittgenstein의 아이디어는 범주 단어들(적어도 어떤 단어들)은 그것들을 적용하는 데 필요한 필요 집합이나 충분조건에 기반하는 것이 아니라 적용되는 요소들 사이의 *가족 유사성(family resemblance)*에 기초한다는 것이다(Wittgenstein, 1953: 66-69). 그것은 원형 이론에서 제시된 Rosch의 마음 논의에서는 명백하다.

45) "나는... 처음에 '원형'을 Wittgenstein 범주 개념의 중심을 지적하는 위치지정자(placemaker)이거나 예를 들면 범주 이름이 지시하는 정신적 코드 같은 실제적인 어떤

구체화해 가는 초기 이론의 형성 단계에서는 모호성이 있었다. 원형은 범주에 대한 시각적 예시로, 그리고 마음속의 자질 다발로 변별된다.[47] 결과적으로 원형은 종종 Putnam의 *고정관념(stereotype)*과 유사하다.[48]

고정관념은 1970년에 '호랑이'나 '금'과 같은 자연 분류적 단어들에서 어휘 의미 능력의 내용을 설명하기 위해 Putnam에 의해 부분적으로 소개되었다(1975b). 능력 있는 화자는 그런 단어들에서 모든 호랑이나 모든 금에서 항상 사실은 아닌 단순한 이론을 연상한다. 그 이론은 평범하고 전형적인 호랑이(또는 금)를 묘사한다. 그러므로 줄무늬가 없는 호랑이가 있음에도 불구하고 이 이론은 호랑이를 줄무늬가 있는 것으로 기술한다. 자연에 있는 금이 다소 하얀데도 불구하고 이 이론은 금을 노란 것으로 기술한다. 과도하게 단순화한 그런 이론에 의해 기술된 것은 자연적인 고정관념이다. 후술에서(특별히 Putnam, 1975c) 우리는 고정관념이, 일반적 어법으로 Putnam의 이론에서, 몇 개의 "자질(feature)"을 가진 "관습적인 생각(conventional idea, 호랑이의 경우에 사납고 정글에서 살며 검은 줄무늬를 가졌으며 노랗고 육식이며 등등)"임을 알 수 있다. 고정관념은 반드시 또는 대개의 경우에 사실인 것은 아니나 단어 외연의 구성원들을

것으로 모호하게 생각했다는 점을 인정해야만 한다(Rosch, 1987: 155)." 실제로, 그녀는 1978년에 다음과 같이 거의 확실히 밝혔다. "자연언어 범주에서, 원형은 경험적인 자료에 대한 엄청난 오해이거나 암묵적인 정신 표상 이론이다.... 원형은 범주 표상 이론을 구성하지 않는다(Rosch, 1978: 40-41)."

46) 원형 이론에 대한 몇 가지 오해에 대한 Lakoff의 논의를 보라(1987: 9장).

47) 후자의 식별은 다음과 같은 텍스트에 기반할 수 있다. "단어나 그림이라는 용어로 특수하게 코드화되지 않는 상위수준 범주의 예(새나 자동차와 같은)는 깊은 의미가 있다, 그러나... 깊은 의미는 단어나 그림과는 다른 실제적인 지각을 할 수 있는 형식으로 번역된다. *그림을 준비하는 데 시간이 덜 걸린다는 사실은 그림이 단어보다 기초적인 표상의 속성에 더 가까울 수 있다는 점을 제안한다*(Rosch, 1975a: 226. 이탤릭체로 강조되었다.)."

48) 예들은 Reiter(1987: 151), Lakoff(1987: 169)에 있다. (그러나 Lakoff는 Putnam의 고정관념이 '정확히' 원형은 아니라고 했다.)

연상시킨다. 그러나 고정관념에 대한 지식은 언어공동체에서 능력 있는 화자로 인정받기 위해 필요하다.

Putnam은 고정관념의 성격에 대해서는 정교하게 논하지 않았으며 그것은 그의 이론적 목적에도 필요하지 않았다(그것들은 추상적인 생각인가, 정신적 실체인가? 그것들은 본질적으로 언어적인가 또는 이미지에 가까운가? 고정관념이라는 단어를 어느 정도의 *정보*를 지시하기 위해 사용해야만 하는가, 아니면 그러한 정보가 *무엇에* 대한 것인지를 이해하기 위해 써야만 하는가? 예를 들어 일상적 호랑이는?). 사실상 잘 알려진 것처럼, Putnam은 대부분의 영어 화자들이 '호랑이'나 '금' 그리고 이와 같이 상대적으로 일상적인 단어들의 의미를 *진정으로는* 모른다는 '자연 범주 단어 이론(a theory of natural-kind words)'을 세웠다. 그러므로 즉각적으로 질문이 발생한다. 그렇다면 사람들은 그런 단어들에 대해 무엇을 아는가? 만약 우리가 단어의 "의미를 안다"라는 것을 인정하지 않는다면 우리는 어떻게 능력 있는 화자와 그렇지 않은 화자를 구별할 수 있는가? 고정관념은 이러한 질문에 대한 대답이었다. '고정관념'이라는 단어는 능력 있는 화자가 '레몬', '물', '호랑이' 등에 대해 알고 있는 정보의 양이나 종류에 대한 암시이다.

적어도 그런 범주적 단어들과 연합된 정보의 종류나 성질은 Minsky가 "고정관념화된 상황(stereotyped situations, 1975: 212)"을 표상하는 방법으로서 제안했던 '*틀(frame)*'이라고 불리는 정보 구조(data structure)를 이용함으로써 가장 잘 표상된다. Minsky는 틀이 단어의 의의를 표상하는 데 사용될 수 있다고 제안했다(1975: 236, 245). 이것에 대한 가장 표준적인 설명은 다음과 같다. '호랑이'라는 단어를 생각해 보라. 우리는 그 단어와 필연적으로 연합되어 있는 자질들과 *전형적으로* 그것과 연합되어 있는 자질들(말하자면 전형적인 호랑이의 자질)을 표상하고 싶다.[49] 그러므로 우리는 그 속성을 *가능치(possible value)*와 *기본치(default value)*로 나누어 그 차이를 구별할 수 있다. 속성의 기본치는 특별한 정보가 주어지지 않아도 그러하다고 받아들여지는 가치이다. 만약 내가 호랑이에 관한 이야기를 듣는데 상대가 호랑이가 어디에서 사는지에 대한 이야기를 하지 않는다면 나는 호랑이가 당연히 정글에서 산다고 여길 것이다. 만약 내가 명시적으로 호랑이의 색깔에 대한 이야기를 듣지 않았다면 나는 그저 평범한 호랑이, 즉 검은 줄무늬를 가진 노란 호랑이를 생각한다. 물론 호랑이가 반드시 정글에서 살 *필요*는 없는데 이것은 속성 '*서식지*'에 대한 가능치의 범위, 가능한 서식지 목록으로서 우리가 표상하고 싶은 무엇이다. '호랑이'에 대한 유연한 틀의 일부는 표 1.1.과 같다.

49) 틀(Frames)은 *단순히* 전형적인 지식을 표상하는 것으로 종종 기술된다. 나의 표상은 여기에서 더욱 표준적이다(Barr & Feigenbaum, 1981: Ⅲ C7, 216-219; Rich, 1983: 230; Winston & Horn, 1984: 311을 보라.).

표 1.1. '호랑이'의 틀(frame)

속성 (property)	가능치 (possible values)	기본치 (default values)
~이다	고양잇과	
무게	〈 180kg	120kg
키	〈 106cm	80cm
넓이	〈 250cm	180cm
색깔	검은 줄무늬를 갖고 있으며 노란색 흰색 검은색 노란색	검은 줄무늬를 갖고 있으며 노란색
서식지	정글 습지 강가	정글
먹이	영양 소 사슴 혹멧돼지 원숭이 사람	영양
…		

참고: 보통 틀 안에는 이것보다 많은 것이 있다. 예를 들어 틀은 보통 지시사(demons)[50]라고 부르는 절차를 포함한다. 그것은 다음과 같은 상황에서 자동적으로 활성화된다. (만약 지시사가 첨가되면) 빈자리(slot)가 어떤 가치를 부여받았을 때 또는 주어진 빈자리의 가치가 예를 들어 (지시사가 필요한) 계산을 수행함으로써 간접적으로 결정될 때. 직관적으로, 추론에 상응하는 지시사는 틀 그 자체나 틀 지식과 외적 정보에 기반을 둔 추론으로 가득 채워진 모든 지식들로부터 작동할 수 있다(꼭 필요한 것은 아니지만). 틀은 의미적 연결망처럼 표상적 힘(representational power)을 갖기 위해 조작 알고리즘에 의존한다.

50) 역자 주: 'demon'은 지시대명사나 지시형용사와 같은 지시사 즉 demonstrative를 가리키는 말로도 사용된다.

틀에서 기본치의 집합은 종종 Putnam의 의의(sense)에서의 고정관념으로 이해된다. 속성의 기본치는 고정관념화된 자질들이다. 그러나 그런 식의 구별은 Putnam의 이론과 문자적으로 정확히 대응하는 것은 아니다. '*호랑이*'에 대한 틀에서 *고양잇과*는 호랑이의 필수 자질로 채택되지만 기본치는 아니다. 그러나 Putnam(1975c: 252)에 따르면 그것이 (표준적인 의미 능력에 대한 질문으로 이해되는) '무엇이 호랑이의 의미인가?'라는 질문에 대한 대답의 일부라는 점에서 그것은 호랑이에 관한 전형적인 고정관념의 일부이다. 더 일반적으로, (가능치의 범위로 표상되는) 필수 자질(necessary feature)과 (기본치에 의해 표상되는) 전형적인 자질(typical feature) 사이의 구별은 Putnam의 이론에서는 변별되지 않는다.[51] 그럼에도 불구하고 기본치 집합과 고정관념은 중요한 속성을 공유한다. 첫째, 그것들은 전형성(typicality)의 개념을 명확히 한다. 둘째, 그것들은 명시하지 않아도 되는 정보들과 관련을 맺고 있다.[52] 전자의 일반적 자질은 틀을 고정관념의 가장 좋은 표상으로 간주하게 만드는 기초였다. 많은 사람들이 Johnson-Laird의 다음과 같은 글을 지지한다.

---

51) Putnam에 따르면, 형이상학적으로 필요한 것은(물이 H_2O라거나 호랑이가 어떤 유전적인 코드를 갖는 것과 같은) 지식적으로 필요하거나 의미 능력을 위해 요구되는 것은 아니다(1975c: 240). 그리고 반대로 능력을 위해 필요한 것(고정관념을 형성하는 자질들)은 형이상학적으로 필요하지 않다. 전형적인 틀에 속하는 단지 작은 정보 조각들이 (형이상학적으로) Putnam에 의해 필요한 것으로 간주될 수 있다. 그것 중의 대부분은(가능치나 기본치 모두에서) 고정관념과 관련해서 그에 의해 간주될 수 있다. 그가 필요한 것으로도 고정관념적으로도 간주하지 않았던 많은 것들은 형이상학적으로 필요한 것도, 사회적으로 단어 사용 능력을 위해 요구되는 것도 아니다.

52) Putnam의 고정관념의 경우에, 관련된 모든 정보는 폐기할 수 있는 것으로 의심될 수 있다. 호랑이처럼 보이는 어떤 것이 아니라 진짜 호랑이가 고양잇과 동물이 아닌 것으로 판명날 수 있는가? 아마도 아니다. 단어 *w*에 연합된 고정관념의 일부 자질은 *w*들의 필수 자질이 아니다. 그러나 아마도 *어떤* 필수 자질들이, 그것들이 필연적이기 *때문에* 포함되는 것이 아님에도 불구하고, 고정관념에 포함*될 수 있다*.

> 만약 당신이 무엇이 특별한 구성성분으로 의미화되었냐고 묻는다면, 아마도 가장 좋은 대답은 Minsky의 '틀'의 개념에 기초한 것이다. 틀 체계는 어떤 전형적인 실체나 사건의 상태에 대한 지식의 구조화된 부분이다. 그것은 주어진 명세화된 값(specific value)으로 된 변수들(variables)을 포함한다.... 다양한 변수들의 값은 기본치(default)에 의해 특수화될 수 있다.... 만약 호랑이의 다리 수에 관한 특별한 정보가 없다면 기본치는 *4*이다. 원형은, 또는 범주에 대한 이론은, 단순하게 모든 기본치를 명세화하는 체계이다(1986: 107).

당신은 Johnson-Laird가 고정관념보다는 *원형*에 대해 논하고 있다는 점을 눈치 챘을 수 있다. 사실상, Putnam이 기존의 지시 개념을 명료하게 하면서 그가 원했던 것은 고정관념이지 원형이 아니다. 그러나 그의 결론으로 보건대 구체화된 원형은 틀이나 고정관념과 쉽게 융합된다. 만약 새의 원형이 마음속에 전형으로 있다면 그것은 '새'와 연합된 고정관념으로 이해될 것이다. (고정관념은 결과적으로 Putnam에 따르면 '마음속에' 있다.) 그리고 그것은 '*새*'의 틀에서 기본치로 기술될 수 있다. 일반적으로 원형은 심리학자의 고정관념과 같은 어떤 것이 될 수 있다.[53] 반면에 고정관념은 철학자들의 '원형'이다. 그리고 틀은 컴퓨터 과학자가 표상하는 방법이다.

지금 우리의 관심사와는 전혀 관련 없는 이러한 종류의 모든 논의가 고정관념, 원형, 틀을 융합하면 의미 공준이나 합성 규칙 없이도 의미 능력을 완전히 설명할 수 있다는 잘못된 생각을 낳아서는 안 된다. 원형은 언어와 세계 사이의 "간극을 연결하는 다리"와 같은 것으로서 그동안 놓쳤던 것이다.

53) 예들을 보려면 Keil(1987: 186)을 참조하라.

실제로 그런 대담한 주장은 내가 아는 한 제시되지 않았다. 그러나 다음과 같이 조금씩 제시되어 왔는데 나는 이것을 "누구의 것도 아닌, 많은 보통 명사에 대한 의미 이론(Nobody's semantic theory of many common nouns)"이라고 이름 붙일 것이다.

- 많은 단어들(자연 범주적 단어들뿐만 아니라 그렇지 않은 단어들)은 필요충분조건에 기반하여 적용되거나 사용되지 않는다. 대부분의 화자들은 그런 조건을 모른다.[54)]
- 보통의 화자들이 그런 단어들에 대해 알고 있는 것은 고정관념이다. 즉 '틀'과 유사한 어떤 것(예컨대 해당 부류의 일반적인 구성성분들에 대한 배경지식적 기술)이다.
- 인지 심리학은 그런 고정관념(심리학자들이 원형이라고 부르는 것)이 심리적으로 실재한다는 것을 보여 줬다. 그것은 많은 단어들의 의미가 정신적으로 표상되는 방법이다.
- 원형은, 정신적으로 실재하는 실체로서, 언어적이지 않다(그것은 의미 표상을 필요로 한다). 그것은 정신적이고 그러므로 지각과 연계되어 있으며 아마도 '지각적 기초 요소(perceptual primitive)'로 *구성되어* 있다. 원형은 본질적으로 튼튼한 기초를 갖고 있다.
- 세계와 언어의 연결은 지각과 "접촉"하는 정신적 실체들, 즉 원형들과의 연관성에 의한 것이다.

만약 누군가가 원형을 마음속에 작은 그림으로 상상할 수 있다면, *해*

54) 대안: Putnam이 한 번 설명한 서로 다른 형이상학적 이유들에서 어떤 조건은 작동하지 않고, 의미를 주지 않는다.

석할 수 없는 그림을 생각하는 것은 어렵기 때문에(물론 그것은 수행될 수 있지만), 그것은 원형 이해를 도울 수 있다. 만약 원형이 그림이라면 바로 그러하기 때문에 그것은 세계와 연결되어 있다.[55)]

누구의 것도 아닌 이론(Nobody's theory)에서, 특정 구조(틀과 같은 데이터 구조, 고정관념과 같은 순진한 이론)는 본질적으로 기초를 가진 것으로 간주되는 *정신적* 구조, 원형으로 확인됨으로써 기초를 가진 것으로 간주된다. 즉 고정관념은 원형의 *다른 이름*으로 간주된다. 그러나 원형은 고정관념이나 틀은 아니다. Putnam의 고정관념이나 틀은 그 자체로 '*추론적*' 구조이다. 거기에는 추론적이지 않은 것이 없다. 정말로 그것들은 추론이 필수적이다. 반드시 필요한 *기본적인 추론(default inference)*을 수행하는 능력은 *추론* 능력의 일부이며 그것은 세계나 지각에 "도달"하지는

---

55) George Lakoff와 유사한 사람은 없다. 확실히 Lakoff는 원형 효과를 구체화하는 실수를 하지 않았다. 정말로 그는 변함없이 그런 방향의 시도를 맹렬히 비난했다(1987: 136-152). 그러나 그는 거칠게도 Putnam의 고정관념과 틀(frame)을 동일시했다(1987: 116). 그리고 그의 ICMs(idealized cognitive models)에서 Minsky-Putnam의 제안을 원형 효과와 유사한 범위를 설명하는 원리로 쓸 수 있는 것으로 보았다(1987: 116). 모든 ICMs과 마찬가지로 제안적인 ICMs은 "*인지적* 모델이다." 그리고 그것들이 포함하고 있는 실체는 *정신적인* 실체였다(1987: 285). ICMs은 "상징을 구성하는" 구조이다. 그러나 그런 상징이 부분적으로는 "직접 의미하고" 또 부분적으로는 "직접적으로 이해된 개념과의 관련을 통해 간접적으로 이해된다." 직접적으로 의미하는 ICMs의 구성 요소는 "기본적 수준의 범주(나무, 소, 의자 등처럼 중간 크기의 대상 부류에 상응하는 개념 같은)"와 "이미지 스키마(image schemata, 용기, 길, 위-아래, 중심-주변 같은)"를 포함한다(1987: 206-207). 이것들은 "경험의 선개념적 구조로서 직접적으로 이해됨으로써" 직접적으로 의미가 있다. 이것이 또 다른 해석되지 않은 형식주의인 "markerese(역자 주: Lewis는 형식주의의 의미 해석이 전혀 해석이 아니라고 보았으며, 형식주의에서의 메타언어를 표지(marker)가 많다는 의미에서 'markerese'라 불렀다.)"에 대한 D. Lewis의 잘 알려진 비판이 그것들에 적용되지 않는지에 대한 이유이다. 그것들은 직접적으로 의미가 있는데, 왜냐하면 "그것들은 우리의 환경에서의 신체의 기능과 본질로 인해 직접적이고 반복적으로 경험되기 때문이다(1987: 268)." ICM에 대한 Lakoff 자신의 개념의 생존 가능성과 ICM의 직접적인 의미가 얼마나 모호한지에도 불구하고, 틀과 고정관념은 적어도 원형 효과를 설명하는 데 있어서는 "직접적으로 의미 있는" 정신 구조인 ICM과 동일하다. ICM에 대한 이것은 정확히 누구의 것도 아닌 이론(ICMs은 원형이 아니다.)은 아니지만, 그와 유사하다.

않는다. 다음의 추론을 보자.

Tweety는 새다(Tweety is a bird.).
Tweety는 난다(Tweety flies.).

다른 사정이 변함없다면 보통의 경우에 일상적 세계에서 이러한 추론은 '새'(또는 '날다')의 지시를 결정하는 데 도움이 되지 않더라도 맞다. 이것은 인정 가능한 모형의 수를 의미 공준보다 더 줄이지 않는다. 그것은 새를 명명할 수 있는 화자의 능력을 포착하는 것이 아니며 단어 '새'로 상기되는 어떤 그림을 떠오르게 하는 것도 아니다. 그것은 언어에 대해 말해주지 않는다. 기본적인 추론(default inference)은 연구 가치가 있는 대상으로 *표준적인 추론(standard inference)*으로 단순화할 수 없다. 그럼에도 그것은 추론이지 지시는 아니다.[56] 이것은 고정관념이나 틀이 기초적일 수 없다는 것을 말하는 것은 아니다. 그것들은 의미 공준을 통해 기초가 될 수 있다. 그러나 그것은 본질적으로 기초적이라고 볼 수는 없다.

그 스스로는 본질적이지 않더라도 고정관념이 원형과 *연합*됨으로써 본질적인 것으로 대상화될 수는 없는가? 불행하게도, 이러한 제안은 다소 공허한 것으로 판명되었다. 먼저 원형이 *있는가*가 의심되고 있다. 원형 효과는 개별 단어들과 연계되어 있는 개별적인 정신 구조를 상정함으로써만 설명되어지는데 그것은 틀에서 기본치 집합과 맞먹는 정신적 대응물일 것이다. 확실히 실험적 증거들은 그런 가정을 명확히 인정하지

56) 기본적인 추론(default inference)은 표준적인 추론(standard inference)으로 약분될 수 없다. 물론 그것은 누군가가 모형 이론의 틀 안에서 기본적인 추론을 설명할 수 없어서가 아니라 기본적인 추론이 수행되는 이론이 소위 비단조적 논리로 수행돼 온 몇 개의 의미적 제안들 중 하나처럼 비표준적인 의미론을 요구한다는 의미에서 그러하다.

않는다. 게다가 몇몇 비평처럼, 그 가설은 해결해야 할 많은 과제를 안고 있다.[57] 원형 효과는 정말로 잘 설계되었다.[58] 그러므로 어휘 의미 능력 이론은 그것을 설명해야만 한다고 말하는 것은 타당하다. 그러나 대개 그런 이론들에서는 조금씩밖에 설명되지 않았다.

둘째, (구체화된) 원형이 있다고 할지라도 그것들이 본질적으로 기초적이라는 주장은 지각이나 이름 붙이기 등에서 그것이 갖는 역할이 좀 더 분명해지기 전까지는 입증되지 않은 것이다. 예를 들어, 시각적 지각의 결과와 견본 또는 정신적 자질의 집합인 원형을 *비교*한다는 것은 정확히 무엇을 의미하는가? 그러한 질문은 정신적 구조물인 원형이 본질적으로 의도적이거나 또는 해석될 수 있는 것이라고 단순히 말함으로써 대답될 수 없다. 사람들은 그것이 어떻게 *작동*하는지를 알고 싶어 한다. 이것이 설명될 때까지는 어휘 능력을 명확히하는 데 고정관념이나 틀, 그리고 기본치를 지지하는 다른 구조들이 의미 공준의 불충분성을 해결하지 못할 것이다.

---

57) 원형 이론의 여러 버전들에 대한 표준적인 비평은 Osherson과 Smith(1981), Armstrong, Gleitman과 Gleitman(1983)에 의해 수행되었다.

58) Barsalou(1987)와 몇 학자들은 개념의 "등급 구조"가 "안정적이지 않음"을 보여 줬다. 서로 다른 대상들은 해당 실체의 순위(등급)가 그것이 주어진 범주 내에서 얼마나 전형적인가에 따라서 서로서로 다르다. 그리고 똑같은 대상조차도 시기가 달라지면 등급이 달라진다. 그런 불안정성은 얼마나 전형적인 실체인가를 결정하는 맥락의 강력한 영향과 전형성을 판단하기 위한 다양한 기준의 사용과 관련되어 있는 것으로 드러났다. 그러나 Barsalou 스스로는 지적하길 이것은 단지 개념의 등급 구조가 영구적(개별 대상 안에서)이거나 보편적(대상들 사이에서)이라는 가설을 배제하는 것뿐이라고 하였다. 원형 효과는 도전된 것이 아니다. 정말, 등급 구조는 "폭넓은 범주적 과제 수행을 예측하는 데 있어 가장 중요한 변이항"으로 간주될 수 있다(Barsalou, 1987: 102-103).

제2장 의미 추론의 한계

우리는 어떻게 의미 공준을 선택할 것인가?

우리는 의미 공준(또는 표상의 다른 동등한 형식)이 어휘 의미 능력을 적절하게 표현할 수 없다는 것을 보았다. 의미 추론 능력은 어휘 능력의 총체를 설명할 수 없다. 그러나 또 다른 중요한 문제가 있다. 우리는 어떻게 의미 공준을 선택하는가? ***어떤*** 문장이 의미 공준에 의해 표현된 어휘 능력의 일부를 실제로 나타내는가? 예를 들어, (1)은 '탁자(table)'라는 단어의 의미를 공준할 만한가?

(1) 이모의 커피 탁자는 7년 됐다.
(My aunt's coffee table is 7 year old.)

아마도 그렇지 않을 것이다. 왜 그렇지 않은가?[1] 이에 대한 한 가지 대답은, (1)에서 진술된 정보가 사실이라 할지라도 그것이 '탁자'의 의미를 ***구성하는*** 것이 아니기 때문이다. 사람들은 (1)의 정보를 모르고도 "탁자"

1) "사람들은 정확히 어디에서 멈추는가? 그리고, 더욱 중요한 것은, 사람들은 왜 멈추는가? 사전에 포함되는 것을 정확하게 결정하는 이론적 기반이 있는가?(Haiman, 1980: 329)"

라는 단어를 사용하는 데 능숙할 수 있다. 어떤 사람이 이모의 커피 탁자가 7년 됐다는 것을 몰랐거나, 믿지 않는다고 하더라도, 우리는 그 사람이 '탁자'가 무엇인지 모른다고 말하지 않을 것이다. 반면 그 사람이 탁자에 상판이 있는지, (전형적으로) 네 개의 다리가 있는지 모른다면, 우리는 아마 그 사람이 언어적으로 부족하다고 생각할 것이다.

분석적/종합적 그리고 Quine의 비평

우리가 방금 적용한 기준은 분석적이냐 종합적이냐의 구별로 이어진다. 주어진 단어가 들어 있는 한 언어의 모든 참인 문장은 두 개의 분리된 집합으로 나뉜다.[2] 일부 문장은 단어의 의미에 따라 참이 된다. 예를 들어, (2)가 참인지는 영어를 사용하는 능력 있는 화자에게 명백한 반면, (1)이 참인지는 그렇지 않다.

(2) 탁자에는 상판이 있다(Tables have tops.).

(2)는 '분석적'이라 불리며, (1)은 '종합적'이라 불린다. 분석적 문장은 단어를 사용하는 데 요구되는, 충분한 정보를 일괄적으로 표현한다. 결과적으로 단어 w가 분석적인 문장에서 나타나는 경우에만 이 문장은 어떤

2) 실상, 이분법은 명확하게 참인 문장과 관련되는 것이 아니다. 우리는 만약 문장의 참*이나 거짓이* 단어의 의미에 달려 있고, 그럴 때에만 문장이 분석적이라고 확실하게 말할 수 있는 반면, 문장의 진리치가 세상이 어떠한가에 달려 있고, 그럴 때에만 문장이 종합적이라고 한다. 우리가 '탁자는 포유류다'와 같은 문장을 '분석적'이라고 부르는 데 익숙하지 않을 뿐이다. 그러나 우리는 그렇게 부를 수도 있다.

단어 w에 대한 의미의 공준이 된다. 단어 w가 나타나는 문장 S는, 단어 w를 사용하는 능력을 발휘하기 위해 화자가 문장 S를 믿어야만 하는 경우에 분석적이다.[3] 독자들은 Carnap이 분석의 개념을 설명하기 위해 의미 공준이라는 개념을 도입했음을 기억할 것이다. 모든 논리실증주의자들과 마찬가지로, 그는 분석/종합의 구별을 잘 확립했다.

모두가 아는 것처럼, 분석/종합의 이분법은 1950년대 초에 면밀히 검토되었다. Quine의 유명한 저서 "경험주의의 두 가지 독단(Two Dogmas of Empiricism, 1953)"에서 그는 "분석적"이라는 개념이 비순환적으로 정의될 수 없다는 것을 보여 줌으로써 이 개념의 과학적 실행 가능성에 도전했다. 분석성은 동의어를 전제로 하며, 그것은 결국 다시 분석성을 전제로 한다. 나는 개인적으로 Quine이 동의어(하위어, 반의어 등)에 대하여 우리의 직관에 의지하지 않는 분석성의 정의란 없다는 것을 보여 줬다고 생각한다. 우리가 직관이나 공정성에 기초하여 정의(justice)를 정의하는 것 같이, 우리가 우리의 직관과 이론 사이에서 반성적 평형에 도달한다면, 직관을 기초로 하여 동의어, 하위어, 반의어 등에 대한 분석적 정의를 내리는 것이 잘못되었다고는 보지 않는다. 그러나 나는 Quine과는 다른 이유로 분석/종합의 이분법을 포기할 것을 제안하려고 한다. 한 가지 이유는, 분석에 대한 낡은 개념, 즉 논리실증주의자들이 필요로 하는 개념이, 너무 많은 작업을 필요로 하고, 그중 일부는 서로 모순된다는 것이다. 분석적 문장은 (a) 필연적인 진실, (b) 선험적 진실, (c) 수정 불가능한 지식, (d) (어휘적) 의미 능력을 구성하는 문장과 동일한 것으로 생각된다. 그러나 네 가지 속성을 모두 정확하게 드러내는 문장이 없다는

3) 더욱 분명하게, 집합적으로 (논리적으로) *L*의 분석적 문장들을 수반하는 언어 *L*의 어떤 문장의 세트도 *L*의 의미 공준을 위한 완전한 세트가 된다.

것은 분명하다. Kripke(1970)는 예를 들어 선험적이지 않은 필연적 진리가 있고 필연적이지 않은 선험적 진리가 있으므로 (a)와 (b)가 명시적으로 일치하지 않는다는 것을 보여 주었다. 이런 취지에서 그의 주장이 타당한지 아닌지와 관계없이, (c)와 (d)가 명시적으로 일치하지 않는다는 점은 논의될 수 있다. 예를 들어, Putnam이 보여 준 것처럼, '고양이는 동물이다'라는 정보는 아마도 어휘 능력을 구성하는 요소일 수 있겠지만, 수정 불가능한 정보가 아닌 데 반해 "37은 열세 번째 소수"라는 정보는 수정이 거의 불가능하지만 어떤 단어에 대한 우리의 능력을 구성하는 요소라고 보기도 어렵다.[4] 요점은 '낮은 수정 가능성'은 능력과 관련이 없는 요소, 예를 들어 단단히 짜인 지식 체계에 속하는 것, 널리 퍼져 있는 지식의 체계에 속하는 것, 지식 체계 내에서 추론적으로 중요한 위치를 차지하는 것 등에 달려 있다는 것이다. 더욱이, 능력은 상식적인 지식과 (동일하지는 않더라도) 관련이 있지만, 수정 불가능성은 종종 '객관적인' 항목, 즉 확고한 과학적 지식에 기인하는 경우가 많다.[5]

Quine의 관점조차 '원의 모양은 둥글다'나 '총각은 결혼하지 않았다'와 같은 문장이 어찌되었든 특이하다는 것을 부인할 정도는 아니었다. 그는 실증주의 인식론에서 결정적인 역할을 한 철학적 개념에 도전하기를 원했다. Hillary Putnam이 일찍이 1962년(1975a)에 보았듯이, Quine은 이러한 구별이 필수적인 요소가 되는 철학적 틀 전체를 불신했었다. Putnam에게는, 그러한 틀에는 (말하자면, "감각 정보의 언어"에서 이른바 동등

4) 만약 우리가 미칠 준비가 되어 있다면 절대적으로 수정 불가능한 문장은 없다는 점이 엄정하게 지적되어야만 한다. 우리는 대체로 수정 가능하게 말할 것이다. 이와 같이 수학적 진리는 매우 수정 불가능한데, 왜냐하면 (예를 들어, 식물학과는 대조적으로) 수학은 긴밀하게 짜인 이론이기 때문이며, 이는 모든 과학에 편재한다.

5) 유사하게, Bierwisch와 Kiefer(1970: 79, n. 20)는 '삼각형의 내각의 합은 180도이다'와 같은 것은 의미적 능력의 측면에서 중요하지 않다고 언급하였다.

한 표현으로 "의자"의 동의어 같은) "심층적인" 동의어와 (모든 필요성이 "언어 규칙"으로 거슬러 올라갈 수 있다는, 아마도 Wittgenstein적인 생각을 수반하는) "심층적인" 문법이 수반되는 것이었다(Putnam, 1975a: 37-38). '분석성'은 환원주의자들과 "심층 문법학자들" 모두가 가진 무기였다. 그러므로 만약 이런 구별이 일종의 철학이라는 기계에 기름칠을 하는 것과 같은 의미라는 점을 거부하는 것이라면 Quine이 분석과 종합의 구별을 공격하는 것은 옳았다.[6] 하지만 Putnam에 따르면, Quine이 그런 차이가 있다는 것을 부정한 것은 틀렸다. 비록 "사소하고 철학적 효과가 없는" 것이기는 하지만, 실제로 분석/종합 간의 차이가 있기 때문이다. 이는 '모든 총각은 미혼이다'와 같은 고전적인 예시를 아우르지만 이를 단순히 분석성의 개념과 관련하여 1930년대와 1940년대의 대부분의 철학자들이 생각하던 진술에 적용하기는 어렵다. 예를 들어, 논리의 원칙이 분석적인지 여부를 묻는 것은 부적절하다.[7]

Quine이 자연언어에서 단순한 동의어 문제보다 더 큰 게임을 수행했다고 지적한 Putnam의 견해는 확실히 옳았다. 그러나 Putnam은 Quine의 1951년 목표를 확인하는 것보다 왜 *그*가 분석과 합성의 구별이 철학적으로 위험하다고 생각했는지를 설명하는 데 더 관심이 많았다(1953). 최근에 Quine의 논쟁에 대한 또 다른 견해가 Paul Horwich에 의해 제시되었다. Horwich에 따르면, Quine은 "우리가 일상적으로 사용하는 의미적 개념들이 Carnap과 다른 논리경험주의자들이 선호하는 철학적 목적에 부합할 만큼 정확하지 않다"는 것을 보여 주려고 했다(Horwich, 1992: 107).

6) "분석적/종합적 구별을 무시하라. 그러면 명확하게 구별과 관련되지 않은 어떤 철학적 쟁점들과 관련하여서도 당신은 틀리지 않을 것이다. 철학적 논의에서 그것을 무기로 사용하려고 시도하라. 그러면 당신은 지속적으로 틀릴 것이다(Putnam, 1975a: 36)."

7) Putnam(1975a: 39), Putnam(1983c: 89)도 보라.

논리적 경험주의자들은 논리학, 수학 및 자연 과학의 진리가 "언어의 법칙에 의해 결정되기"를 원했기 때문에 그들에 대한 회의론적인 공격은 다른 언어를 채택하자는 모호하고 막연한 제안으로 축소될 수 있다.[8] 다른 말로 하면, 경험주의자들은 논리(및 수학 등)의 진리가 각각의 언어와 관련된 의미 능력에 통합되기를 바랐고 ***그래서*** 각 언어 ***내에서*** 수정 불가능하기를 바랐다. Quine이 한 것은 "행동의 사실에 근거하여 구체화될 수 없다"는 것을 보여 줌으로써 "언어의 규칙"이라는 개념 자체를 약화시킨 것이었다(Horwich, 1992: 99).[9] 따라서 언어의 규칙은 실증주의자들이 확실히 하고 싶은 만큼 확보되지 못했다.

이는 1986년에서 1991년까지 이어진 "두 가지 독단(Two Dogmas)"의 논증에 대한 Quine 자신의 재평가와 어느 정도 다르다. Horwich에 따르면, Quine은 실증주의자들의 논리(와 수학 등)의 진리에 대한 설명에 도전하려고 했다. 반면 Quine 자신에게는 이 문제가 ***의미 있는 것***이었다. 논리 실증주의자들은 수학적, 논리적 진리를 ***의미 있게*** 만들기 위해서 분석성을 필요로 한다고 Quine은 말했다. 왜냐하면 분명히 그 의미를 그들의

---

8) 예를 들어, ('숫자들은 실재하는가?'와 같은 질문들에서 표현되는 것과 같은) 수학적 실체들에 대한 회의적 의심은 그에 대한 대답이 "언어의 규칙들"(*내포적* 질문들)에 의해 사소하게 결정된다고 할 수 있는 질문들처럼 이해된다. 그렇지 않으면 *외연적* 질문들(즉, 특정한 언어를 채택하는 것의 적절성에 대한 질문들)인데, 이것은 분명한 공식을 인정하지 않는 것이다. 그래서 '5는 숫자이다'로부터 내포적 질문으로서 숫자 존재 질문에 대하여 긍정적 대답을 하게 되는데, 그것은 '5'와 '숫자'가 속하는 언어의 *분석적 진리* 그 자체이다. 반면에 외연적 질문으로서 숫자에 대한 질문은 비물질적 실재인 "이상적"인 것과 같은 개념과 관련되며, "공통적인 과학적 언어"로 표현될 수 없다(Carnap, 1956a: 209; Horwich, 1992: 103과 비교해 보라.).

9) 나는 여기에서 Horwich(1953)가 Quine(1951)의 후기 불확정성론을 읽고 있다고 믿는다. 나는 "두 가지 독단(Two Dogmas)"에서 어떤 행동주의적 함축도 발견할 수 없다. 그러나 한참 뒤에 Quine 스스로 "'두 가지 독단'에서 발견된 표현인 심리 의미론에 대한 불신", 그리고 그가 초기에 읽은 (그가 "거의 두둔하는") Watson의 *행동주의자적 관점에서의 심리학(Psychology from the Standpoint of a Behaviorist)*을 고집한 데 주목하라(1991: 265-266).

경험적 내용과 일치시킬 수 없었기 때문이다. 일단 "두 번째 독단"을 버리면 "인식론의 핵심 개념"인 분석성의 필요성이 사라진다.[10] 우리가 "관찰 가능한 결과의 공동 함의를 위해 논리학과 수학을 물리학 및 기타 과학의 그물망으로 보는 경우, 경험적 내용을 일부 문장으로 제한하는 문제는 더 이상 발생하지 않는다(Quine, 1986: 207; Quine, 1991: 269와 비교해 보라.)."

이는 현 상태로서는 별로 설득력이 없다. 만약 누군가 Quine처럼 환원주의의 독단에 반대하여 강력한 독립적 주장을 가지고 있다면 그는 어째서 그 독단을 고수하는 경우에만 필요한 분석/종합의 구별을 비판하는가? 그러한 비판이 전적으로 불필요한 것은 아닐 것이다. 그것은 두 번째 독단에 대해 추가적인 주장을 제공했을 것이다("환원주의를 고수한다면 논리와 수학을 의미 있게 만들기 위해 분석성의 개념이 필요하겠지만, 분석적/종합적 구별은 지지할 수 없다."). 그럼에도 불구하고, 누군가는 Quine이 이 구별에 대해 보여 주었던 공격과 1986년에 보여 준 다소 온건한 비판적 태도 사이에서 약간의 불균형을 느낄 것이다.

이 구별에 대한 Quine의 공격은 Quine 자신이나 Horwich가 승인하려는 것보다 더 넓은 범위를 갖는 것으로 간주하는 것이 더 그럴듯해 보인다. "두 가지 독단(1953[1951])"에서 Quine은 인간 지식에 대한 실증주의적인 그림들을 두 개의 선명하게 분리된 영역 즉 검증 가능한 관점에서 경계를 이루는 경험 지식의 영역과 이전 세기가 "이성에 대한 진리"에 공헌해 왔던 특징을 물려받은 순수 과학의 영역(논리, 수학, 물리학의 일부)으로 나누기를 원했다. Quine은 그러한 설명을, 논리와 수학이 "관찰 가

10) 경험주의의 "두 번째 독단"은 그에 따라 진술의 인지적 의의는 경험적 내용 즉, 경험과 관련한 특정한 진술과 관련된 것과 일치한다는 학설이다.

능한 결과가 공통적으로 포함된 물리학과 다른 과학의 그물망처럼" 보이는 단일한 설명으로 대체하고 싶어 했다. 개괄적이고 이론적인 목표를 달성하기 위해 그는 경험에 근거한 수정으로부터 언어에 의해 정보를 얻는, 즉 자유롭고 분석적인 문장이 없는, 마음에 직접 접근할 수 있는 진리가 없다는 것을 보여 주어야 한다고 생각했다. 그는 분석적/종합적 구별이 근거가 없다는 것을 보여 줌으로써 분석적 문장이라는 명확한 ***개념***은 없다는 것을 간접적으로 보여 주었다. 그렇게 하면서 그는 두 번 도를 넘었다. 첫째, 그는 분석성의 개념이 공허하다는 것을 보여 줄 필요는 없었다. ***논리적이고 수학적인 진리***가 분석적이라는 것이 결코 명확하지 않다는 것을 보여 주면 충분했다. 그리고 그는 논리와 수학에 관한 일반적인 것을 증명할 필요가 없었다. 실증주의자들이 흥미를 보이는 진리의 일부가 의미 능력을 구성할 수 없거나 수정할 수 있다는 것을 보여 주는 것으로 충분했을 것이다. (물론 그가 실제로 생각하고 말했던 것은 그것들이 수정될 수 있다는 것이었다[Quine, 1953: 43; Quine, 1986: 620과 비교해 보라.]). 하지만 그는 논리학자로서 주장하는 바의 본질에 필요한 것이 아니라, 자신이 증명할 수 있는 가장 강력한 결과를 증명하거나 증명할 수 있다고 믿는 데에 소질이 있었다.

어떤 면에서 그는 운이 좋았다. 그것은 (사실상 Quine의 공격에서 완전히 회복된 바가 없는) 분석성의 개념에 내재된 약점을 드러내는 데 도움이 되었기 때문이다. 다른 한편으로, Quine(1991: 270) 자신을 포함한 많은 사람들이 "총각이 미혼이다"에 대해 다소 불편해했다. 왜냐하면 의미 능력을 구성하는 모든 문장이 수정될 수 없으며, 역으로 모든 수정하기 어려운 (또는 거의 수정되지 않는) 진리가 의미 능력을 구성하는 것이 아니라는 점을 인정하더라도, 두 경우에 해당하는 문장이 있을 수 있기 때문이다. 이는 Putnam(1975a)이 '분석적'이라는 문구를 안전하게 사용할 수 있다고 생각했던 "사소한" 경우에 해당한다. Quine은 인식론적 잠재성이 없고 "경험적 의미론"의 영역에만 국한되는, 분석성의 "더 소박한" 개념을 위한 여지를 남겼다(Quine, 1986: 208).[11] 그는 "우리가 구성하는 단어 중 하나 또는 그 이상을 배우는 과정에서 진리를 인식하는 법을 배우는" 문장이 있음을 알았다. '결혼한 총각은 없다.'는 것은 물론 전형적인 예이다. 논리적 단어인 '만약(if)', '않다(not)', '또는(or)', '그리고(and)'는 또 다른 경우이다. '만약 p라면 p이다', 'p와 p의 부정이 모두 아닌', 'p 또는 p의 부정' 등이 모두 사실이라는 것을 배우지 않은 채로 이러한 단어들을 배우는 것은 그것들을 배운 것이 아니기 때문이다(Quine, 1986: 94-95)." "일부 진리는 단어를 배움으로써 배운다." 이것은 Quine에게 모든 인식론적 고리에서 해방된 "이해할 수 있고 합리적인 개념"이라는 분석성 개념의 유일한 내용을 구성하는 "가치 있는 통찰"이다. 이로 인해 Quine은 아무도 수학의 정리 또는 복잡한 동어 반복을, 이러한 의미에서 분석적인, 즉 단어를 학습함으로써 배우는, 진리의 종류로 간주하려는 유혹을 받지 않을 것이라 말했다. 우리는 Euclid의 법칙을 진리를 이해하도록 배움으로써 '소수(prime)'라는 단어를 배우지 않으며, 또한 Peirce의 법칙을 학습함으로써 '만약 ~한다면(if ... then)'이라는 관용구를 배우지 않는다.

사실, 논리적 진리의 경우는 그 문제에 대한 그의 동요로 볼 수 있듯이 Quine이 가장 불안해하는 것이다. 분석성에 대한 "소박한 이론"의 최초 버전인 ***지시의 근원(The Roots of Reference,*** 1973)에서 그는 논리적인 단

11) Quine이 Putnam의 약화된 분석적/종합적 구별을 명백하게 지지한 것에 관해서는 "Putnam에게 답함(Reply to Putnam, 1986: 427)"을 보라. Quine이 제안한 첫 번째 정리는 1973년 논문 78-80쪽에 있으나, 1986년에 옹호한 것처럼 보이는 것과 일부 차이가 있다.

어를 "배우는 것과 결합된" 논리적 진리와, 우리의 생각에 비추어 볼 때 덜 참인, 즉, 논리적인 단어를 배우는 것과 결합되지 않은 논리적인 법칙을 구별한다. 배제된 중도의 법칙은 후자의 예다.12) "아마 그때," 그는 "배제된 중도의 법칙"은 종합적으로 보아야한다고(1973: 80) 결론을 내렸다. 1986년 연구에서 보았듯이, 이 견해는 Quine이 비분석적인 논리적 진리의 사례를 제시하지 않았다는 점을 제외하고, 다시 주장된 것처럼 보인다. ***그리고 배제된 중도의 법칙은 단어를 배우는 과정에서 진리가 학습된다는 하나의 예시가 된다.*** 마침내, 1991년에 Quine은 구별을 상실하고 "좁은 의미에서" 논리의 모든 진리, 즉 (소박한) 분석적 진리 가운데 동일성을 갖는 1차 논리까지를 포함한다.13) 그가 그것을 포함한 이유는 연역적 폐쇄성 때문이다. 예를 들어 "분석 단계에서 분석적인 것으로부터 추론할 수 있는 진리는 차례대로 분석적인 것으로 간주될 것이다." 논리의 "관찰 가능한 결과가 공통적으로 포함된 물리학과 다른 과학의 연계"가 의미성의 근거로 남은 것을 보기는 어렵다. 이제 논리의 진리는 단순히 우리가 논리적인 단어나 그 결과를 학습하면서 배운 것처럼 보인다.14)

그렇다면 "소박한" 분석성에 대한 Quine의 최종 견해는 어느 것인가?

---

12) 그러나 심지어 여기에서 Quine은 분석적 진리가 기초적 추론하에 결론이 나기를 바랐음에 주목하라. "우리는 난해한 문장이 만약 단어를 학습함으로써 개별적으로 확인되는 연쇄적 추론으로 접근이 가능하다면 여전히 분석적인 것으로 간주하기를 원한다(1973: 79-80)." Quine이 분석적이라고 간주하기를 바라는 논리적 진리(예를 들어, 이중 부정과 모순율[역자 주: 어떤 명제와 그것의 부정이 동시에 참이 될 수 없다는 원리, 출처: 표준국어대사전])를 감안하면, 어떻게 배제된 중도가 그러한 연쇄적 추론에 의해 접근될 수 있는지 아는 것은 어렵다.

13) "나의 좁은 견지에서 모든 논리적 진리는... 아마도 분석적이라는 자격을 얻을 것이다(Quine, 1991: 270)."

14) 여기에서 '결론'은 말하자면 어휘적으로 이해되어야 한다. 결론은 우리가 수용하는 원리를 통해 다른 분석적 진리에서 도출된다. 왜냐하면 우리는 관련된 단어들을 학습하는 데서 그 원리들을 학습하였기 때문이다.

그는 (3) 또는 (4) 중 무엇을 지지하는가?

(3) 능력을 구성하는 몇몇 문장이 있는데, 실제로는 수정 가능하지 않다. (반면 분석적 진리라고 주장하는 많은 부분이 수정될 수 있다.)

(4) 능력을 구성하는 몇몇 문장이 있는데, 심지어 수정 가능하다.

(배제된 중도의 법칙 등과 같은) 논리적 진리의 예는 (4)가 Quine이 고려한 의견이라는 결론으로 이끈다. 왜냐하면 그는 반복적으로 논리적 원리조차도 원칙적으로 수정 가능하다고 간주했기 때문이다. 반면에, Quine이 단어를 배우는 것과 진리를 배우는 것('총각'이라는 단어를 배우는 것과 총각은 남성이며, 성인이며 미혼이라는 것을 배우는 것) 사이의 관계에 대하여 말해야 했던 것을 감안하면, 예를 들어, '총각은 미혼이다'의 진리를 상실하는 것은 단순히 이미 배운 '총각'이라는 단어를 포기하는 것이다. 이런 의미에서, "소박한" 분석적 진리는 수정 가능하지 않으며 Quine의 관점은 (3)으로 표현된다. 누군가는 소박한 분석적 진리가 사실은 수정 가능하다고 결론 내고 특정 단어를 포기하는 (또는 동일하게 의미를 바꾸는) 정도로 수정함으로써 ("논리의 변화는 주제의 변화"라는 Quine의 구호의 정신하에[1970: 81]) (3)과 (4)를 조화시킬 수 있다. 이 견해는 적어도 논리적인 진리에 관한 한 Quine 자신에 의해 명시적으로 지지된다. "기초 논리에서 이론의 변화는 의미의 변화이다. 배제된 중도의 법칙을 부인하는 것은 의미의 변화가 될 것이며, 이는 그것에 관한 이론의 변화와 다르지 않다(Quine, 1991: 270)."

그러므로 Quine의 견해는 그저 문장 안에 있는 특정 단어에 대한 능력을 구성하는 다수의 참인 문장이 있고 그 문장들은 합리적으로 분석적인 문장들이라는 것이다. 우리는 잠시 후 그러한 (거칠게, 분석성과 추론적 의미 능력의 내용에 대한) 동일시가 우리의 직관을 완전히 공정하게 다루는지 의심할 이유가 있다는 것을 알게 될 것이다.

구별을 되살리려는 시도

Bierwisch와 Kiefer의 경우

분석성의 본질적인 개념에 대한 Quine의 비판은 대단히 성공적이었다. Quine 이후 분석적/종합적 구별을 복원하거나 어휘 의미의 경계를 정하기 위한 기준을 제시하려는 사람들은 거의 없었다.[15] 이러한 시도 중 하나가 문학에서 약간의 주목을 받았었는데 이는 Bierwisch와 Kiefer(1970)에서 기인한다. 그러나 앞으로 살펴보게 될 것처럼, 그 시도는 완전히 실패했다.

Bierwisch와 Kiefer에 따르면 의미적 목적을 위해 표제어는 두 부분으로 나뉘어야 한다. 표제어의 핵심은 모든 (그리고 유일한) "사전 표제어의 체계 내에서의 위치, 즉 (비동의적) 표제어와의 경계를... 결정하는 의미적 명세"를 포함한다(1970: 69-70). 한편, 주변부는 "사전의 다른 표제어와 구분하는 일 없이 어휘 표제어의 의미에 기여하는" 의미적 명세로 구성된다(1970: 69-70). 예를 들어 '인공물'은 '숟가락'의 의미의 핵심에 속하는 반면, '그렇고 그런 평균 크기를 가짐.' 또는 '아시아 문화에서 사용되지

15) "심지어 구별을 중요하게 여기는 것을 꺼리는, 납득되지 않는 경향도, 안전한 쪽에 있어야 한다. 그리고 그것에 분명하게 찬성하는 사람은 거의 없다(Horwich, 1992: 95)." Horwich는 또한 구별이 언어학자들과 심리학자들 사이에서 훨씬 더 잘되었다고 하였다.

않음.'은 그 주변부에 속할 것이다. 분명히 핵심과 주변부의 구별은 사전(즉 표제어의 집합)과 관련되며, 그러므로 언어와 관련된다. Bierwisch와 Kiefer는 "[핵심과 주변부의] 구별은 본질적으로 언어적 지식과 백과사전적 지식 사이의 구별과 일치한다."라고 주장하기 때문에 "일반적으로 언어적 지식과 백과사전적 지식 사이에, 언어와 관계없는 경계선은 없다(1970: 72)."라는 결론에 이르게 된다.

이것은 어떠한 종류의 경계인지 궁금하다. 어휘 의미가 엄밀한 의미로 핵심과 일치한다고 생각되는가? 그러면 주변부가 "[표제어의] 의미에 기여한다."라고 말하는 것도 이상하다. 그러면 우리는 어휘 의미는 실제로 핵심과 주변부를 더한 것이라고 말해야 하는 것일까? 사전/백과사전 간의 구별은 (문화적 개체 간의 실질적인 구별에 반대되는) 이론적인 구별로서, 정보를 의미적으로 적절한 것과 의미적으로 적절하지 않은 것으로 나누는 것, 즉 단어의 의미에 기여하는 명세와 그러지 않는 명세로 구분하는 것이기 때문에 이 경우 핵심/주변부의 구별을 사전과 백과사전 사이의 구별과 동일시하는 것은 타당하지 않다. 더욱이, 우리가 이러한 이분법을 심각하게 받아들이게 되면 적어도 두 가지의 혼란스러운 결과에 직면해야 한다. 한편, 모든 백과사전적 정보는 단어의 의미에 기여하는 것으로 나타난다. 예를 들어, 광합성에 관한 화학적 정보와 농업의 기원에 관한 역사적 정보는 '식물'의 "의미에 기여하는 것"으로 나타난다. 이것은 그 자체로는 그렇게 나쁘지 않지만, 어휘 의미의 경계를 정하고자 하는 의도와는 분명히 잘 어울리지 않는다. 다른 한편, 모든 정보가 사전 정보 또는 백과사전 정보이고 어휘 의미가 핵심에 주변부를 더한 것일 경우 단순히 적어도 단어 의미에 기여하지 않는 정보는 없다. 사전 정보도 아니고 백과사전 정보도 아닌 정보가 없다면(아마도 '이모의 커피 탁자가 7년 됐다.' 같은 문장이 후보가 될 수 있다.) 우리에게 제안된 경계는 완전히 왜소해질 것이다. 그러나 아직 우리는 의미와 관련된 정보(사전이나 백과사전이라면, 핵심과 주변부)와 의미와 관련 없는 정보 사이의 구별 같은, 무엇이 진정한 경계인지에 대한 문제의 해결을 시작하지도 못했다.

이 모든 것에도 불구하고, Bierwisch와 Kiefer가 그들의 이론을 다음과 같이 재구성한다고 생각해 보자. 모든 정보는 단어의 의미와 관련이 있다(의미에 "기여한다."). 그러나 그것의 일부, 즉 핵심부는 영어나 이탈리어의 어휘 등에서 그러하듯이 주어진 어휘의 다른 모든 단어들과 관련하여 의미적으로 그 단어의 특성을 나타내기 때문에 더 중요하다. 어휘 의미가 의미 능력의 내용으로 간주된다면, 즉, Bierwisch와 Kiefer의 관점에서, 한 단어의 핵심에 그 단어의 사용에 필요한 모든 그리고 유일한 사양을 포함해야 한다면, 여전히 Bierwisch와 Kiefer의 이론은 적용되지 않는다. 이는 해당 언어의 다른 단어들과 관련하여 그 단어의 경계를 정하는 것에서는 요구되지 않는다고 해도 그 단어의 적절한 사용을 위해서는 매우 중요한 정보가 있을 수 있기 때문이다. 이를 확인하기 위해 이른바 어휘 공백 현상을 생각해 보라. 올리브를 분쇄하는 기계를 의미하는 개별 단어는 있지만 견과류를 분쇄하는 기계를 의미하는 단어는 없는 언어 L을 생각해 보자. 이탈리아어가 그런 언어이다. 올리브를 분쇄하는 기계를 의미하는 단어는 'frantoio'다. 이탈리아어에서 'frantoio'의 핵심부에 분쇄가 (다른 작은 과일들보다) 올리브에 영향을 미친다는 명세를 포함할 필요가 없다. 왜냐하면 그 단어와 관련해서 '올리브'가 'frantoio'라는 단어의 경계를 제한할 것이라고 생각되는 명세가 있는 단어는 없기 때문이다. 그럼에도 불구하고 어떤 화자가 올리브의 분쇄에 사용되는 'frantoio'가 다른 작은 과일을 분쇄하는 데에는 사용되지 않는다는 것을 알지 못한다면, 우리는 그 사람이 (특정 단어와 관련해서) 어휘 능력이 있다고 여기지 않을 것이다. 따라서 핵심부는 의미가 될 수 없으며 본질적이거나 최소한의 의미도 아니다.[16)]

언어학자나 언어 철학자들 사이에서 Quine 이후 사실적 또는 백과사전적 또는 세상 지식에 관한 어휘 의미의 경계가 논쟁거리가 될 만하다는 데 암묵적 합의가 있는 것으로 보인다. Bierwisch와 Kiefer의 제안조차도 이러한 점에서는 유익하다. 단어의 의미를 특성화하는 명세와 (단순히) 단어의 의미에 기여하는 명세 사이의 구별을 가지고 어휘 의미와는 전혀 관련이 없는 명세를 배제하지 않은 채 어휘 의미의 경계를 짓고자 하는 것처럼 그들은 케이크를 먹기도 하고 가지기도 하려는 것처럼 보인다.

인공지능

반면, 인공지능 영역에서는 (추론적인) 어휘 의미의 경계를 짓는 것이 훨씬 더 필요하다. 오늘날에도 인공지능 연구원들 사이에는 "어딘가에 경계가 있다(White, 1991: 140)."라는 믿음이 널리 퍼져 있는 것처럼 보인다.[17)] 우리가 만일 그것이 어디에 있는지 정확히 알면, 자연언어 이해 시

16) '핵심부'의 정의에서 '다른 항목들로부터의 경계'를 '다른 언어 표현으로부터의 경계'로 대체하는 것이 그 정의를 완벽하게 빈 것으로 만드는 데 주목하라. 그러면 어떤 명세도 핵심에 속하게 되기 때문이다. 우리는 호랑이에 대한 모든 정보를 위하여 '신장이 하나뿐인 호랑이를 제외한, 정확하게 호랑이 같은 동물'에 관한 '호랑이'를 경계 짓기 위하여 '호랑이'의 핵심에 '신장이 두 개인' 등의 모든 정보를 도입해야 한다.

17) 구별에 대한 동기는 특이한 것일 수도 있다. White에 따르면, "어휘 지식과 세상 지식은 인간 제도의 무지한 결정성에 빠지지 않도록 구별되어야 하는데, 우리는 구별 없이는 Whorf-Sapir 가설의 강력한 버전을 고수하게 될 수 있다는 것이다. 어휘적으로 실행되지 않은 어떠한 차별도 인지적으로 접근 불가능하다. 나는 그 효과에 대한 어떤 논거도 알지 못한다. 파랑과 초록이 어휘적으로 구별되지 않는 언어 *L*을 보자(*L*은 둘 다를

스템이 더 잘 수행될 것이다(White, 1991: 149). 현재 상황으로는 "특정 지식이 어떤 구성 요소로 이어져야 하는지[즉, 주어진 시스템의 어휘적인 지식으로 이어져야 하는지 혹은 세상 지식으로 이어져야 하는지]에 대한 실제 결정은 자연언어/지식 경계를 포착하는 것보다 소프트웨어 공학과 인적 요인 및 효율성 문제에 더 좌우된다(White, 1991: 142)."

이 같은 "원칙 없는" 입장은 이 문제에 관심이 있는 인공지능 연구원들 사이에서 현재 합의가 될 수도 있다. 지배적인 견해는 다음과 같이 진술될 수 있다. 어휘 지식과 세상 지식에는 자연스러운 구분이 있다. 우리는 그 경계가 어디에 정확하게 그려져야 하는지 알 수 없다. 하지만 우리는 효과적인 인공지능 시스템을 구축하기 위해 그것을 ***어딘가에*** 그려야 할 필요가 있다. 따라서 우리는 컴퓨터 경제 등과 같은 외부 기준에 따라 어느 정도 (한계 내에서) 그것을 자유롭게 그릴 수 있다.

최근에는 인공지능 학계에서, 특히 지식 표상의 문제를 연구하는 사람들이 보다 날카로운 견해를 밝혔다. "정의와 주장의 개념적 분리는 KL-ONE[18] 자체를 포함하여 KL-ONE 같은 시스템에서 일정 역할을 했다(Woods & Schmolze, 1992: 155)." 그리고 KL-ONE 어족 자체는 지식 표상의 역사에서 중요한 역할을 해 왔다. 그러나 내가 아는 모든 경우에 그

의미하는 '푸름(grue)'이라는 한 단어가 있다). *L*에서는 심지어 '풀의 푸름은 하늘의 푸름과 다르다'와 같은 것을 말할 수 있다. 어휘적 지식과 세상 지식의 구별을 거부하고 모든 참인 문장을 그 문장에 포함된 단어들의 부분적 정의로 간주하는 의미적 전체주의자들은 이러한 진술을 '푸름'의 두 의미 간의 구별을 도입하는 것으로 받아들일 것이며, 그렇게 할 수 있다. 모든 의미가 어휘화되어야 하는 것은 아니며 전체주의자가 다의성을 거부해야 하는 것도 아니다.

18) 역자 주: 프레임 표현을 기반으로 하는 지식공학 언어. 특징으로는 전수, 포함과 그 밖의 다른 관계들을 이용한 의미 체계망 그리고 자동 분류기 등이 있다. 환경은 그래픽 지향적 대화식 지식 기반 편집기와 디스플레이 도구 등이 있다. 약어는 'KL-1'이다(출처: 전산용어사전편찬위원회, 컴퓨터인터넷IT용어대사전, 일진사, 2011).

구별은 정당화되기보다는 전제되어 온 것처럼 보인다. 연구자들은 *어떤 근거로* 관련 정보가 어휘적인 것과 사실적인 것으로 나뉘는지에 대해 설명하는 것보다 두 가지 종류의 지식(어휘적 그리고 사실적)을 어떻게 표상해야 하는지, 두 가지 유형을 나타내는 데이터 구조가 어떻게 처리되어야 하는지, 어떻게 그리고 어느 정도까지 서로 의사소통해야 하는지 등을 설명하는 일에 바빴다. 다시 말해, 정보는 이미 두 종류로 나뉘어 있는 것으로 추정된다. 그래서 시스템 자체를 위해서뿐만 아니라 그 자체로 가치 있는 구별을 유지하기 위하여 각 종류가 어떻게 표상되는지에 초점을 둘 수 있다.

KL-ONE 어족의 권위 있는 구성원인 KRYPTON[19]의 예를 살펴보자(Brachman, Fikes & Levesque, 1983). KRYPTON은 "개념적 정보와 사실적 정보를 명확하게 구별한다(1983: 413)." 이는 어떤 의미에서 절대적으로 사실이다. 두 종류의 정보는 단순히 다른 형식으로 표현되지 않는다. 그들은 심지어 물리적으로 분리된 실제를 가지고 있다. Brachman, Fikes & Levesque(1983: 418)는 각 데이터 구조가 사실적 주장을 표상하거나 단어의 의미(의 일부)를 표상하는 것처럼 독자적으로 해석될 수 있어야 한다고 강조한다. 분리는 두 개의 별도의 "상자", 주장 상자(A 상자)와 용어 상자(T 상자)에 정보를 저장함으로써 이루어진다. 이것들은 서로 다르며 물리적으로 구분된 형식이다. T 상자는 구조적 용어의 분류를 나타낸다. 이 상자는 "용어 간의 분석적 관계에 대한 질문에 답할 수 있다(1983: 418)." A 상자는 관련 분야의 설명적 *이론*을 나타낸다. T 상자는 포함 관계 또는 분리 관계에 있는 *명사구*(의 형식적인 등가물)를 포함한다. 따라

19) 역자 주: 틀 기반 컴퓨터 프로그래밍 언어(출처: 위키백과).

서 예를 들어 '최소 1명의 자녀가 있는 사람'의 형식적 대응부는 '3명 이상의 자녀가 있는 사람'의 대응부를 포함한다. A 상자에는 '3명 이상의 자녀가 있는 모든 사람이 자동차를 소유하고 있다.'와 같은 ***문장***의 형식적 대응부가 포함되어 있다. 어떤 정보가 A 상자에 있든지 간에, 이는 단언적이며 용어가 아니다. 보편적으로 정량화된 상호 조건의 형식적인 대응부('모든 x에 대해서, 오직 x가 P_1이고 x가 P_2이고... x가 P_n일 때에만 x는 Q이다.')는 "개념적인 입력이 없다."라고 간주한다(1983: 419).

주어진 정보가 사실적이라기보다는 개념적이라는 것을 이미 알고 있다면, KRYPTON 구조 내에서 정보를 다루는 방법을 알고 있는 것이다. 예를 들어 그 정보를 표상하는 방법과 이를 시스템에서 처리하는 방법을 알고 있다(두 상자는 다른 알고리즘에 의해 운용된다.). 그러나 주어진 정보가 사실적이라기보다 개념적이라고 간주해야 하는지를 어떻게 알 수 있는가? (사람은 개념적인지 사실적인지 말하고 싶어 한다.) A 상자에는 문장의 대응부를 담기로 되어 있기 때문에 직설적인 언어적 기준을 채택한다고 생각할 수 있다. 문장에 의해 직관적으로 표현된 모든 정보는 A 상자에 들어가며 그 외에는 아무 것도 없다. 그러나 T 상자의 내용도 마찬가지로 영어 문장의 형식적인 대응부로 간주될 수 있다. [개]가 [포유류]에 포함되는 것은 단언에 의해 기술될 수 있다. "개"의 개념은 "포유류"의 개념에 포함된다(또는 개는 포유류의 하위어이다). 이러한 문장에 무슨 문제가 있는가? 왜 그들이 전달하는 정보가 A 상자에 들어가지 않아야 하는가?

우리가 그러한 문장(예를 들어, 명시적으로 혹은 암시적으로 "메타언어적"인 것처럼)을 배제할 수 있다고 가정하자. 문제는 사실 더 심각하다. '개는 포유류이다'라는 문장에 의해 표현된 것처럼 개가 포유류라는 정보를 들어 보자. 이것은 일반적인 대상 언어적 문장이다. 우리는 이것을 개념적 혹은 사실적이라고 보아야 할까?(결국, 개가 포유류라는 것은 사실이다.) [포유류]가 [개]를 포함한다는 것은 T 상자에 넣어야 하는가, 아니면 직설적인 보편적 주장으로서 A 상자에 넣어야 하는가? 확실히 Brachman, Fikes & Levesque는 두 가지 방법을 모두 취하고 싶지 않아 했다. 사실, 그들은 심지어 [포유류]가 [개]를 포함한다는 용어적 사실의 단언적 "사본"을 가질 가능성에도 반대했다(1983: 425). 이 문제는 A 상자의 내용을 다루는 추론 장치가 T 상자의 개념적 내용을 이용할 수 있기를 합리적으로 바라기 때문에 발생한다. 우리는 'Greta'가 '소'라는 주장에 T 상자로부터 구축된 [포유류]는 [소]를 포함한다는 용어적 사실을 더하여 (A 상자에서) 'Greta는 포유류이다'를 파생시킬 수 있는 시스템을 원한다. 그러나 그것은 개념적 정보와 단언적 정보 사이의 구별을 모호하게 할 것이기 때문에, KRYPTON의 저자에 따르면, 단순히 용어적 사실을 갖는 것이 $(\forall\chi)$ (소$(\chi)\supset$포유류1(χ)) 같은 단언을 유도하는 일은 하지 않을 것이라고 한다. 이는, 그들의 관점에서, 1차 논리에 기초한 시스템에서 정확히 무슨 일이 일어나는지를 말하며, 그곳에서 개념은 보통 보편적으로 정량화된 상호 조건, "우연히 동일한 논리적 형식을 갖는, 보다 임의적인 사실과 구별하는 데 단순히 실패한 처리"로 표현된다(1983: 425, n.8). 요약하면,

- 개념과 단언 사이에는 원칙상 구별이 있다.
- 이러한 구별은 형식적인 표상으로 보존되어야 한다. 그러므로 개념은 정확히 그 형태를 갖는 사실의 단언이 있기 때문에 보편적으로 정량화된 상호 조건에 의해 포착될 수 없다.
- (시스템의 중복성은 제외하고) 보편적으로 정량화된 상호 조건이나 조건을 수반하는 개념이 있더라도 위험하고 혼란스럽다.[20]

이 모든 것은 우리에게 '개는 포유류이다.'가 개념적인지 아니면 단언적인지를 말해 주지 않는다. 구별이 얼마나 중요한지에 대한 KRYPTON의 주장은 그것을 그리기 위한 기준을 제시하는 것처럼 보이지 않는다.

모든 것이 중요하다는 결론으로 건너뛸 수 없는 세 가지 이유

직관

분석적/종합적 구별에 대한 Quine의 비판을 어떻게 생각하든, 이러한 이분법을 쉽게 이해하기란 매우 어려운 것 같다. 따라서 어휘 의미의 한계를 정하는 시도를 포기하는 것이 현명하다. (보다 정확하게는 어휘 의미의 추론적인 측면이다. 왜냐하면 이것이 우리가 이 장에서 이야기하고 있는 것이기 때문이다.) 그러나 우리는 모든 진리, 또는 모든 믿음이 의미와 관련이 있다는 결론을 내리지 않아야 하는데, 여기에는 세 가지 이유가 있다. 첫 번째는 직관과 관련이 있다. 능력을 의미의 관련성 또는 능력의 구성 요소나 사전의 일부로 간주하는 것은 매우 부자연스럽다는 많은 정보가 있다. 우리는 이미 그들 중 일부를 보았다. 이론적인 단순성을 위해서 우리의 직관에 폭력을 가해서는 안 된다. 사실, 우리는 그러한 직관에 대한 ***논리적 근거***가 없다. 우리에게는 수많은 정보(또는 문장)를

---

20) 실상, 일반적인 형식 의미론적 논의와 관련된 혼동은 없는 것처럼 보이는 반면, 의미 공준은 전형적으로, 보편적으로 필요로 하는 양화된 조건들이나 상호 조건들(ㅁ(∀χ)(개(χ) ⊃포유류(χ))의 형식을 가진다. 물론 여기에는 양상과 상관없는 하위 문장들((∀χ)(개(χ) ⊃포유류(χ))이 동일하지 않은 의미로 수반된다. 물론, '개는 포유류이다'가 의미 공준인지(의미 공준으로 해석되어야 하는지)의 문제는 여전히 남아 있다. 자연언어 문장은 옷의 소매 부분에 상자를 쓰지 않는다.

의미 관련성이 있는 것과 그렇지 않은 것으로 분류할 이론이 없다. 그러나 이것만으로 단순히 우리의 직관을 처분할 이유는 없다.[21)]

더욱이 우리는 직관이 어떻게 작동하는지를 보여 줌으로써, 즉 의미의 관련성에 대한 우리의 판단에서 어떤 종류의 고려가 발생하는지 보여 줌으로써 의미 관련성에 대한 우리의 직관을 어느 정도 합리화할 수 있다. 왜냐하면 더 사전적이거나 더 백과사전적인 정보에 대한 우리의 평가가 모두 우연한 것은 아니기 때문이다. 예를 들어 보다 기본적인 직관으로 돌아갈 수 있는 규칙이 있다. 정보(또는 정보의 언어적 표현)의 어떤 자질은 백과사전적인 것으로 간주되는 경향이 있는 반면 보충적인 특징은 의미적 또는 사전적으로 인식되는 경향이 있다. 따라서 (a) 우연적인 것, (b) 개인에 관한 것이거나 실존적인 형태를 갖는 것, (c) 정상적인 언어능력을 구성하지 않는 것이 백과사전적인 자질이며, 그 반대(필연적인 것이고, 보편적이며, 능력을 구성하는 것)는 의미적이다.[22)] (a)에서 (c)까지 모두 포함하는 정보는 백과사전에 더 가깝게 (사전과 멀리 떨어져 있는 것으로) 간주되며 반대는 (a)에서 (c)까지의 세 가지가 모두 결여된 정보에 해당된다. 따라서 George의 열차가 4시 10분에 왔다는 정보를 의미적

---

21) 우리가 그러한 직관을 가진다거나 그들이 꽤 저항력 있다는 것은 아마도 Grice와 Strawson의 Quine에 대한 초기 비판의 골자를 이룰 것이다(Grice & Strawson, 1970[1956]: 특히 58-62쪽을 보라.). 그들은 화자들의 그러한 직관을 실제보다 조금 더 획일적인 것으로 간주했을 수 있다.

22) 우리가 여기에서 의미적 입력과 관련하여 논의하는 직관은 분석성이 아니라는 데 주목하라. 다음의 문장들을 고려하라(이들은 모두 Brandom, 1994: 168에 제시된 것이다.).

만약 A가 B의 동쪽이면, B는 A의 서쪽이다.

만약 이 헝겊 조각이 빨강이면, 이 헝겊 조각은 초록이 아니다.

만약 지금 천둥이 치면, 이전에 번개가 쳤다.

이들은 모두 분석적인 특징이 있지만(즉, "의미적으로 진실"이라고 여겨진다.) 모두 사전에 실리지 않을 것이다. 그 이유는 이 문장들이 개별적인 것에 관한 것이기 때문이다. 따라서 분석적으로 들리는 모든 문장들이 합성적이거나 개념적이거나 사전과 같은 것 등으로 인식되는 것은 아니다.

으로 취하는 사람은 거의 없을 것이며, 전체는 부분을 갖는다는 지식을 백과사전적이라고 고려하는 사람은 거의 없을 것이다. 그러나 물론 대부분의 정보는 중간에 놓인다. 우리가 탐구하고 있는 가설은 두 가지를 예측한다. (1) 다른 모든 조건이 동일하다면, 필연적 진리라고 인식되는 정보는 우연적 진리보다 "의미적"으로 간주될 것이다. 언어의 유능한 사용을 위해 엄격히 요구되는 것으로 간주되는 정보는 그렇지 않은 정보보다 의미적인 것으로 인식될 것이다. 보편적인 형태의 정보는 개인에 관한 정보보다 의미적인 것으로 간주될 것이다. (2) 같은 수의 백과사전적인 자질을 가진 것으로 판단되는 두 개의 정보는 사전과 백과사전으로부터 동일하게 떨어져 있는 것처럼 어느 정도 동등한 것으로 인식될 것이다.

위의 (1)에서 '다른 모든 조건이 동일하다면'이라는 구절은 진지하게 다루어져야 한다. 예를 들어, 두 개의 정보가 일반적 능력의 구성 요소로 인식되고 둘 다 보편적 형식의 문장으로 표현되지만 하나는 필연적 진리로 인식되는 반면 다른 하나는 그렇지 않다면, 필연적 진리는 더 의미적인 것으로 보일 것이다. 따라서 '총각은 미혼이다.'는 '오븐은 빵을 굽는데 사용된다.'보다 의미적이다. 유사하게 능력을 구성하지 않는 두 개의 정보가 있다. 예를 들어 '물은 H_2O이다.'라는 (보편적이며 필연적이고 비구성적인) 문장은 '맹크스 고양이[23]는 꼬리가 없다.'라는 (보편적이며 ***우연적이고*** 비구성적인) 문장보다 의미적이다. 반면에 예측 (2)에서, 다음 항목들은 사전과 백과사전으로부터 같은 거리에서 어느 정도 인식되어야 한다. 예를 들면 '몽블랑은 산이다.'라는 (***개별적이며***, 필연적이고, 구성적인) 문장은 '양에서 울을 얻는다.'라는 (개별적이며 ***우연적이고*** 구성적인) 문장, '금의 원소 번호는 79이다.'라는 (보편적이며 필연적이고 ***비구성적***

23) 역자 주: 식육목 고양잇과의 포유류로 꼬리가 없는 것이 특징이다(출처: 두산백과).

인) 문장이 있다. 다시 말해 세 매개 변수 (a), (b), (c)는 진리 집합(표 2.1.)에 대한 일종의 기본적 측정, 사전적/백과사전적 측정을 정의한다. 물론 많은 사람들이 이 제안에 동의하기 시작해야 한다. 무엇보다도, 우리가 필요한 종류의 직관을 가지고 있다는 것이 인정되어야 한다. 즉 양태적 직관과 언어 능력에 대한 직관(우리가 문장의 논리적 형식을 인식할 수 있다는 것은 논란의 여지가 없을 것이다.) 말이다.

표 2.1. 사전적/백과사전적 측정 기준에서 다양한 문장의 위치

사전적
총각은 미혼이다.
(보편적, 필연적, 구성적)
▼
몽블랑은 산이다.
(*개별적*, 필연적, 구성적)
양에서 울을 얻는다.
(보편적, *우연적*, 구성적)
금의 원소 번호는 79이다.
(보편적, 필연적, *구성적*)
▼
37은 13번째 소수이다.
(*개별적*, 필연적, *비구성적*)
맹크스 고양이는 꼬리가 없다.
(보편적, *우연적*, *비구성적*)
프랑스는 공화국이다.
(*개별적*, *우연적*, 구성적)
▼
Napoleon은 1821년 5월에 죽었다.
(*개별적*, *우연적*, *비구성적*)

백과사전적

'사전적'과 '백과사전적'은 측정의 극을 나타낸다. ▼는 측정 분할자이다. 문장의 특성은 괄호 안에 있다. 백과사전적 특성은 이탤릭체로 표시된다. 이탤릭체가 아닌 것은 사전적 특성이다. 이것은 진정하게 보편적이라기보다는 총칭적인 문장이다. 그러나 구별은 현재의 목적을 위해 어떤 차이도 만들지 않는 것처럼 보인다.

둘째로, 그러한 직관은 그 자체로는 (제안을 평범하게 하는) 의미적 입력에 대한 직관이 아니라는 것을 인정해야 한다. 이것은 특히 구성적/비구성적 구별의 경우 의심될 수 있다. 즉 어쨌든 사전에 속하는 것은 일반적인 능력을 구성하는 것이지 않은가? 내 대답은 겉보기와 달리 그렇지 않다는 것이다. 사실, 그것이 사실이라면, 일반적인 능력의 구성 요소로 인식되는 모든 정보는 ***다른 두 매개 변수와는 독립적으로*** 사전과 백과사전으로부터 동등하게 멀리 떨어져 있어야 한다. 따라서 '총각은 미혼이다.'는 '양에서 울을 얻는다.', '프랑스는 공화국이다.'와 동등해야 한다. 나는 그것이 분명히 그렇지 않다고 생각한다.[24)]

다른 한편으로, 현재의 제안을 이해하기 위해서, 당신이 각각의 경우에 나의 직관에 동의할 필요는 없다. 의미적 관련성에 대한 우리의 (직관적인) 판단은 내가 도출한 세 쌍의 특징에 관한 우리의 직관의 상호 작용에 기초한다는 나의 주장에, 개별적인 정보에 대한 이견은 영향을 미치지 않는다. 이것은 물론 도전 과제가 될 수 있다. 목록은 포괄적이지 않을 수도 있고 다른 자질이 관련성이 있는 것으로 판명될 수 있다. 그러나 나는 의미적 관련성에 대한 우리의 직관에 영향을 미치는 다른 모든 기능은 내가 방금 제안한 세 가지 자질과 상호작용할 것으로 예상한다.

나는 내가 제안한 우리의 직관의 합리화가 분석적/종합적 구별의 새로운 버전이 아니라는 점, "모호한" 버전이나 "다차원적인" 버전도 아니라

---

24) 유사하게, 만약 어떤 정보가 경험적으로 인식된다면 자동적으로 백과사전적이라고 여겨질 것으로 보인다. 백과사전은 (사소한) 사실 문제의 저장고가 아니던가? 그렇지 않다. 물이 사람들이 마시는 것이라든가 밀가루가 구워지고 사람들이 먹는 것이라는 것은, 마치 우리가 음식을 입에 넣어서 먹는다고 하는 것처럼(우리는 코로도 음식을 먹을 수 있다.), 완전히 우연적인 것이다. 그럼에도 불구하고, 위와 같은 정보에는 의미적 입력이 있다. 그것은 가령 템스 강이 323km라는 정보와 달리, 사전에서 제외되지 않을 것이다(실은 대개 사전에서 찾을 수 있어야만 한다.).

는 점을 지적해야 한다. 분석적/종합적 구별은 참인 문장에 있다고(또는 결여되어 있다고) 주장되는 어떤 실제 속성에 근거한 "심층적" 구별이다. 더 정확히는, 참인 문장의 진리치에 대한 두 종류의 근거 사이의 구별이다. 참인 문장은 (분석적이라면) 그 의미에 따라 진리일 수 있으며, 또는 (종합적이라면) 세상이 어떻게 생겼는가에 따라 진리일 수 있다. 문장이 분석적인지 아닌지 자체는 이런 저런 화자나 대다수의 화자가 그럴 것이라고 ***인식한*** 사실과는 아무 상관이 없다.[25] 다른 한편, 사전적/백과사전적 측정은 "피상적" 또는 현상학적 분류이다. 그것은 문장의 객관적 속성이 아니라 단순히 세 가지 매개 변수 (a) ~ (c)와 관련하여 문장에 대한 우리의 직관적 판단에 근거한다. 따라서 이 분류는 화자의 직관을 넘어서 언어나 정보에 관한 심층 사실을 요구하지 않기 때문에 대규모의 의견 차이로 어긋날 수 있다.[26]

백과사전적 능력은 없다.

능력과 관련된 모든 정보를 고려하지 않는 두 번째 이유는 '***누구의*** 능력인가'라는 질문에 대답하기 어렵기 때문이다. 즉, 그러한 백과사전적 능력에 근접하는 일상적인 화자를 상정하는 것은 어렵다는 것이다. 왜냐

25) Putnam은 이 구별을 강조하였다. "우리는 '분석적', '종합적'이라는 단어 그 자체의 사용에 대한 처리의 측면에서 분석적/종합적의 구별을 원하지 않는다. 또한 관련된 표현, 예컨대 '동일한 의미를 갖다.'와 '그가 말하는 것을 이해하지 못한다.'와 같은 표현을 처리하는 측면에서도 분석적/종합적의 구별을 원하지 않는다. 우리는 분석적/종합적 구별의 본질과 근거를 보여 줄 수 있어야 한다. 진술이 분석적인 경우에는 무엇이 발생하는가?(1975a: 35)" Putnam이 여기에서 말하는 것은 내가 위에서 고려한 것들을 통해 하려고 제안하였던 것을 하고 싶지 않다는 것이다. 나는 이것이 분석적/종합적 구별의 재진술은 아니라는 Putnam에게 전적으로 동의한다.

26) 이 장의 끝에서 진정한 분석적/종합적 구별과 관련하여 할 말이 있다(102쪽을 보라.).

하면 어휘 의미 능력과 구조적 의미 능력·통사적 능력 사이에는 중요한 차이가 있기 때문이다. 통사적 능력과 마찬가지로, 구조적 의미 능력은 'John'과 '달리다(runs)'의 의미에서 'John이 달린다(John runs).'의 의미를 계산하는 규칙이나 '왕(king)'의 의미에서 '그 왕(the king)'의 의미를 계산하는 규칙과 같이 제한된 수의 규칙에 대한 암묵적인 지식으로 식별되거나 어쨌든 표현될 수 있다.[27] 그러한 지식이 자연언어에 탁월한 모든 화자들에 의해 실제로 공유된다고 가정하는 것은 매우 이상적이지는 않다.

David Dowty(1980: 390-391)는 구성 절차가 진리와 지시의 이론에 필요하다고 보인다면 언어 이해의 이론에서도 동일한 구성 분석이 필요하다(1980: 383)는 점에 근거하여, 그가 "지시와 이해의 평행 구조에 대한 논제"라고 이름 붙인 것을 넘어서, "합성적 모형-이론적 의미론"이 "문장 이해 과정에 대한 수용 가능한 모델"로 보일 수 있다는 데 의문을 표했

27) Partee(1986: 60 이하)는 통사적 능력, 구조적 의미 능력, 어휘 의미 능력을 구별하였다. 나는 의미 능력의 개념을 다소 Gennaro Chierchia(1992: 290-297)와 같이 사용하고 있는데, 이것은 "언어 표현과 관련하여 의미를 해독하는 능력(1992: 290)"이다. Chierchia는 구조적 의미 능력과 어휘 의미 능력을 명확하게 구별하지 않는다. 그는 의미 능력을 함축을 측정하는 능력, 그리고 실세계에 언어를 적용하는 능력을 포함하는 것으로 보았는데(293-294쪽에서 그가 제시한 사례들을 보라.), 그의 표현을 빌리자면, "사건의 표현과 상태 간의 관계를 평가하는 능력(1992: 293)"이다. 그러나 그는 능력의 추론적 측면을, 능력 있는 화자가 접근할 수 있는 함의들의 부분집합에 지나지 않는, 논리적 함의를 측정하는 능력과 동일시하였다. 그렇지 않으면 사람들은 모든 의미적 추론(이것은 망치이다/이것은 도구이다)이 가장된 논리적 추론이라고 즉, 적절한 의미 공준을 제시함으로써 완성될 수 있는 생략 삼단 논법 추론(이것은 망치이다. *망치는 도구이다*/이것은 도구이다)이라고 믿을 것이다. Chierchia는 이것을 그가 구조적 능력과 어휘적 능력을 구별하는 데 실패한 결과로 보지 않는 듯하다. 더욱이 Chierchia는 세상에 언어를 적용하는 능력을 문장의 진리 조건에 대한 지식과 동일시한다(1992: 295). 조금도 과장하지 않고, 이것은 모호하다. '진리 조건에 대한 지식'이라고 빈번하게 불리는 것은 오히려 의미 능력과 구조적 능력의 추론적 측면과 연결되는 것으로 보일 것이다(4장, 185-198쪽). Partee는 그러한 의미에서 진리 조건에 대한 지식에서의 지시적 측면의 환원 불가능성(기약성)에 더욱 민감하였다. 그녀는 "세상에 대한 언어의 기초는 통사론이나 구조적 의미론에서 유사를 가지지 않는 어휘 의미론의 일부이며 여기에서 언어, 사고, 실제 사이의 상호 연결은 아마도 가장 복잡할 것이다(1981: 71)."라고 썼다.

다. 모형-이론적 의미론의 합성 규칙이 구조적 의미론의 규칙에 대한 명백한 모델이기 때문에 그러한 의심은 방금 제시한 논쟁에 적용되는 것처럼 보일 수 있다. Dowty가 의심하는 이유는 한 언어의 "함의의 형식적 정의"는 문장을 이해하는 행위에서 실제로 계산되는 것보다 훨씬 더 많은 것을 포함하고 있기 때문이다. 다시 말하면 모형 이론에서 한 문장이 실제로 그 문장으로 계산되는 것에 대한 많은 함의 중 매우 작은 부분 집합만이 화자에 의해 이해된다. 여기에서 Dowty는 한 문장의 모형-이론적 의미를 그 함의들의 집합과 동일시하고 있다.[28] 그리고 이해를 개인적인 행동으로 계산하는 것이 문장의 의미와 일치하지 않는다는 점을 그가 지적한 것은 옳다. 그러나 평범한 화자가 모형-이론적 의미론의 합성 규칙의 종류에 대한 (구조적) 의미적 규칙을 부여받을 수 있다는 주장을 뒷받침하는 데 필요한 것은 훨씬 적다. 즉 단순히 복합적 표현의 의미를 이해하기 위하여 평범한 화자들은 일단 적용된 것은 구성 성분으로 도출된 표현들의 구조적 특성에 따른다는 규칙을 통해 의미적 정보를 결합할 수 있어야 한다. 통사 구조가 의미적 처리를 유도하는 것이 필요하다. 예를 들어 '그 고양이는 매트 위에 있다'에 대한 이해와 '그 책은 탁자 위에 놓여 있다'에 대한 이해가 *아주* 다른 것은 아니어야 한다. 'John은 달린다'는 문장의 의미를 계산하기 위해 우리가 사용하는 규칙이 정확하게 Montague의 "정규 영어로 정량화된 적절한 처리(1974b)"에 의해 제공되는 규칙일 필요는 없다. 또한 일단 (모형-이론적 의미론의 "명제"와 같이) 대상 자체가 주어지면, 어쨌든, '주어진' 것에 의해 의미가 의식을 불러오는 것이 아니라면, 계산된 의미적 대상인 문장의 의미가 다른 요소와의

28) 이것은 Frege가 판단의 "개념적 내용"이라고 부른 것이다(1879: 3장).

관계에서 모두 ***명령에 의해*** 주어지는 시스템의 요소와 같을 필요도 없다. 사실, 요구되는 것은 평행 구조에 관한 Dowty의 논문에서 표현된 것보다 훨씬 적다. 왜냐하면 유한한 마음에 의해 수행되는 합성적 이해가 모형-이론적 전통에서의 진리와 지시에 대한 이론의 엄격한 요구를 만족시킬 수 있다고 받아들여지지는 않기 때문이다.

어휘 의미 능력, 즉 단어를 이해하고 사용하는 능력에서 상황은 다르다. 단어의 경우, 진정한 능력은 (Julius Caesar에 대한 믿음은 포함하되 나의 숙모에 대한 믿음은 포함하지 않는 좁은 의미의 백과사전적 지식까지는 아니더라도) 백과사전적 지식을 포함하도록 이상화될 수 없다. 간격이 너무 넓기 때문이다. 인간은 그런 식으로 작동하지 않는다. 당신과 나와 같은 사람들이 우리가 말하는 자연언어의 능력 있는 사용자라면, 어휘 능력은 "이상화된" 능력은 물론 백과사전적 지식과도 일치할 수 없다.

전체주의

모든 진리가 의미와 관련된 것이 아닌 세 번째 이유는 전체주의의 문제와 관련이 있다. 어휘의 의미를 한정하고, 분석적/종합적 구별을 제시할 가능성 등을 의심하는 사람은 누구나 의미적 전체주의의 혐의에 직면하게 될 것이다. 그리고 단어 *w*가 표현하는 모든 정보가 *w*의 의미를 구성한다고 말한다면, 이것은 전체주의의 한 종류이다.

일반적으로 의미적 전체주의는 전체의 언어 체계 내에 있는 하나의 요소가 갖는 의미 가치가 무엇이든지 간에, 전체 체계에 ***달려 있다***는 독단이다. '달려 있다'는 것은 여러 가지로 해석될 수 있다. 예를 들어, 그것은 ***인식론적으로*** 해석될 수 있다. 즉 전체 체계를 가져오지 않고서는 요소

하나의 의미 가치를 설명할 수 없는 것이다. (여기에서 '가져온다'는 것은 모호하다. 체계의 어떤 기능이 관련되어 있는가?) 또는 그것은 ***존재론적으로*** 해석될 수 있다. 즉 요소 하나의 의미 가치는 체계 또는 체계나 모든 요소의 어떤 속성에 ***의해 결정된다***는 것이다. 이어서 우리는 주로 존재론적 전체주의에 대하여 논할 것이다.

의미적 전체주의의 개성 없는 버전이 있다. 이는 그 자체로 상당히 방어 가능하며 의미 능력 이론에 대해 특별한 문제를 제기하지 않는다. 그 중 하나가 ***구조적*** 전체주의이다. 예를 들어 소개하는 것이 가장 좋겠다. 표준적인 설명에 따르면, '않다(not)'라는 단어의 의미는 그것이 적용되는 문장의 진리 가치를 반전시키는 것이다. 'Elias는 정의롭다(Elias is just).'가 참이면 'Elias는 정의롭지 않다(Elias is not just).'는 거짓이다. 반면 전자가 거짓이면 후자는 참이다. 이것이 (문장에서) '않다(not)'의 의미에 대한 전체적인 이야기이든 아니든, 그것이 그 이야기의 중요한 부분이라는 것은 분명하다. '않다(not)'의 의미를 안다는 것은 적어도 (어쩌면 암시적으로는) 이것을 아는 것이다. 이제 어떤 의미에서 그러한 지식은 '않다(not)'가 속한 전체 언어를 포함한다고 말할 수 있다. 왜냐하면 '않다(not)'의 의미적 역할은 그 언어의 ***어떤 문장***과도 관련하여 정의되기 때문이다. 그러므로 '않다(not)'의 사용에 대해 충분히 유능한 사람이 되려면 무엇이 언어의 문장으로 간주되어야 하는지를 알아야 하는데 그러한 지식은 전체 언어에 대한 지식이다.

그러나 그것은 사실 단지 어떤 의미에서만이다. 그것은 (전체) 언어의 ***구조적*** 특성에 대한 지식이다. 이런 관점에서 영어와 같은 언어의 모든 단어를 사용하는 데 유능하다는 것은 그 언어의 어떤 구조적 특성을 아는 것이다. 따라서 '금'의 사용에 유능하려면 그것이 물질명사임을 알아야 하며 '발견하다'의 사용에 유능하려면 이것이 사실 동사임을 알아야한다.[29] 따라서 모든 단어의 의미에 대한 우리의 지식에는 전체주의적 요소가 포함되어 있다고 말할 수 있다. 그러나 이것이 ***어떤*** 단어를 유능하게 사용하기 위해서는, 그 언어의 ***모든*** 표현의 ***모든*** 의미적 특성을 알아야 한다는 것을 말하는 것은 아니다. 확실히, '않다(not)'를 유능하게 사용하기 위해서, 사람들은 '대단히 긴'이 무엇을 의미하는지 또는 '자발적으로'와 '고의적으로' 사이의 차이점이 무엇인지 알 필요가 없다. 그러한 결과를 수반하는 어떠한 견해도 '강한 의미적 전체주의'의 이름을 가질 자격이 있다. 구조적 전체주의는 강한 의미적 전체주의와 관련이 없다. ***구조적*** 전체주의에서 언어 L의 어휘부에 속하는 단어 w에 대한 능력은 L의 구조적 특성 P의 명령을 포함한다. 강한 전체주의에서, 단어 w를 사용하는 능력은 L의 어떤 구조적 특성 P의 명령과 L의 (***모든*** 단어를 포함하는) ***모든*** 표현 e의 능력을 포함한다. 구조적 전체주의는 (비록 여전히 동일하지는 않지만) 단어에 대한 능력이 L의 구조적 특성에 대한 명령으로 축소된 경우에만 강한 전체주의에 가깝다. 그러나 명백하게 그러한 경우는 없다. 개별 단어를 사용하는 능력은 구조적 특성에 대한 명령으로 축소되지 않는다(이것은 단지 개별적인 단어에 관한 것이다.). 예를 들어 '기억하다'에 유능하려면 '기억하다'와 '회상하다' 사이의 의미적 차이를 알아야 하는데, 영어의 구조적 특성에 대한 어떤 명령도 그러한 지식을 산출하지는 못한다.

반면에 구조적 전체주의가 타당하다고 간주한다면, 강한 전체주의는 의미적 현상에 대한 설명으로서 완전히 타당하지는 않다. "기호의 의미

---

29) 더욱 정확하게는, 물질명사와 사실 동사(factive verb)의 관념들이 가지는 제한에 따라 단어를 사용할 수 있어야 한다.

는 언어 체계에서의 그것의 자리" 또는 "언어 게임에서의 사용" 또는 "망에서의 위치"와 같은, 잘 적용되고 보기에 무해한 은유들을 제외하면, 강한 의미적 전체주의는 *L* 언어에 속하는 언어적 표현 *e*의 의미가 모든 사용 규칙과 함께 *L*의 모든 표현에 의해 결정된다는 견해이다. 능력의 측면에서 볼 때, 전체주의는 *e*를 이해하기 위해서는 *L*의 모든 표현의 의미를 알아야 한다는 주장으로 읽힐 수 있다. 강한 의미적 전체주의는 중심과 주변을 가진 망들의 수사학에서 나타나는 한 설득력이 있어 보인다. 우리가 '전체 언어'라는 말이 무슨 뜻인지 깨닫는 순간, 전체주의는 약간 미친 것처럼 보이기 시작한다. 그것에 대하여 그렇게 많은 논쟁이 있는 것은 한층 더 놀랍다.[30] 곧 보게 되겠지만 심지어 단어 *w*의 의미는 *w*가 속한 언어의 일부 문장 S_1, ..., S_n에 의해 "주어진다."라는 거의 상식적인 가정으로부터 의미적 전체주의로 바로 이어지는 매우 단순한 논쟁이 있는 것으로 보인다.

최근 몇 가지 끔찍한 결과들이 J. Fodor와 E. Lepore에 의해 다시 지적되었다(1992). 심각하게 봤을 때, 전체주의가 이론의 공약 불가능성, 언어의 통시적 변화에 대한 불가능성, 그리고 사람들의 의도적인 상태와 관련된 어떤 일반화의 불가능성(이에 따른 심리학, 경제학 등의 불가능한 것)을 수반하는 것으로 나타난다. Fodor와 Lepore에 따르면, 그들의 관점에서 이것들은 모두 전체주의의 결과이다. 그들의 관점에서 "전체주의적인 속성은, 어떤 것이 그 속성을 가지고 있다면, ***많은*** 다른 것들도 그것을 가지고 있어야 한다는 것과 같은 속성이다(1992: 2)." 따라서 예를 들

30) 문장의 진리 조건이 합성적으로 결정된다는 전제(모형-이론적 의미론에서 일반적으로 수용되는 전제)를 감안하면, 심지어 '표현의 의미는 표현이 발생하는 문장의 진리 조건에 대한 공헌'이라는 모형-이론적 구호도 전체적이라는 데 주목하라.

어, 자연수라는 속성은 전체주의적이다(하나의 자연수가 있다면, 많은 자연수가 있는 것이다). 이 관점에서 '전체주의적'은 '비원자론적'이나 Fodor와 Lepore의 적절하지 않은 조어 '해부학적'과 비교하여 더 구체적이다. 즉 *x*가 한 속성을 가지고 있으면, 적어도 하나의 *y*(*x*가 아닌 *y*)는 그 속성을 갖고 있는 경우에만 그 속성은 ***해부학적***이다. 예를 들어, 협동조합의 구성원이라는 속성은 해부학적이다.[31] 비해부학적 속성은 원자론적이다. ***원자론적*** 속성은 오직 한 개인에 의해서만 구체화될 수 있는 것이다. 예를 들어, 이런 관점에서는 보스턴 시민이 된다는 것은 정확히 키가 1.83미터라는 것을 의미한다.

보통의 의미적 전체주의는 다음과 같은 방법으로 Fodor와 Lepore(=FL)의 전체주의로 "축소"될 수 있다. *L*의 표현의 특성으로서 *L*의 표현 *E*의 의미를 결정하는 데 기여하는 속성을 취해야 한다. 만약 이 속성이 FL 전체주의적이고, 만약 *L*의 다른 표현을 포함하는 모든 유사한 속성이 마찬가지로 FL 전체주의적이라면, 우리가 얻는 것은 전통적인(존재론적인) 의미적 전체주의이거나 어쨌든 그것의 한 버전('*L*의 전체'는 '*L*의 모든 표현'으로 해석되는 버전)이다.[32] 따라서 전통적인 전체주의는 FL 전체주의의 관점에서 정의될 수 있다.[33] 어쨌든, Fodor와 Lepore가 FL 전

31) Fodor와 Lepore가 든 '형제'의 사례도 좋지 않은데, 왜냐하면 '형제'는 두 자리 서술어이기 때문이다. 어떤 *개인*도 형제의 속성을 가질 수 없다. 어떤 개인은 *a*의 형제가 되는 속성을 가질지도 모르나, 최소한 하나 이상의 자료에서, 이 자질은 해부학적이지 않다.

32) 나는 이 제안을 Marco Santambrogio에게 빚졌다.

33) Fodor와 Lepore(1992)는 의미적 전체주의의 더욱 보편적인 개념을 사용하고는 하였다. 예를 들어, x쪽("전체 언어나 전체 이론만이... 실제로 의미를 가져, 더 작은 단위의 의미는... 파생적일 뿐이라는 학설")나 더욱 혼란스러운 것으로 6-7쪽("의도적인 상태, 제도, 실천 등이 존재론적으로 서로 의존적이라는 학설") 등이 있다. 그들이 두 개념을 하나이며 동일한 것으로 본 것인지, 또는 그것들이 구별된다고 믿는다면 그 관계를 어떻게 이해하는지 나에게는 분명하지 않다.

체주의에서 끌어내는 무서운 결과가 전통적 의미에서 전체주의로부터 동일하게 잘 파생될 수 있는 것 같다.

그러나 내가 가장 이해하기 힘들고 가장 피하기 어려운 결과는 그들이 고려하지 않는 것처럼 보이는 것이다. 문장 이해가, 어떤 문장의 의미가, 무엇이든지간에, 성분의 의미 가치로부터 만들어지며 그 과정이 문장의 통사 구조에 의해 통제되는 ***합성적*** 과정이라고 가정해 보자.[34] 그러한 가정은 광범위하고 강하게 유발된다. 이제 전체주의가 성립한다고 가정하면, (모든 언어의 모든 표현의 의미 가치와 같은) 성분의 의미 가치는 얼핏 보기에 따라서는 전체로서의 언어 체계의 기능, 예를 들어 체계의 구조적 특성 ***및*** 체계의 다른 단위의 의미 가치의 기능이다.[35] 어떤 문장을 이해한다는 것은 전체 언어 체계, 구조 및 요소와 관련하여 사용되는 정보를 요구하기 때문에 이해자의 전체적인 의미적 능력을 수반한다. 그러므로 메모리와 계산에 관한 자원에 있어서 인간의 마음과 같은 마음은 이해하는 것이 불가능할 것이다. 오직 신만이 '모든 사람은 죽는다.'라는 문장을 이해할 것이다. 아마도 이것은 그 자체로 그렇게 나쁘지 않다. 어떤 철학자들은 그것을 인정했을 것이다. ***정말로*** 나쁜 것은 우리가 ***인간***의 이해에 대한 어떤 개념도 갖고 있지 않을 것이라는 점이다. 우리는 단지 우리의 이해를 구성하는 계산이 근본적으로 부적절하다는 것을 알게 될 뿐 그것을 어떻게 특성화해야 할지는 모른다. 계산이 기반으로 하는

---

34) 이 가정은 실제로는 필요하지 않다. 만일 전체주의가 성립한다면 이해는, 그것이 합성적인지 여부에 관계없이 화자의 전체 의미 능력을 포함해야만 한다. 한 표현의 의미가 전체 언어에 의존한다고 하므로, e의 의미를 파악하는 것은 해당 언어의 다른 모든 표현의 의미를 파악할 것을 필요로 한다. 그러나 합성적 이해의 가설은 이 점에 대하여 더욱 정확한 설명을 제시한다.

35) 예를 들어, '노랑'이 언어 체계의 구조적 측면에서만의 기능이라고 가정하는 것은 명백하지 않으며 타당하지도 않을 것이다.

데이터는 무엇인가? 데이터는 어떻게 선택되는가? 계산된 의미 가치는 어떻게 성분의 *실제*(즉, 전체주의적) 의미 가치와 연관되는가?

의미 능력 이론의 관점에서, 전체주의에 대한 대안을 찾을 수밖에 없다. 이러한 대안 중 하나는 분명히 ***원자론***인데, 이는 표현의 의미는 오직 "어떤 명확한 기호/세계 관계"에 달려 있다고 보는 견해이다(Fodor & Lepore, 1992: 32). 원자론의 ***이상적인*** 버전에서, 표현의 의미는 Fodor의 사고 언어의 상징과 같은 개별적인 정신적 실체일 수 있다.[36] 그러나 만약 본질적인 의미에 대한 이론보다 제거 가능한 의미에 대한 이론을 선호한다면, 즉 'x의 의미는 z이다'(여기에서 z는 모든 존재론적 종의 개별 개체이다)라는 형식의 진술은 수용하지 않으면서 'x는 y와 동일한 의미인가?'와 같은 질문을 받아들일 수 있다면(그리고 대답할 수 있다면), 원자론적 대안은 배제된다.[37] 원자론은 반드시 그렇지는 않지만 경향적으로 본질적이다.

분자주의

이어지는 것은 분자주의적 대안을 탐구하는 것이다. (이해에 적용되는) ***분자주의적*** 설명에서 이해의 각 행동은 한정되고 합리적으로 적은 양의 정보만 사용한다.[38] 문장을 이해하는 것은 이해자의 전체 의미 능력(또

36) 만일 사고 언어의 단위가 해석된 기호이며 그 해석이 세계와 관련하여 구성된다고 인정하는 경우, 원자론의 이 버전은 언급된 첫 번째 버전으로 축소된다.

37) 본질적인 의미에 대한 이론은 의미를 *사물*로 취급하는 이론이다.

38) '분자주의'에서의 의미는 Dummett(1976: 72)의 것과는 다르다. Dummett에게 있어서는 의미에 대한 분자주의적 이론은 (개별 단어 대신) 한 언어의 *전체 문장*을 사용할 수 있는 능력으로서의 화자의 능력을 나타내는 것이다. Dummett에 따르면 의미에 대한

는 Fodor와 Lepore 버전의 전체주의에서처럼 의미 능력의 거대하고 큰 덩어리[39])을 포함하지 않지만 각 기호와 세계 사이의 "명확한 관계"만을 포함하는 것도 아니다.

그러나 분자주의는 또한 Fodor와 Lepore의 공격을 받았다. 그들은 분자주의가 분석적/종합적 구별을 거부하는 것과 양립할 수 없음을 보여 주었다고 생각했다. 만약 그들이 옳다면, 분자주의는 우리에게 유효한 선택이 되지 않을 것이다.

Fodor와 Lepore의 논증은 만약 우리가 *p*라는 믿음을 공유한다면 공유해야 하는 다른 믿음도 있지만 우리는 다른 모든 믿음을 공유할 필요가 없다고 주장하는 믿음에 적용됐던 것처럼 분자주의를 겨냥한다. 그들의 주장은 다음과 같은 문장으로 요약된다. "그러나 [공유되어야 하는] [믿음]과 분석적인 것과 종합적인 것을 구별하기 위해 필요한 믿음을 구분하는 것은 *p*를 믿기 위해 *p*가 나타난 곳의 ***분석적*** 추론을 수용할 것을 요구한다(1992: 31)." 더 명확히는, *p* 이외에 다른 믿음이 공유되어야 한다면, 그것은 그 믿음으로부터 분석적으로 *p*를 따르는 그러한 믿음이어야 한다. Fodor와 Lepore의 논쟁은 우리가, 공유되어야 하는 믿음 중에서 선택이 이루어지는, 믿음 중에서 선택을 할 때마다 *p*가 공유된다면, 선택 ***기준***이 있어야 하지만, 그러한 기준은 분석적/종합적 구별의 일부 형태를 구체화한다. 그러나 실제로 선택이 진행되고 있는가? 분자주의자는

이론은 개별 단어를 좌우하는 공리를 지닐 것이나, 이러한 공리에 대한 화자의 지식은 "문장을 사용하는 것 외의 어떠한 것으로도 나타날 필요는 없다." 개별 단어에 대한 지식과 같은 것들이 있을 수 있으나, 만일 분자주의가 옳다면, 이러한 지식은 어떠한 언어적 능력에도 직접적으로 연관되어 있지 않다. 그러나 Dummett은 또한 *나의 해석*으로는 분자주의자라는 것을 지적할 필요가 있다. "분자적 관점에서 볼 때, 각 문장마다 그 문장에 대한 완벽한 이해를 충족시킬 언어적 지식, 즉 언어의 결정적 단편이 있다(Dummett, 1976: 79)."

39) Perry(1994: 125)가 'lotsism(역자 주: 전체주의의 다른 이름)'이라고 명명한 버전.

실제로 무엇을 주장하는가?

Fodor와 Lepore에 따르면, 분자학자의 입장은 다음과 같이 포착된다.

(5) (Ap)(Eq)($q \neq p$ & □(p가 공유된다 ⊃ q가 공유된다))

즉, p가 공유될 때마다 공유해야 하는 믿음이 있다. 이것은 물론 (6)과 같지 않다.

(6) (Ap)□(p가 공유된다 ⊃ (Eq)($q \neq p$ & q가 공유된다))

즉, 필연적으로 p가 공유될 때마다 또한 공유되는 다른 믿음이 있다.[40] 분자주의자는 Fodor와 Lepore가 그러했듯이 (5)에 전념하는가, 아니면 약화된 (6)이 그의 직관을 더 잘 표현하는가? 더 나아가, (5)는 Fodor와 Lepore의 설명처럼 분석적/종합적 구별을 암시하거나 가정하는가?

두 번째 질문부터 시작하자. 대답은 (p가 공유될 때마다) 특정한 주어진 믿음이 공유되어야 한다면, p라는 믿음에 대한 일종의 "특권층"이 있

40) 유사하지만 동일하지 않은 차이점이 P. Jacob(1993: 17)과 J. Perry(1994: 137-138)에 의해 도출되었다. Perry에 있어서 강한 해부학적 신념은 (i)에 의해 표현되며, 분자주의자의 직관에 의해 요구되는 것은 (ii)이다:

(i) (∀p)(∃q)(p가 공유됨 ⊃□ (q가 공유됨))
(ii) (∀p)(p가 공유됨⊃□(∃q) (q가 공유됨))

만일 필요성이 S5 필요성인 경우, (ii)는 (6)보다 강하고 (i)는 (5)보다 강하다. 나는 더 강력한 공식을 가정할 필요를 느끼지 않는다(p가 공유되지 않는 발생 가능한 세계에서 왜 q가 공유되어야 하는가?). 그러나 나는 Perry의 주장을 근본적으로 내가 주장하고자 하는 것과 동일한 것으로 받아들인다. Jacob의 강한 해체주의는 나의 의견과 동일하며(즉, (5)), 그의 약한 해부학적 신념은 Perry의 (ii)와 일치한다. 그러나 Jacob의 전반적인 주장은 Perry와 나의 주장 둘 다와 다르다.

는 것 같기 때문에 약하게 긍정적이어야 한다고 믿는다. p가 금이 금속이라는 믿음이라고 가정해 보자. '고양이가 고양잇과.'라는 믿음이나 '어떤 철학자들은 배구를 한다.'는 믿음이 아니라 '금속은 광물이다.'라는 믿음과 '많은 귀중한 물건이 금으로 만들어진다.'는 믿음을 공유하는 q의 집합에 포함하는 것은 자연스러운 일이다. 물론 그러한 믿음은 공유될 수도 있지만 왜 그것들이어야 하는가? 따라서 문제의 특권층은 p('금은 금속이다')와 ***분석적으로*** 연결된 믿음의 집합을 표현하는 방법이라고 결론지을 수 있다. 그러한 논증에는 (논리적 유효성에는 못하지만) 어떤 타당성이 있다. p를 믿는 사람이 p와 필연적으로 관계가 있는 믿음의 집합을 선택해야 한다면 자연적으로 p와 분석적으로 연관되어 있다고 자연스럽게 생각되는 그러한 믿음을 고르는 것이 자연스럽다(Jacob, 1993: 21).

이 관점에서 (5)는 (6)과 다르다. (6)은 어떤 다른 믿음이 공유되어야 한다고 말하지 않는다. p가 공유된다면 다른 공유된 믿음이 있어야 한다고 말한다. (6)의 견지에서 볼 때, 그러한 믿음들이 p와 분석적으로 연결되어야 하는 이유는 없다. 그것들은 함께 다른 문제에 관여할 수 있다.

분자주의자는 어디에 있는가? 그는 다음과 같은 논리에 따라 추론하는 것으로 보일 수 있다. A와 B는 모두 금이 금속이라고 믿는다고 가정하자. 또한, 그들은 각각 금, 금속 및 수많은 다른 것들에 관한 많은 다른 믿음을 가지고 있다. 그러한 믿음 중 일부는 우리가 그들은 ***금이 금속이라고*** 믿는다고 말한다면 그들에게 공통이 될 것이다. 그러나 분자주의자는 금이나 금속에 대한 ***모든*** 믿음을 공유할 필요는 없다고 말한다. 그들은 각자가 '금'이나 '금속'의 가장 중요하고 결정적이며 "의미를 구성하는" 믿음조차 공유할 필요가 없다고 본다. A는 '금'이라는 단어와 노란색이라는 속성을 강하게 연관시키는 반면, 금속학자로 훈련된 B는 오히려 동일한 단어에 흰색이라는 속성을 연관시킬지도 모른다. *A*의 금이 노란색이라는 확고한 믿음은 *B*에 의해 공유되지 않을 수도 있다. 그러면 우리는 *A*와 *B*가 금이 금속이라는 믿음조차도 ***실제로*** 공유하지 않는다고 주장할 준비가 되어 있는가? 아니면 우리는 '금은 노란색이다'는 분석적이지 않거나 *B*의 개인적인 견해가 분석적이지 않다고 주장할 것인가? 나에게 분석적이라는 개념은 현재의 맥락에서 전혀 관련이 없는 것으로 보인다. 어떤 믿음은 공유되어야 하지만, 금에 관하여 어떤 믿음이 공유되어야 할지를 결정하는 일반적인 기준은 ***없다***.[41]

내가 강조하고자 하는 요점은 두 명의 (또는 그 이상의) 화자들이 그들이 단지 일부 믿음만을 공유한다고 해도 그 구절의 일반적인 의미에서 공통된 언어를 공유한다고 말할 수 있다는 것이다. 우리는 이미 어휘 의미 능력과 구조적 의미 능력 사이에 비대칭성이 있음을 보았다(84-85쪽). 어휘 차원에서 개인의 능력, 이상화된 개인의 능력까지도 백과사전적 지식은 집합적 존재로서의 언어공동체에 속할 수 있는 진리 믿음의 총체와 일치하지 않는다. 우리는 또한 (어휘적) 의미 능력의 구성 요소, 즉 어휘 능력이 있다고 여겨지기 위해 알아야 하거나 믿어야 하는 일련의 명제인 백과사전적 지식의 그럴듯한 부분 집합을 분리하는 것은 극히 어렵다는 것을 알았다. 사실, 우리는 각자 부분적으로 다른 것들 (집합적 백과사전의 다른 부분 집합)을 알고 있거나 믿는다. 그러나 우리는 모두 우리의 언어 사용에 유능하다. 어휘 능력은 그러한 다른 개인의 능력들의 교집합으로 정의될 수 있을까? 원칙적으로는 모든 능력의 교집합이 능력으로 적절하다고 여겨질 만큼 충분히 풍부하다는 보장이 없기 때문에 안 된다

41) "개념 능력의 추론적 요소"에 대한 비슷한 견해는 Rey(1983: 259-260)에서 볼 수 있다.

(예를 들어, 우리 모두가 '금'에 대하여 공유하고 있는 믿음의 집합은 매우 작고 '금'의 적절한 능력을 구성하기에는 너무 작을 수 있다.). 우리는 어휘 수준에서 절대적인 능력의 개념을 공백으로 간주하고 있다. 이 수준에서, 우리는 복수형에서만 ***능력***을 지닌다. 우리는 독특한 어휘 능력이 아니라 개인의 능력만을 말해야 한다. 이런 관점에서 언어는 없으며 단지 개인어들만이 있을 뿐이다.[42]

이러한 설명이 그럴듯하다면, (5)는 p가 존재한다면 공유되어야만 하는 개인적인 믿음(q가 없다)이 없기 때문에 분자주의자의 관점을 포착하지 않는다. 아무리 "분석적"이어도 각 믿음은 공유에 실패할 수 있다. 한편 (6)도 완전히 만족스럽지 않다. 왜냐하면 만약 A와 B가 금이 금속이라고 믿는 것 외에 (다른 믿음이 아닌) Napoleon이 프랑스인이고 여우 원숭이가 마다가스카르에 산다는 믿음을 공유한다면, (6)은 충족된다. 하지만 분자주의자의 직관은 그렇지 않다.[43] 분자주의자는 ***금과 금속에 관한*** 다른 믿음을 공유하기를 원한다. 따라서 (6)은 다음과 같이 수정되어야 한다.

42) "개념을 표현하는 용어에 관련된 믿음이 동일할 가능성은 낮으므로, 어떠한 두 사람도 어떤 것에 대하여 동일한 개념을 갖지 않을 것이다(Bilgrami, 1992: 11)." Bilgrami에 따르면, 이는 "의미-이론적" 수준, 즉 개인의 전반적인 능력 수준에서는 사실이다. 그러나 이러한 능력의 일부만이, 예를 들어 행위의 설명과 관련 있는 내용을 식별하는 것에 효과적으로 관여한다. 물에 대한 당신의 믿음의 대부분은, 갈증에 의해 결정되기 때문에, 물에 관련된 당신의 행동에 어떠한 역할도 하지 않는다. 이러한 "국소적" 수준에서는 우리는 많은 내용(즉, 주어진 상황 또는 혹은 여러 상황에서 당신과 나 둘 다에게 관련될 수 있는 동일한 믿음)을 공유한다고 할 수 있다. 한 개인의 능력 중 일부만이 언어의 이해와 기타 다른 인지 과정에 필요하다는 것에 나는 전적으로 동의하나(*어떠한* 일부분인지는 판단하여야 할 경험적 문제임.), 나는 내용(또는 의미)이 공유되는 수준에 대한 어떤 진정한 필요성도 찾을 필요를 느끼지 못한다. 4장에서는 (의사소통과 같은) 내용의 공유에 대하여 필요하다고 보이는 쟁점들이 *수렴*의 관점에서 다루어질 수 있다는 것을 보여 주도록 노력할 것이다.

43) Fodor와 Lepore가 정확하게 약간 다른 논의의 맥락에 주목한 바와 같이(1992: 28-30).

(7) $\Box(p[\alpha_1 \ldots \alpha_n]$가 공유된다
$\supset (\mathrm{A}i_{1 \le i \le n})(\mathrm{E}q[\alpha_i])(q[\alpha_i] \ne p \,\&\, q[\alpha_i]$가 공유된다$))$

여기에서 $\alpha_1,\ldots,\alpha_n$은 p에서 일어나는 술어이다. (7)이 말하는 것은 만약 예를 들어 *A*와 *B*가 금과 금속에 대한 믿음을 공유한다면, 그들은 금에 관한 다른 믿음과 금속에 대한 다른 믿음을 공유한다(하지만 두 주제에 대하여 그들이 공유해야 할 믿음은 없다.).[44)]

이제 이 모든 것은 분자주의를 믿음에 적용하는 데 관계한다. 우리가 이해의 합성성에 대하여 토론할 때 필요하다고 느끼는 분자주의의 종류와 관련된 것은 무엇인가? 그런 종류의 분자주의는 능력에 대한 주장이었다. 그것은 바로 이해자의 능력이 잘 조직되어 있어서 이해의 각 행위에 그의 모든 능력이 아니라 제한된(그리고 상당히 작은) 양의 능력만이 동원된다는 주장이었다. 앞서 논의한 내용과 관련이 있는 것은 다음과 같다. 만일 믿음의 분자주의에 반대하는 Fodor와 Lepore의 주장이 타당하다면, 유사한 주장이 이해의 분자주의에 반하여 견지될 것이다. 이러한 종류의 분자주의는 p를 이해하는 것은 능력의 (전체 내용이 아닌, 만약 그렇다면 그것은 전체주의일 것이다) 특정 내용만을 동원한다고 주장하기 때문에 그러한 주장은 이해의 분자주의가 분석적/종합적 구별을 전제

44) (7)이 너무 약하다는 것에 대하여 이의를 제기할 수 있다. 우리는 *A*와 *B*가 다른 기타 믿음 (남아공에 금이 많다거나 또는 금속이 물에 뜨지 않는다는 믿음)이 아닌 금과 금속에 대한 "중요"하거나 "의미심장"한 믿음을 공유하기를 원한다. 나는 이 제안을 수락하기가 꺼려지는데, 그 이유는 (예를 들어 금에 대한) 전문가와 일반인이 어떠한 믿음을 공유하는 것을 어렵게 만들 것이기 때문이다. 그러나 이 제안이 수락되고 (7)이 이러한 공유된 사실이 어떠한 의미를 지니도록 채택된 금과 금속에 대한 "중요한" 사실 중 하나일 것을 요구하여 강화된다 할지라도 이는 *A*와 *B*가 금과 금속에 대한 어떠한 믿음을 공유하도록 요구하는 믿음의 특정 목록(금과 금속에 대한 "분석적 사실")을 수반하지는 않을 것이다. 이는 그저 이들이 공유하는 믿음의 일부가 그 목록에 있어야 한다는 것을 수반할 뿐이다.

한다는 것을 보여 줄 것이다. 하지만 어떤 내용이 동원되어야 하는가? 그것은 확실히 이해되는 표현에 있는 단어들과 분석적으로 연관된 것이다. 그것은 동원되는 ***단어의 의미***이다. 또는 ***반드시*** 동원해야 할 내용이 있는 경우에도, 그것들이 선택되는 원칙은 분석적/종합적 구별의 형태이다.

그러나 믿음의 분자주의의 경우에서 보았듯이 동원되어야 할 내용이 없다. 그리고 그렇게 동원된 내용은 각 이해자마다 다를 수 있으며, 심지어 한 개인에 있어서도 이해의 다양한 경우(서로 다른 문장에서 하나의 동일한 단어가 뚜렷하게 나타나는 경우와 심지어 동일한 문장을 이해하는 다른 경우)에 따라 다를 수 있다.[45] 물론 '고양이'라는 단어가 나오는 문장을 이해하는 데 동원된 내용은 주어진 화자에게 일관되게 동일할 수 있지만 그러한 우발적 사건은 결코 분자주의에 의해 (또는 다른 어떤 것에 의해) 강제되는 것은 아니다. 만약 그렇다면 우리는 주어진 화자에 특유하고 주어진 어휘 단위에 관련된 분석적/종합적 구별(또는 이와 비슷한 어떤 것)을 할 것이다. 여기에서 분석적/종합적 구별은 ***경험적인*** 문제로 바뀐다.[46]

---

45) 이 견해는 개념이 특정 범주에 대하여 구성될 때마다 의무적으로 활성화되는 ("맥락에 독립적인") 정보가 있을 수 있으나, 한 개념이 단기 기억에서 구성될 때 일반적으로 다른 정보가 활성화된다는 Barsalou의 의견에 동조한다. "예를 들어, 사람들이 *스컹크*에 대한 개념을 구성할 때마다 '*냄새나다*'의 활성화는 의무적이다. 사람들이 *다이아몬드*에 대한 개념을 구성할 때마다 '*귀중하다*'의 활성화는 의무적이다(Barsalou, 1987: 123)." 이 맥락에서는 '의무적'이란 '끊임없다'는 뜻이다. 그러므로 개념의 구성에서 이러한 연결이 발생하는지 여부, 그리고 어떠한 연결이 발생하는지는 경험적 사실이다.

46) P. Horwich는 I-분석성에 대하여 (그의 의견에 따르면 Quine의 비판을 피할 수 있는) 다음의 정의를 제안하였다. "시간 t에 그 사람의 언어 집단이 한 문장이 증거에 관계없이 진실로 받아들여지는 경우 및 그 경우에 한하여 시간 t에 그 문장은 [Chomsky (1986)의 의미에서] 한 개인의 I-언어에서 분석적이다(1992: 101)." 이는 이런 종류의 분석이 각 화자에게 특수한 것이며 단지 경험적인 문제라는 본문에 제시된 개념과 비슷하다(실제로, Horwich는 I-분석성이 "발견을 위한 정교한 기술이 필요할 것이다."라고 언급하지만(1992: 104), 반면 Quine 학파의 분석적 사실은 명백한 것이어야 했다.). 그러나 Horwich는 언어 집단이 I-분석 문장의 입증할 수 없는 진실을 결정하기 위한

전체주의의 진실

이제 내가 90-92쪽에서 암시한 논쟁으로 돌아가 보자. 이것은 언어 L의 각 단어의 의미가 L의 몇몇 문장에 의해 주어진다는 악의 없는 가정에서 비롯되어 의미적 전체주의로 이어진다. 논의는 다음과 같다. $S_1,\ldots,S_n$이 단어 w의 의미가 달라지거나 "주어진" 것으로 알려진 L의 (참인) 문장이라고 가정하자. 추가로 $V_1,\ldots,V_m$가 w 이외의 S_i에서 나타나는 단어라고 가정하자. 각각의 j에 대하여, v_j의 의미는 v_j가 나타나는 L의 몇몇 참인 문장에 따라 달라지며, 그중 일부는 각각의 S_{is}와는 다르다. 이것들을 $S_{n+1},\ldots,S_k$라고 하자. 따라서 w의 의미는 이들에게도 달려있다. 이러한 추론을 반복함으로써, 우리는 "L 전체" 또는 L의 모든 참인 문장에 도달하게 된다. 물론, 만약 누군가가 w의 의미가 w가 나타나는 L의 모든 참인 문장들에 의해 "백과사전적"으로 결정된다고 가정한다면, 이 주장은 훨씬 더 강력해진다.

그러나 그러한 주장은 설득력이 없다. 의미 능력에 이것을 적용해 보자. 시스템 H는 해당 데이터베이스에 w의 모든 S_i가 포함된 경우(그리고 그 경우에만) w에 대하여 추론적으로 유능하다고 가정하자. 다시, $v_1,\ldots,v_m$를 w를 제외한 S_i의 성분이 되게 해 보자. 분명히 논쟁은 진행되는데 H가 v_j에 대해 추론적으로 유능한 경우에만 $S_i(w, v_j)$가 H의 능력

것이 언어 능력에서 무엇인가를 명시하지 않았기 때문에, I-분석성은 I-완고성(이라고 부를 수 있는 것)과 구별되지 않는다. 사실, 우리가 분석적 진실이 "언어의 규칙에 의해" 결정된다고 말할 때, 우리는 특정 규칙을 염두에 두며, 다른 규칙들(예를 들어 음운론적 규칙이나 통사론적 규칙)은 염두에 두지 않는다. 만일 나의 언어 집단이 문장의 통사론적 구조 하나만으로 그 문장을 진실이라고 간주하도록 나를 강요할 정도로 이상하다고 할 경우, 설사 무슨 일이 있더라도 이는 *독자적*이지도 아닐 뿐더러 분석성으로 간주되지도 않을 것이다.

의 내용에 속한다고 말하는 것은 이치에 맞는다. 따라서 H는 w에 대하여 $v_1, ..., v_m$과 관련하여 유능한 경우에만 (추론적으로) 능력이 있다. 이러한 주장의 명백한 타당성은 다음과 같은 예에 있다. '장미는 꽃이다'가 '장미'와 관련된 시스템의 능력의 일부라고 가정하자. 만약 그 시스템이 '꽃'이 무엇을 의미하는지 모른다면, 어떻게 '장미'와 관련해서 그 능력을 구체화할 수 있을까? 그러나 이것은 정확하게 오류를 숨기고 있다. 왜냐하면 (추론적) 능력의 내용이 단어의 어떤 관계에 대한 지식으로 축소되었다면 그러한 관계에 단어 자체가 아닌 의미가 포함되어 있다고 요구하거나 가정하는 것은 부정확하다. ***의미는 없다.*** '장미는 꽃이다.', '누군가가 걷는다면, 그는 움직이는 것이다.' 등과 같은 문장에서 단어 사이의 관계만 있다. 이는 인공적인 시스템의 경우에 분명히 드러난다. 시스템의 경우 '장미'라는 "의미"는, 추론적 측면이 고려되는 한, 단지 어떤 문장들 그리고/또는 데이터베이스 안의 추론적인 수열이 포함되는 것일 뿐이다.[47]

분명히, 우리는 사실 (정도는 다르지만) 우리가 알고 있는 언어의 많은 단어들에 대해 능력을 갖추고 있다. 따라서 장미가 꽃이라는 지식이, 우리는 '꽃'이 무엇을 의미하는지 알기 때문에, '장미'에 대한 우리의 능력의 일부라고 생각하는 것은 당연하다. 만일 우리가 그렇게 하지 않는다면, 그러한 지식은 전혀 지식이 되지 않을 것이며, 따라서 '장미'에 대한 우리의 능력에 기여하지 않을 것이다. 이제 우리는 사실 꽃에 대해 많이 알고 있다. 그리고 이 사실은 간접적으로 '장미'에 대한 우리의 능력을 확장하고 강화한다(이것이 전체주의에서의 진리이다.). 대조적으로, 우리는 (또

47) 더 나아가, 왜 우리는 '장미는 꽃이다.'라는 문장이 '장미'에 대한 시스템의 능력에 기여하는 것이 장미의 지시적 가치에 의하기보다 '꽃'의 추론적 가치에 의하도록 요구해야 하는가?

는 적어도 나는) 속씨식물에 대하여 거의 알지 못한다. 결과적으로, 장미가 속씨식물이라는 것을 아는 것은 '장미'에 대한 나의 능력을 확장하거나 강화하지 않는다. 그러나 ***그것은 나의 능력의 일부이다.*** 그것은 정보가 비어 있는 것처럼 나를 ***다른 곳***으로 이끌지 않기 때문이다.

내가 예상했듯이 교훈은 다음과 같다. 우리는 한 단어의 사용법에 대한 우리의 지식이 다른 많은 단어의 사용법에 대한 우리의 지식과 불가분의 관계로 얽혀 있다고 느낀다. 이것은 어느 정도까지는 사실이다. 한 단어를 사용하기 위해 우리가 다른 모든 단어의 사용법을 알아야 하거나 원래 단어를 사용할 줄 아는 것과 같은 정도로 다른 단어의 사용법을 알아야 하는 것은 아니다.

의미 공준의 결론

결론적으로 우리는 어떻게 의미의 공준을 선택하는가? 어떤 것을 선택하는 것이 합리적일까? 내가 제안하는 답은 이 장에서 논의된 세 가지 전제에 기초하고 있다. 먼저, 의미 관련성이 없는 정보와 의미 관련이 있는 정보를 구분하는 절대 기준은 없다(이런 점에서 분석적/종합적 구별은 없다). 둘째로, 우리는 의미 공준의 유일한 합리적인 선택이 백과사전, 즉 역사상 특정 단계(예를 들어, 현재)에서 언어공동체에 의해 집단적으로 믿어지는 일련의 제안들과 일치하게 한다고 결론지어서는 안 된다. 그러한 급진적인 선택은 어떤 형태의 의미적 전체주의에 의해 우리에게 강요되지만, 우리는 구조적 전체주의를 제외하고는 어떤 형태로도 의미적 전체주의를 고수할 이유를 찾지 못했다. 게다가 그러한 선택은,

백과사전적인 능력이란 없고, 개인의 능력이 백과사전적인 능력으로 이상화되지도 않기 때문에, 의미 공준이 어휘 의미 능력의 한 측면을 대표한다는 생각과 모순된다.

셋째로, 추론의 층위에 대한 다양한 개인의 능력을 고려할 때, 우리는 특정 능력의 (추론적인 측면) 이상을 의미하는, 의미 공준에 대한 어떤 선택도 기대할 수 없다. 우리는 "의사소통상의" 추론 능력이나 모든 개인의 능력의 공통된 핵심을 포착하고자 하는 노력을 포기해야 한다. 개인의 능력의 합집합이나 교집합은, 교집합이 너무 작고 하찮을 수밖에 없는 데다 합집합은 거의 일관성이 없기 때문에, 합리적인 후보자가 아니다.

여전히 (예를 들어, 인공지능 프로젝트 같은 데에서는) 일부 능력의 추론적 측면을 합리적으로 표상할 수 있는 일련의 문장(또는 어떤 형태로든 정보들)을 기록하려고 하는 이유가 있을 것이다. 이 경우, ***사전***이 우리의 지침이 되어야 한다. 사전은 여러 세대의 숙련된 화자가 의미 있는 것으로 인식하고 사전 내용에 대한 지식이 어휘 능력에 기여하는 것으로 간주되어 온 정보의 훌륭한 저장소이다.[48] 제5장에서 더 잘 확인할 수

48) Chomsky는 사전이 불완전하다고 올바로 지적하였다. 사전들은 모든 또는 대부분의 화자들의 능력의 일부인 많은 섬세함을 기록하지 않는다.

> 그러므로 '집'이라는 단어에 대해서, 집을 볼 때, 나는 그 집의 외부 표면을 보게 된다. 내부 표면을 보는 것은 충분하지 않다. 그 집에는 그 집 내부 또는 외부에 의자가 있을 수 있으며 이는 그 집이 하나의 표면으로 간주되는 것과 일치한다. 그러나 그 집 밖에 있는 의자들이 그 집 가까이에 있을 수 있는 반면, 집 안에 있는 의자들은 그 집 가까이에 있어야 할 필요는 없다.... 그 집은 외부 표면과 (복잡한 속성이 있는) 내부 표면으로 인식된다. 물론 그 집 자체는 구체적인 대상이다. 그 집은 벽돌 또는 나무로 만들어졌을 수 있으며 나무로 만들어진 집은 나무로만 외장이 갖추어져 있는 것이 아니다. 갈색 나무 집은 (추상적인 관점을 채택하면) 갈색의 외관이 있으며 (구체적인 관점을 채택하면) 나무로 만들어져 있다는 것이다(Chomsky, 1992: 220-221).

그리고 기타 등등이다. 여기서, 유일한 문제는 아니나 주요한 문제는 사전들이 의미적 구성 효과, 즉 단어 w와 w'의 추론적 값이 결합하여 이 두 단어가 포함된 표현 $\alpha(w,$

있겠지만, 사전은 절대적인 표준이 아니며, 사전 학자들이 언어를 사회적으로 적절하게 사용하는 데 유용하다고 간주하는 정보 이상(자연스럽게 오해할 수 있는 의견)을 포함하지 않는다. 물론 대부분의 기초 사전을 제외하고는 사전은 대부분의 개인 화자의 어휘 능력을 훨씬 능가한다. 그럼에도 불구하고 사전은 철학적으로 오도하는 형태의 정보(가령 '분석적'인 것 같은)를 제시하지 않고, (대개) ***올바른 종류***의 정보를 포함한다는 점에서 유용하다. 훌륭한 사전에 대한 합리적인 선택은 매우 능력 있는 화자의 어휘 능력의 (한 부분을) 드러낼 수 있는 의미 공준의 기초가 될 수 있다.

---

w')의 추론적 값을 결정하기 위한 정확한 방법에 대한 (충분한) 정보를 포함하지 않는 것으로 보인다. 이와 관련하여 사전은 두 가지 방식으로 불충분할 수 있다. 사전은 주어진 조합에서 한 단어가 취할 수 있는 특정한 값을 기록하지 못할 수 있거나, 또는 그러한 값을 기록하더라도 독자에게 하나의 주어진 조합에서 (다른 값이 아닌) 그 값을 선택할 수 있는 기준을 독자에게 제공하지 못할 수 있다. 그러므로 사전에서 'NP를 보다'라는 문장은 NP의 표면만을 포함할 수 있다는 것을 나타내지 못하거나, 또는 사전에서 '목제'라는 단어가 '*나무로 만들어진*'의 뜻이라는 것을 명시할 수 있으나 어떠한 단어와 조합해야 이러한 의미를 나타낼 것인지는 나타내지 못할 수도 있다. 첫 번째 종류의 결함은 누락된 정보를 제공해야만 교정될 수 있다. 두 번째 종류의 결함은 현재 찾을 수 있는 것보다 (일반적으로 선택적 제한 사항 등에 대한 정보의 형태로) 훨씬 풍부한 "가리킴" 시스템을 사전에 포함시키도록 요청할 수 있다. 이러한 가리킴 시스템은 Pustejovsky (1991)의 공동 구성 요소의 개념을 구현할 것이다.

제3장 어휘 능력의 구조

어휘 능력의 두 양상

나는 의미 공준(meaning postulates)이 어휘 의미 능력의 내용을 다 설명하지 못한다는 사실을 지속적으로 강조하였다. 능력 있는 화자는 의미 공준에 의해 표현된 것보다 더 많은 것을 알고 있다.[1] 무엇을 더 알고 있는가? 우리가 단어 사용에 유능하다고 간주될 때, 우리는 전형적으로 무엇을 알고 있으며, 무엇을 할 수 있는가? '숟가락'이라는 단어를 예로 들어 보자. 우리 모두는 '숟가락'에 대해 많은 것을 알고 있다. 우리는 '숟가락'을 묘사할 수 있고, '숟가락'의 사용법을 설명할 수 있으며, '숟가락'을 보통 어떻게 구입하며, 대개 어디에 보관하는지 말할 수 있다. 또한 우리는 '숟가락'이 대개 어떤 재료로 만들어지며, '숟가락'이 얼마나 오래 가며, 어떤 종류의 부식이 일어나는지 안다. 더욱이 우리들 중 대다수는, 대다수의 관찰자가 '숟가락'으로 인식할 만한 이상적인 '숟가락'의 그림을 그릴 수 있다. 또한 우리는 '숟가락' 그림과 사진, 실제 '숟가락'을 '숟가락'이라고 인식할 수 있다. 결론적으로 우리는 대개 근처에 '숟가락'이 있을

1) 일반적으로 의미 공준은 '해석된' 언어로 쓰였다.

때, '서랍에 숟가락이 있는가?'라는 질문에 대답하는 것이나 '숟가락을 가져와라!'라는 명령에 응하는 것에 어려움을 느끼지 않는다. '숟가락'이라는 단어를 아는 것, 이 단어를 사용할 수 있는 능력은 위에서 언급한 단순한 능력들의 총합이거나 그러한 능력 이상이다.

많은 단어들이 이러한 관점에서 '숟가락'과 유사하다. 대부분의 화자들은 이러한 단어들을 완벽하게 사용할 수 있는 능력이 있다. 즉, 방금 위에서 언급한 수행들을 쉽게 해 낼 수 있다. 그러나 표준 영어의 대부분을 차지하는, 더 많은 단어들은 '숟가락'의 상황과 전혀 유사하지 않다. 이러한 단어들의 사용에 대한 능숙함은 화자들마다 매우 다르다. 동물학자는 '마카크(macaque)'[2]라는 단어와 관련하여 많은 것을 알고 있다. 그는 '마카크'라는 단어가 쓰여서 참이 되는 많은 문장을 알고 있다. 반면에 나는 '마카크'가 단순히 '원숭이'라는 것만 알고 있을 뿐이다. 동물학자는 '마카크'를 인식할 수 있으며 '마카크'가 '꼬리 없는 원숭이(Barbary ape)'에서 기원했다는 것을 말할 수 있지만 나는 말할 수 없다(쉽게 '마카크'가 '고릴라'에서 기원한 것이라고 말할 수는 있다.). 화학자는 우리들 중 대다수보다 '석면'에 대해 더 많이 알고 있으며, 우리는 어떻게 실행하는지 모르는 특정한 실험을 포함한 다양한 방법으로 석면을 식별해 낼 수 있다. 단어에 대한 앎의 풍부함, 설명력, 정교함이 화자들마다 다르다는 점은 오래 전에 Putnam(1975c)에 의해 언어적 노동 분화의 효과 중 하나로 기술된 바 있다. Putnam은 ***비언어적*** 노동 분화에 기반하여 언어적 노동 분화라는 개념을 제시하였다(Putnam, 1975c: 228). 이러한 개념은 '의미적 마카크 전문가'의 각 하위 계급이 기존의 전문적인 계급(식물학자, 화학자 등)

2) 역자 주: 영장목 긴꼬리원숭잇과 마카크속에 속하는 동물의 총칭(출처: 두산백과).

과 일치한다는 것을 암시하는 것으로 보인다. 그러나 반드시 그런 것은 아니다. 어떤 사람이 '바다소'를 연구하는 데 일생을 바쳤다면, 이 사람은 어떤 훈련된 동물학자보다 '바다소'를 인식하는 일을 매우 잘하게 될 것이다. 그는 한 번 보는 것만으로도 절대로 '바다소'를 '듀공(dugong)'[3]과 헷갈리지 않을 것이다(동물학자는 헷갈릴 수도 있다.). 왜냐하면 '바다소'가 특정한 행동양식이나 생김새를 가지고 있기 때문이며, 그는 이것을 어떤 사람보다도 잘 알고 있기 때문이다.

물론, 그는 '바다소'에 대한 해부학적, 생리학적 지식 또는 진화 과정, 동물학적 분류에 대해서는 전혀 모를 수도 있다. 훈련된 동물학자는 그가 모르는 것에 대해 많은 것을 알고 있을 것이다. 따라서 Putnam이 결국에는 옳았던 것으로 보인다. 과학자의 전문지식은 비전문가의 것보다 훨씬 우수하다. 반면에 과학자는 실용적이라기보다는 매우 학문적인 사람들이다. 우리는 나비 '*Aulularia Clemensi*'에 대해 책에서 배울 수 있는 모든 것을 알고 있으나 한 번도 이 나비를 본 적이 없는 과학자를 상상해 볼 수 있다(과학자가 공부한 책에는 사진이 없었다.). 만약 그가 아마존 숲에 가서 이 나비가 날아가는 것을 본다면, 그는 이 나비를 인식하는 데 실패할 것이다.[4] 그는 물론 이 나비를 인식하는 데 필요한 인지적 자원을 충분히 갖추고 있다. 그는 이 나비의 모양, 크기, 색깔, 더듬이의 길이 등을 알고 있다. 따라서 원주민이 그에게 이 나비를 잡아 주고, 충분한 시간만 준다면, 그는 마침내 이 나비를 인식해 낼 것이다. 그러나 실제

3) 역자 주: 듀공과의 바다 포유류. 몸은 3미터 정도이며, 바다소와 비슷하다(출처: 표준국어대사전).

4) 또는 그는 다른 나비를 *A. Clemensi* 나비로 착각할 것이다. "누군가는 '과나코(guanaco, 역자 주: 낙타과의 하나로 남아메리카의 서부와 남부 산악지대에 분포한다, 출처: 표준국어대사전)'가 무엇인지 알며, '과나코'는 '라마'가 아니라는 것을 안다. 그럼에도 종종 '라마'를 보고 '저건 과나코야.'라고 말할 수도 있다(Davidson, 1991: 195).

동물에게 나비의 이름을 붙이는 그의 능력은 평생 동안 이 나비와 함께 놀았던 원주민의 능력에 비해 훨씬 떨어진다.

우리가 살펴본 원주민(또는 '바다소'의 친구)의 능력과 과학자의 능력의 차이는 단순히 양적인 차이가 아니다. 이것은 어휘 의미 능력의 두 종류 또는 두 양상 사이의 차이이다. 하나의 양상은 특정 단어가 사용된 문장의 진위 여부를 아는 능력으로 구성되며, 다른 하나는 실제 세계에서 단어를 적용하는 것과 관련이 있다. 천재적인 전문가(단순히 학문적이기만 한 사람이 아닌)는 둘 다를 부여받았다. 그는 0.5마일 떨어진 거리에서 '마카크'를 골라 낼 수 있으며, '마카크'에 대한 수많은 과학 논문에 대해 잘 알고 있다. 반면에 우리는 천재적인 전문가와는 다르다(과학자 역시 대부분의 단어에 대해 천재적인 전문가와는 다르다.). 많은 경우에 어휘 능력의 두 양상은 일치하지 않는다. 예를 들어, 나는 '프림로즈'와 대단히 친숙하다. 나는 당신에게 '미나리아재비'를 실수로 꺾는 위험 없이 '프림로즈'를 꺾어 줄 수 있다. 그러나 나는 '프림로즈'의 종류, 식물학적 분류, 유사한 꽃과 '프림로즈'를 효과적으로 구분해 낼 수 있는 지식 등 '프림로즈' 자체에 대해서는 거의 아무것도 알지 못한다. 심지어 나는 내가 '프림로즈'를 뽑아 낼 때 사용하는 기준이 무엇인지 말로 표현할 수 없다. 자연적인 것이든, 인공적인 것이든 다른 많은 단어와 마찬가지로 나는 '음극선관'이나 '전자레인지' 또는 '안테나'에 대해서는 거의 알지 못한다. 그럼에도 나는 대부분의 경우 그에 상응하는 물체를 가리키기 위해 단어를 적절하게 사용할 수 있다. 나의 부족한 지식은 나의 적절한 지시 수행을 유지하기에 불충분함이 확실하다.

언어적 노동 분화의 개념이 함축하는 것과 내가 그려 낸 구분의 차이에 주목하라. Putnam(1975c)은 특정 단어를 사용하는 데 매우 능숙한 화자와 어떻게든 전문가의 능력에 의지하여 단어를 사용할 수밖에 없는 능숙하지 못한 화자를 구분 지었다.[5] 반대로 내가 지적한 구분은 주로 개인의 능력에 주목한다. 어떤 화자는 특정 단어를 적용하는 지시에 매우 능숙할 수 있으며, 그 지시물의 본성과 속성에는 완전히 무지할 수 있다. 이와 유사하게 개인 화자는 학문에만 능통한 동물학자와 원주민처럼 서로 다를 수 있다. 한 쪽은 훌륭한 지시 능력과 부족한 지식을 지니고 있으며(원주민처럼), 다른 한 쪽은 훌륭한 지식과 부족한 지시 능력을 지니고 있을 것이다(학문에만 능통한 동물학자처럼).

어휘 능력의 비지시적 측면은 '*지식*'이라는 용어로 그 성격을 부여받아 왔다. 학문에만 능통한 동물학자는 '*A. Clemensi* 나비'에 대해 많은 것을 알고 있다. 나는 '전자레인지'이나 '마카크'에 대해서는 거의 알지 못한다. 그러나 내가 경계하려고 노력하고 있는 것은 훨씬 일반적이고 역동적이다. 그것은 의미적 추론, 환언, 정의, 유의어 찾기 등의 수행을 내포하는 단어 사이의 연결망을 처리하는 능력이다. Marconi(1991, 또한 1987을 보라.)에서 나는 이것을 어휘 의미 능력의 ***추론적*** 측면이라고 불렀다. 인간의 어휘 능력을 모델화하려고 시도하는 인공적 시스템이 사실은 추론적 능력만을 모델화하는 데 성공했으며, 이러한 시스템이 본질적으로 추론적 장치라는 사실을 명심해야 한다. 의미적 추론을 이끌어 내는 능력 또한 어휘 능력에 결정적이다. 우리는 '고양이'가 뜻하는 바를 아는 사람이라면, 동물에 적용되는 사실이 고양이와도 관계된다는 것을 그가 알

5) Bilgrami(1992: 22-23)의 유용한 구분에 따르면, 언어적 노동 분화 이론에 대한 ***강한*** 주장에서는 일반인의 능력은 ***완전히*** 전문가의 능력에 의해 결정된다. 공동체에 속하는 모든 화자는 '금' 또는 '판다'에 대한 전문가의 개념을 공유하고 있다. Putnam(1975c)의 본래의 약한 주장에서는 일반인의 개념이 전문가의 능력에 의존함을 포함하지만, 전문가의 개념과 일치하지는 않는다.

것이라고 기대하며, 먹기 위해서는 일반적으로 입을 벌려야 한다는 사실을 모르는 사람이 있다면, 우리는 그가 '먹다'라는 단어가 무엇을 뜻하는지 모른다고 말할 것이다. 반대로 지시 능력 또는 어휘 능력의 지시적인 측면은 어휘 항목을 세계에 주사하는(map) 능력이다. 일반적인 화자는 고양이를 소와 구별할 수 있으며, 종이에 적힌 숫자를 가리킬 수 있으며, 뛰는 행위를 걷는 것과 구분하여 묘사할 수 있다. 일반적인 환경에서 위와 같은 수행이 불가능한 사람에 대해 우리는 그가 그러한 수행과 관련되는 단어가 뜻하는 바를 모른다고 말할 것이다.

최근에 몇몇 사람이 서로 다른 관점에서 연구하면서, 어휘 능력의 두 측면의 구분 또는 부분적인 독립성을 지적하여 왔다. Moravcsik(1981: 15)는 의미에 대한 지식을 외연을 식별하는 능력(그는 이것을 '구별 기술'이라고 불렀다.)과 뚜렷하게 구분했으며, 전자의 능력만을 가질 수는 있으나 후자의 능력만을 가질 수는 없다고 하였다. 그러나 그는 언어 능력에서 추론 능력을 제외하고자 하였다(다만 그는 '위', '아래' 등의 단어와 같은 경우에 있어서는 추론 능력이 언어 능력의 일부가 될 수 있음을 인정하였다.). 우리는 이에 대한 반대 의견을 이 장의 후반부에서 검토할 것이다(123-127쪽). Johnson-Laird는 의미 관계에 대한 지식이 의미 능력의 전부가 아니라는 것을 주장하였다. 그러므로 의미에 대한 이론들은 의미 공준 또는 다른 등가의 형식주의에 의지하고 있으며, 결론적으로 의미를 나타내기에 적절하지 않다. 왜냐하면 "이론이 언어를 세계와 관련시키더라도 ... 이것은 의미에 대한 완전한 이론이 아니(Johnson- Laird, 1983: 230)"기 때문이다. 게다가 Johnson-Laird는 내가 아는 그 누구보다도 강하게 의미 관계가 진리 조건을 결정하지 않는다고 보았으며, 모형-이론적 의미론처럼 몇 개의 주사(mapping)에 대한 단순한 가정이 아니라 인지적 과정처럼 어휘 항목을 세계에 주사(mapping)하는 이론이 있어야 의미 능력의 총합을 설명할 수 있다고 강조하였다. Johnson- Laird의 이론에서는 그와 같은 주사는 정신의 구조, 정신 모형에 의해 중재되며, 또한 실제 세계에 삽입되거나 삽입되지 않을 수 있다. 언어 이해는 이해되는 문장에 대한 정신 모형의 구조로 이루어져 있다.

Johnson-Laird(1983)는 어휘 능력의 두 측면인 지시 능력과 추론 능력의 독립성을 인정하지 않았는데, 그는 명백하게 지시 능력이 추론 능력을 결정한다고 믿었기 때문이다. 만약 우리가 언어를 적절한 방법으로 정신 모형에 주사할 수 있다면, 우리는 단어 사이의 의미 관계를 그러한 정신 모형에서 곧바로 '읽을' 수 있을 것이다. 정신 모형과 지각 사이의 연결에 대한 가치를 낮게 보는 것은[6] ***완벽한*** 지시 능력이 완전한 추론 능력을 낳을 것이라는 주장에 해당한다. 만약 어떤 사람이 (세상의 모든 사물에서 '장미'만을 골라낼 수 있는 등의) '장미'에 대한 완벽한 지시 알고리즘을 가지고 있고, 똑같이 '꽃'에 대해서도 완벽한 지시 알고리즘을

---

6) 즉, 문장에 대한 정신 모형의 구축을 가정하는 것은 자동적으로 모든 관련된 관계가 보존되는 지각과 관련된 어휘 항목의 주사를 생성한다. 사실, Johnson-Laird는 언어 이해에서 생성된 정신 모형과 지각에서 파생된 모형 사이의 관계에 관해 명시적으로 또는 철저하게 설명하고 있지 않다. 대부분 그는(예를 들어, Johnson-Laird, 1983, 11장을 보라.) 언어 이해에서 생성된 모형이 지각에서 파생된 것이 아니라 마음에 의해 만들어지는 것처럼 말한다. 우연히도, 이것은 "가상의 담화가 이해되는 과정이 진실된(즉, 현실적인) 주장과 함께 발생하는 과정과 본질적으로 다르지 않다(Johnson-Laird, 1983: 246)."라는 주장을 지지하기 위해 필요하다. 그러나 그는 때때로 언어와 인식(그리고 세계) 사이의 연결이 언어가 인식으로부터 파생된 모형에 직접적으로 주사된다는 사실에 의해 보장되는 것으로 가정하는 것으로 보인다(Johnson-Laird, 1983: 407). 이것은 혼란스러운데, 왜냐하면 우리는 매우 자주 담화를 이해하고 ***그러고 나서*** 지각에서 주어진 바와 같이 (아마도 그것의 정신 모형의 구성을 포함하고 있는) 담화를 세계에 연결하려고 노력한다는 것이 적어도 일단은 명백한 것 같기 때문이다. 예를 들어, 우리는 설명서를 읽고, ***그러고 나서*** 설명서를 따라하려고 노력한다. 또는 순서를 이해하고, ***그러고 나서***, 순서에 따르려고 노력한다.

가지고 있다면, '장미는 꽃이다.'라는 문장의 진리치는 위와 같은 알고리즘을 따를 것이다. 즉, '장미'에 대한 알고리즘에 의해 선택된 모든 사물은 '꽃'에 대한 알고리즘에 의해서도 선택됨을 의미한다.

설사 이것이 원칙적으로 인정되더라도, 평균적인 화자가 그와 같은 완벽한 능력을 가지지 못한다는 논쟁은 거의 할 필요가 없다. 게다가 실제 삶에서 우리는 '고래'를 인식하는 능력과 '포유류'를 인식하는 능력에서 고래가 포유류라는 지식을 얻는 것 같지 않다. 우리들 중 그와 같은 지시 능력을 가진 사람조차도 고래가 포유류라는 지식을 독립적으로 알고 있다. 이와 비슷하게, 의미적 추론은 일반적으로 지시 능력의 개발에 의존하지 않는다. '이것은 소파이다.'라는 문장에서 '이것은 가구의 일종이다.'를 추론할 때, 우리는 우리가 어떻게 소파를 정의하고, 가구를 인식하는지 생각하지 않는다. 지시 능력에 대한 추론 능력의 의존성은 반대의 의존성(추론 능력에 대한 지시 능력의 의존성)보다 더 그럴듯하지는 않다.

의미와 지시의 독립성은 소위 '두 측면' 이론('dual aspect' theory)에서 강조되어 왔는데 그것은 정신 상태와 실제 세계 모두를 고려하는 것이다. 즉 정교한 (언어) 행동을 결정하기 위한 정신 상태(지시적 역할, 개념적 역할, 협의의 내용 등)와 지시를 고정하고 쌍둥이 지구(Twin Earth) 문제[7]를 검토하는 세계와 관련된 대상을 모두 고려하는 것이다. '두 측

7) 의미에 대한 이중 이론은 Field(1977), Loar(1981), McGinn(1982), Block(1986) 등에 의해 제시되었다. 이중 양상(또는 두 능력)의 그림과 이중 이론의 버전에 대한 방어에 대한 설명은 Recanati(1993) 11-12장을 보라.
4장에서 상당한 분량으로 논의될 Putnam의 쌍둥이 지구에 대한 사고실험에서 우리는 쌍둥이 지구의 호수, 바다, 강 등을 채우는 물질이 물(즉, H_2O)이 아니고, 복잡한 공식이 XYZ로 간략히 표현될 수 있으며, 피상적인 특성이 H_2O와 동일한, 본질적으로 다른 액체라는 사실을 제외하고는 지구와 동일한 행성(쌍둥이 지구)이 있다고 상상한다. 이러한 액체 XYZ는 또한 쌍둥이 행성의 언어로 '물'이라고 불린다. 현대의 쌍둥이 지구에 있는 화자들은 (화학 덕분에) 단어 '물'이 지구의 물질 H_2O를 가리키지 않는다는 것을 알고 있고,

면' 이론가들은 의미의 두 측면의 독립성을 지적하기 위해 때때로 여기서 강조된 현상의 일부를 역설하였다. 그러나 그들의 입장이 내가 지금 개진하고 있는 주장과 융합되어서는 안 된다. 무엇보다 '두 측면' 이론은 ***의미***에 대한 이론인 반면 나는 ***능력***에 대해 이야기하고 있다. 내가 말하고 있는 모든 것은 '머릿속'에(물론 '머릿속'은 지각과 움직임 덕분에 세계와 접촉하고 있다.) 자리를 잡고 있다. 결론적으로 어휘 의미 능력에서 지시 능력의 측면은 인간 정신의 인지적 능력(또는 우리가 앞으로 확인하게 되듯이, 다소 그러한 종류의 능력에 가까운)이어서, 화자와 그 환경 사이에서 순수하게 객관적이고 우연한 관계에 의해 어휘가 형성되는 것처럼 생각해서는 안 된다.[8] 따라서 현재 맥락에서 나는 '진짜' 지시나 내재주의와 외재주의, 진리치 대 검증에 대해서는 거의 말하지 않을 것이다. 이러한 문제 중 일부는 의미 고려의 부적절성에 대한 외재주의적 책임이라고 이름 붙여지는 내 견해에 대한 급진적인 반대와 연결되어 4장에서 다

이와 비슷하게 지구인은 '물'이 XYZ가 아니라 H_2O를 가리킨다는 것을 알고 있다. 그러나 1750년 전에는 지구나 쌍둥이 지구에 있는 누구도 두 액체 사이의 차이점을 말하지 못했으며, 쌍둥이 지구를 여행하고 있는 지구인이 이 지역의 물질을 그가 지구에서 불렀던 것과 본질적으로 같은 물질이라고 믿으면서 '물'이라고 불렀다(지구를 여행하는 쌍둥이 지구인은 반대로). 이제 실수로 보이는 Putnam의 직관에 따르면 1750년 전에 지구의 단어 '물'은 쌍둥이 지구의 물을 가리키지 않았다. 만약 그러한 직관이 확실하다면, 이 사고실험은 단어의 지시가 그 단어를 사용하는 화자가 마음속으로 무슨 생각을 하는지에 의해 결정되지 않는다는 것을 증명하는 것으로 보인다. 1750년 전에는 지구인과 쌍둥이 지구인이 '물'과 관련한 믿음 사이의 구분이 없었지만, 지구의 단어와 쌍둥이 지구의 단어는 같은 물질을 가리키지 않았다.

8) 그러므로, 개인의 지시적 능력은 한 개인이 어떤 단어와 "외적으로 존재하는" 사물을 연결하는 것으로 설명되는 것은 아니다. 예를 들어, 한 개인이 고양이와 소를 구별할 수 있는 능력이 있다면, 고양이와 소에 대해서 기술할 수 있다. 그리고 그러한 능력의 일부는 유전적으로 결정될 수 있다. 그러나 능력 자체는 고양이나 소가 존재하지 않아도, 말하자면 고양이가 지시 절차에 의해 더 이상 인식되지 않더라도, 지시 능력은 남아 있을 것이다. 또한 원칙적으로 고양이나 소가 한 번도 존재하지 않았더라도 여전히 존재할 수 있다(우리가 더 이상 그러한 용어로 고양이와 소를 묘사하지 못하더라도). 따라서 우리들 중 많은 사람들이 '켄타우로스'나 '유니콘'에 대해 지시할 수 있다.

뤄질 것이다.

어휘 능력의 두 측면의 상호작용

지금까지 나는 어휘 능력의 두 측면의 독립성을 강조해 왔다. 이 주장은 반드시 제한적으로 이해되어야 한다. 우리는 이것을 학문에만 능통한 동물학자가 *A. Clemensi* 나비에 대한 세세한 묘사에도 불구하고 이를 인식하지 못했다는 점에서 확인하였다. 그는 단어 '*Aulularia Clemensi* 나비'와 관련된 직접적인 지시 능력의 대안으로 색상을 나타내는 단어, 기하학적인 서술어, 척도에 대한 표현 등과 관련된 지시 능력을 활용했을 것이다. 그러나 물론 과학자의 ***추론*** 능력 덕분에 나비에 대한 기술적 접근이 가능하다. 우리는 종종 직접적인 지시 능력이 없는데 지시적인 과제를 수행해야 할 때에 특별나게 일반적이지는 않은 단어를 가지고 추론을 한다. "책으로 '과나코'가 어떻게 생겼는지를 배운 사람은 '과나코'를 보았을 때 '저게 과나코야.'라고 바로 말하지 못할 것이다. 그러나 그가 '과나코'를 봤을 때는 이 문장에 ... 접근할 준비가 되어 있을 것이다(Davidson, 1991: 195)." 만약 누군가가 '오팔', '틈새 메우기', '황갈색'에 대한 사전적 정의를 완전히 익혔다면 그는 그러한 단어들을 실제 세계에 적용할 수 있을 것이다. 의미 원소(semantic primitives) 아이디어가 갖는 타당한 한 가지 지점은 다음과 같은 것이다. (노란색과 적색을 알면 황갈색을 이해할 수 있는 것처럼 기본적이고 원초적인 색채어를 알면 흔히 자주 접할 수 없는 애매한 색을 나타내는 색채어도 기초적인 색채어 개념에 기반하여 이해할 수 있는 것처럼) 어떤 단어들을 실제 세계에 적용할 수 있는 우리의 능력은 더 평범하고 일반적인 단어들을 꼭 원초적일 필요는 없는 단어들에 적용할 수 있는 능력에 기반한다.[9] 예를 들어 색채어 또는 '사각형', '원형'과 같이 모양을 나타내는 단어는 정의 가능하다. 그러한 단어들 중 일부는 '인지적으로 기초적'이다. 예를 들어, 몇몇 색채어는 처음으로 학습하는 단어에 속하며, 그러한 단어의 적용은 대개 빠르다(무언가가 빨간지 아닌지를 결정하는 과제는 대개 인지적으로 쉬운 과제이다.). 하나의 정신적 이미지가 모든 적용 범위를 나타낼 수 있다. 그러나 그러한 단어들은 ('고양이', '의자'와 같은) "기초 수준의 개념"을 위한 단어와 같은 특징을 공유하며, 어떤 이들은 이것을 원초적인 것으로 간주한다.[10] 게다가 색채어와 모양을 나타내는 단어가 지시 능력의 유일한 매개체는 아니다. 우리가 특별히 훌륭한 지시 능력을 가지고 있는 ***어떤*** 단어도 이러한 역할을 할 수 있다. 반복하자면, 기초 수준의 개념을 나타내는 단어의 대부분은 일반적이며 우리가 종종 특별히 유능하게 사용할 수 있는 것들이다. 이러한 관점에서 기초 수준의 개념은 색채어와 전적으로 동등하다("송골매는 ***매***의 일종이다.", "적운은 ***구름***이다.", "거울 달린 키가 큰 서랍장(chiffonier)은 높고 좁은 ***서랍장***이다." 등).[11]

---

9) 이와 다소 비슷한 견해는 Lakoff(1987: 279-280)에서 확인할 수 있다.

10) 기초적인 수준의 개념에 대해서는 Rosch(1975b: 200-201), Rosch 외(1976)을 보라. 기초 수준의 개념에 대한 조사는 Lakoff(1987: 31-54)에 있다.

11) 우리가 부분적으로, 단어의 적용이 특히 복잡하지 않은, 지시적으로 유능한 단어들이 있다고 말했을 때, 내가 영어와 같은 언어를 사용하는 모든 화자에게 지시적으로 기초적인 단어의 고유한 집합이 있다는 것, 즉 어떤 언어를 사용하는 모든 화자들이 단어에 대한 훌륭한 지시 능력을 가지고 있다는 것을 말하고자 하는 것은 물론 아니다(아마도 그러한 단어에 대한 지시 능력을 공유하지 못한다면 그 언어의 능숙한 화자로 간주되지 않는다는 의미에서). 시각 장애인은 색채어와 관련하여 제한적인 지시 능력을 가지고 있지만, 그 때문에 시각 장애인이 그 언어에 대해 능숙하지 못한 화자인 것은 아니다. 보다 일반적으로는, 서로 다른 영어 화자들은 각자에게 지시적으로 복잡하지 않은 단어의 서로 다른 집합이 있으며, 따라서 지시 능력이 서로 다를 것이다.

그러한 특징 기반 절차가 '틈새 메우기', '과나코'와 같은 단어의 적용에 필연적이지는 않다. 화자는 단순히, 그리고 직접적으로 그러한 단어들을 어떻게 적용하는지 안다고 생각할 수 있다. 왜냐하면 화자는 이런 종류의 사물이나 행동이 ***어떤 것인지*** 쉽게 안다. 게다가 특징을 하나하나 검토하는 절차에 기반한 지시 수행은 직접적인 수행보다 본질적으로 더 어렵고 더 잠정적이다. 이러한 경우에 대부분의 단어에 간접적으로 작용하는 지시 능력은 심각하게 손상될 것이다. Riddoch와 Humphreys는 신경학적 환자 H. J. A.를 묘사하였는데 그 환자의 지시 능력은 특징을 하나하나 검토하는 절차에 완전히 의존해 있었다. "그는 그림의 이름을 들으면 그림에 대응하는 사물의 특징적인 목록을 검색할 수 있다(Riddoch & Humphreys, 1987b: 53)."[12] H. J. A.는 실제 사물 또는 사진을 보고, 사물에 대해 이름을 붙이는 능력이 형편없었다. 사물에 대해서는 65%가 정확했고, 사진에 대해서는 37.5%가 정확했다. 흥미롭게도 그는 주어진 단어와 대응하는 사진을 가리키는 것은 훨씬 더 잘했다(95%까지 정확했다.). 사실 어떤 사람이 특징 기반 절차에 의존해야만 한다면, 당연히 인식과 명명이 적용보다 더 어려울 것이라고 예측할 수 있다. 인식에 있어서는 사물을 알아보기 위해 단서의 역할을 할 수 있는 사물의 현저한 특징을 뽑아내야 하며, 아마도 그러한 특징의 묶음을 '특징 묶음'이라 이름 붙은 방대한 목록과 대조해야 할 것이다. 반면 (대상을 가리키기 위해 단어를) 적용할 때에 각 단어들은 대상이나 사진에 제시된 사물들의 특징과 비교되며 하나씩 확인돼야 할 유한적인 특징 목록과 연합될 수 있다. 그러나 적용에 있어서조차 H. J. A.의 수행은 수준 이하였다.[13] 만약 우리의 지

12) H. J. A.는 뇌졸중의 결과로 시신경엽으로 확장되는 광범위한 경색이 있었다.
13) 적용에 있어, H. J. A.는 "정답 사물과 정답 외의 선택지의 특징 사이에 가까운 중첩이

시 절차가 모두 특징에 기반했다면, ***몇몇*** 지시 수행이 추론 능력의 도움을 받지 않는 것이 아님에도, 우리는 H. J. A.와 같았을 것이다. 즉, 우리는 훨씬 효율적이지 못했을 것이다.

이와 반대로 우리는 단어의 적용을 되새기면서 우리의 추론 능력을 풍부하게 한다. 예를 들어 아이들은 아마도 '남자(man)'와 '남성(male)'을 스스로 또는 주변의 사람들이 어떻게 적용했었는지를 되새기면서 둘 사이의 연관을 추측하게 될 것이다. 파리(Paris) 동물원에 '판다'라고 이름 붙여진 동물들이 얼마나 다른지를 깨닫게 되면 '판다'가 단일 종의 이름이 아니라는 것이 분명해진다. 따라서 지시 능력은 또한 추론 능력을 도울 것이다.

또 다른 증명은 의미 능력의 두 측면인 추론 능력과 지시 능력의 구분은 자연언어 사전에 있는 모든 단어와 연관되는 것은 아니라는 점이다 (Jackendoff, 1992: 56-57을 보라.). '있을 것 같지 않게(unlikely)', '파생하다(derive)', '그렇지만(nevertheless)'과 같은 단어의 사용에 능숙해지는 것은 ***단순히*** 추론에서 그러한 단어들을 사용할 수 있게 되는 것이다. 이 단어들이 세계의 사실을 묘사하기 위해 사용된 문장들에 나타날지라도, 이 단어들은 실제 세계에 적용되지 않는다. 동일한 맥락에서 Harman(1987: 61)은 "지각에 있어서는 어떠한 역할도 하지 않고 어떤 측면에서는 이론적인 용어 같은 '쿼크(quark)'와 같은 단어가 존재할 수 있는데 이런 단어들이 표현하는 개념의 내용은 오롯이 추론 능력에 의해서 결정된다."라고 하였다. 이러한 언급이 '쿼크', '파생하다'와 같은 단어, 또는 숫자가 ***지***

있을 경우 오류를 범했다(예를 들어, 호랑이/얼룩말, 부엉이/독수리, 바이올린/기타) (Riddoch & Humphreys, 198b: 53)." 즉, 그는 특징 기반 절차 때문이라고 가정할 수 있는 종류의 실수를 하였다.

*시*가 없다고 말하는 것이 아님을 주의해야 한다.[14] 지시에 대한 이론의 맥락에서 비교적 단순한 방법으로 그것들의 추론적 역할을 설명해 주는 추상적인 실체를 섬세하게 참조하는 표현을 갖는 이유가 있을 수 있다. 그러나 현재의 지시에 대한 이론에서는 그렇지 않다.

지시 능력과 인식

지시 능력은 단어를 실제 세계에 적용하는 능력으로 특징지어져 왔다. 지시 능력은 명명하기, 상황을 고려하여 질문에 답하기, '문 닫아!'와 같은 명령에 따르기, 지시에 응하기 등과 같은 수행에 기초가 된다. 이러한 수행은 사물과 행동을 ***인식하는*** 능력에 부분적으로 기초를 두고 있다. 이것은 순수한 언어 능력은 아니다. 특정한 묘사에 있어서는 그러한 능력은 ***비언어적***인 것으로 간주될 수 있다. 우리가 앞으로 보게 되듯이, 특정 수행은 명명하기 없는 자연적인 인식의 경우로 묘사될 수 있다. 주체는 사물의 이름을 상기하지 못해도 그 사물을 인식할 수 있다. 이것은 아마도 몇몇 철학자들이 지시 능력이 의미 능력의 일부임을 부정하도록 이끌어 왔다. 예를 들어, Moravcsik(1981: 15)는 비전문가가 질병의 증후를 식별하지 못하는 것이 ***언어*** 능력의 결여는 아니라고 주장하였다(그는 이것이 아마도 의학적 지식의 결여라고 생각했다.). 비슷하게, 어떤 화자는 '코알라'가 ***의미하는*** 바가 무엇인지 매우 잘 알고 있을 수 있다. 그러나 이 화자가 호주(또는 동물원)를 방문하여 코알라가 어떻게 생겼는지를 배우기 전까지는 코알라를 식별하지 못할 수 있다. 이러한 일이 일어난다

14) 숫자에 대해서는 McGinn(1981: 174)를 보라.

면, 우리는 문제의 화자가 언어 능력이 없다고 말하지 않는다. Wilks(1982)는 그가 '우라늄'을 인식하지 못하고, 누가 인식할 수 있는지도 모르지만, '우라늄'의 의미를 이 단어를 효과적으로 사용할 수 있을 만큼 충분히 알고 있다고 하였다. 따라서 지시 능력은 의미 능력에 필요하지 않다는 것이다(Wilks). 게다가 지시 능력을 언어 능력과 관련 있는 것으로 간주하는 것은 언어의 남용이라고 주장하였다(Moravcsik). 우리는 우리가 'x'의 예시를 인식하지 못할 때에도 'x(예를 들어, '우라늄'이나 '코알라')'의 의미를 안다고 말한다. 따라서 '의미를 아는 것'은 지시 능력을 포함하기 위해 사용되지 않는다. 게다가, 우라늄의 예를 인식하는 능력은 의미 능력의 일부가 명백히 아니다. 이는 다른 종류의 능력의 일부이며, 화학적 지식이라고 부를 수 있을 것이다.

나는 언어적 지식과 과학적 지식의 엄격한 구분을 믿지 않는다. 그것은 위에 대한 반대에 의해 상정된다. Alonzo Church는 "'행성의 수'가 9를 나타낸다는 것은 천문학적 사실이면서 동시에 영어의 의미적 사실이다(Alonzo Church, 1951b: 105)."라고 기술하였다. 따라서 나는 어떠한 능력이 의학적 능력임에 ***동시에*** 의미적 능력이라고 보는 것에 반대하지 않는다. 인식 능력이 의미 능력을 위해 필요하지 않다는 Wilks의 투쟁은 약한 주장, 또는 강한 주장의 두 가지 버전으로 구조화될 수 있다. 약한 주장으로 해석할 경우, 누군가가 어떤 단어에 대한 완전한 지시 능력이 결여되어 있더라도 단어와 관련된 몇몇 능력을 가질 수 있다는 주장으로 볼 수 있다. 이러한 관점에서는 이 이론은 참이다. 만약 내가 우라늄을 실제 세계에서 인식하지 못하면서 우라늄에 대해 많이 알고 있다고 해서 이것이 내가 단어 '우라늄'에 대한 언어적 능력이 있음을 부정하는 것은 아니다. 그러나 그러한 무능력이 반드시 지시 능력의 완전한 결여에 해당하지는 않는다. 나는 우라늄을 인식할 수 없지만, 만약에 누군가가 내가 모르는 과일, 한 번도 본 적 없는 동물, 우라늄이 올라가 있는 탁자를 가리키면서, 우라늄을 고르라고 한다면 나는 쉽게 우라늄을 골라 낼 수 있을 것이다. 우라늄에 관한 한, 나는 의심할 여지없이 완전한 인식 능력은 결여되어 있지만, 나는 우라늄을 식별할 수 있는 어느 정도의 능력을 가지고 있다. 그러한 능력을 지시 능력의 일부로 간주하는 것은 일리가 있다.

약한 주장에서의 Wilks의 이론은 인식 능력이 의미 능력과 관련이 없다는 것을 함의하지는 않는다. 그러나 강한 주장으로 해석할 경우, 이 이론은 어떤 사람이 단어와 관련하여 우라늄의 예에서 본 것과 같은 구별 능력 등 지시 능력이 ***전혀*** 없더라도 ***완전한*** 의미 능력을 가질 수 있다고 본다. 이러한 입장에서 이 이론은 (우선) 시험하기가 매우 어렵다. 만약 화자가 단어와 관련된 제한된 능력을 가지고 있더라도, 화자는 대개 그 단어의 적용과 관련하여 단어가 가리키는 사물을 구별하는 능력을 어느 정도 가지고 있다. 만약 어떤 사람이 오팔에 대해서 아무것도 모르지만, 오팔이 귀중한 보석이라는 것을 안다고 하면, 그 사람은 오팔을 고양이나 책과 구분할 수 있다. 만약 단어 '천산갑[15]'이 당신에게 완전히 낯설지 않다면, 당신은 천산갑이 (천체 또는 인디언 군인이 아니라) 동물이라는 것을 알고 있을 것이다. 다른 한편으로는, 일반적인 경우에도 강한 주장은 실패한 것으로 보인다. 만약 내가 호랑이와 고양이, 첼로와 바이올린을 구분하지 못한다면, 내가 동물 또는 음악에 대해 무엇을 배웠든지 간에, 나의 능력은 결함으로 간주될 것이다. 그러나 어휘 능력에 있어 지시 능력의 상대적 중요성에 대한 우리의 판단은 언어공동체 도처에 존재하

15) 역자 주: 유린목 천산갑과에 속하는 포유류의 총칭(출처: 두산백과).

는 사회 규범과 능력 및 기술의 분포에 매우 민감하다. 만약 내가 우라늄을 인식하지는 못하지만, 우라늄이 무거운 원자 무게를 가지고 있는 원소이며, 특정 환경에서 방사성을 띤다는 것 등을 안다고 했을 때, 내가 '우라늄'이 무엇을 뜻하는지 모른다고 말할 사람은 거의 없을 것이다. 만약 내가 고래가 지중해에서도 자주 발견되는 바다 포유류라는 등의 사실을 알지만, 고래가 어떻게 생겼는지 전혀 모른다면, 나의 언어 능력에 대해 의심할 것이다. 마지막으로 만약 내가 개를 인식하지 못한다면, 언어공동체에 있는 사람들은 개에 대한 나의 동물학적 능력이 무엇이든지 간에 '개'가 무엇을 뜻하는지 모른다고 말할 것이다. 따라서 일반적인 단어에 대해서 지시 능력은 의미 능력의 중요한 부분으로 보다 쉽게 간주된다.[16]

지시 능력과 추론 능력은 단순히 동전의 양면이 아닌가? 말하자면, 단어로 표현하거나 언어적 기술로 변환하는 것을 통해 지시 능력이 추론 능력으로 쉽게 변환될 수는 없는가? 어휘 능력의 두 측면의 구분이 단지 ***체계***의 문제인가? 결국, 관찰하게 되듯이, 화자가 민들레를 인식할 수 있음에도 민들레를 ***어떻게*** 인식할 수 있는지 왜 ***말할*** 수 없는가? 왜 화자가 그의 기준을 ***자세히 설명할*** 수 없는가? 소수의 경우('정사각형'이 아마도 그러한 경우에 해당할 것이다.)를 제외하고는 단어가 나타내는 사물의 인식이 이러한 방식으로 작동하지 않는다는 것에 주목하는 것이 중요하다. 첫째, 일반적으로 우리는 사물의 인식에서 사물(고양이, 아이, 천천

16) 개인의 의미 능력에 대한 사회적 요구의 변동성은 서로 다른 단어에 대한 고정관점과 연결되어 Putnam의 "의미의 의미"에서 지적되었다. "우리의 문화에서 화자는 호랑이가 어떻게 생겼는지 알도록 요구받는다. ... 화자는 느릅나무가 어떻게 생겼는지에 대한 세부 사항(잎의 모양과 같은)을 알기를 요구받지는 않는다. 영어 화자는 ***그들의 언어공동체***에 의해 호랑이를 표범과 구별할 수 있기를 ***요구받으며***, 느릅나무와 너도밤나무를 구별할 수 있기를 요구받지는 않는다(Putnam, 1975c: 249)."

히 움직이는 사물 등)의 종류의 어떤 특징이 무슨 역할을 하는지 알지 못한다. Gareth Evans는 사람의 인식에 대해 "아마도 ... 사물의 외형에 대한 정보는 신경 체계에 저장되어 있지만, 이러한 정보는 ***주체***가 가지고 있는 정보가 아니며, 어떤 의미에서든 식별을 초래하는 데 ***사용되는*** 정보가 아니다."라고 언급하였다(Gareth Evans, 1982: 288).[17] 아마도 ***어떤*** 의미에서 주체는 그러한 정보를 사용할 것이다. 그러나 그러한 정보에 의식적으로 접근하거나 정보를 의식적으로 사용한다는 의미는 분명 아니다. 둘째, 어떤 대상을 그것으로 인식할 수 있도록 도와주는 그 대상이 갖는 몇몇 특질들은 어떤 대상들의 특질들 사이에 얼마나 큰 차이가 있는가와 유사하다(Evans, 1982: 290). 최소한 원칙적으로는 그러한 특징이 단어로 표현***될 수*** 있지만, 그럴 경우, 그러한 특징은 화자가 사용하는 기준("그가 어떻게 민들레를 인식하는지") 또는 그와 관련된 화자의 추론 능력의 일부로서 화자에게 인정받지 못할 것이다. 요점은, 지시 능력의 내용이 언어적 표현을 배제한다는 것이 아니라, 심지어 그러한 표현이 가능하더라도, 어떤 의미에서든 그러한 표현이 화자의 능력의 일부로 여겨지지 않을 것이라는 점이다. 이것은 "의미론은 실수에 기초하는가?(Has semantics rested on a mistake?, 1986)"라는 책에서의 Howard Wettstein의 의미적 설명과의 불일치에 대한 한 가지 이유를 제공한다. 그가 말했듯이, "완벽하게 능력 있는 화자는 표현의 지시를 결정하는 역할을 지정하는 데... 종종 아무런 역할을 하지 못한다(Howard Wettstein, 1986: 203)."라는 언급은 그 자체로는 그러한 역할을 비인지적으로 만들지 않는다.

17) Evans는 이것이 유형 인식에도 적용된다고 생각했다. "내가 인식의 과정에 대해 말한 것은 그러한 유형의 특정 예에 대한 인식과 마찬가지로 무언가를 '개'로 인식하는 것(유형 인식)에 적용된다(Evans, 1982: 298)."

이와 유사하게, 어떤 화자도 단어의 연쇄가 문법적인지, 비문법적인지를 판단하는 절차를 알지 못한다는 점이 그 과정을 비인지적으로 만들지는 않는다.[18)]

추론 능력과 지시 능력의 구분에 대한 정신적 실제

지금까지 나는 우리가 단어를 다루는 중요한 부분이 분리된 두 개의 체계에 의존하는 *것으로* 설명될 수 있음을 보이기 위해 노력하였다. 하나는 단어와 단어의 관계를 신경 쓰는 것이고, 다른 하나는 지각과 움직임의 상호작용에 접근하는 것처럼 어휘부를 세계에 적용하는 것을 처리하는 것이다. 이것은 이 자체로는 정신(또는 뇌)에 대해서는 어떠한 것도 보여 주지 못한다. 두 체계의 분리는 우리의 어휘적 수행에 대한 편의적 표현의 한 가지 특징에 불과할 수 있다. 그러나 신경심리학적 증거는 두 체계의 분리가 정신적으로 실재함을 가리키는 것으로 나타났는데, 하나의 능력이 뇌 손상의 결과로 손실되거나 심각하게 손상되더라도 다른 하나는 완전하게 보존된다는 의미이다. 일반적 화자는 하나의 구성 요소가 다른 하나에 비해 더 개발되거나 더 효율적일 수 있으나, 두 구성 요소가 모두 *기능한다.* 반면에, 뇌 손상을 입은 사람은 두 기능 중 하나가 전혀 기능하지 못하거나 적절히 기능하지 못한다.

예를 들어, McCarthy와 Warrington(1986)이 기술한 환자 F. R. A.는 시

18) Wettstein은 만약 의미론이 "언어와 세계 사이의 연결에서 지시물의 범위(Wettstein, 1986: 201)"에 관심이 있다면, 의미론이 인지적 문제 자체에 관심을 가져서는 안 된다고 생각했다. 이것은 언어와 세계 사이의 연결이 인지적 연결이 아리나 객관적인 연결로 생각되어야 한다고 전제한다. 다음 장에서 나는 이러한 관점("객관주의")을 논의할 것이다.

각적인 입력을 포함하지 않는 언어 시험은 정상적으로 수행하였으며, 과제가 언어를 포함하지 않는 한은 정상적인 시각 능력을 보였다.[19] 그러나 그는 사진에 이름을 붙이는 과제에서는 47%의 오류를 범했다. 동일한 물체에 대해 (우리의 관점에서는 순수한 추론적 수행인) 언어적 기술을 듣고 명명하기를 요청받았을 경우에는 오류가 1%로 감소하였다.

또 다른 환자 A. B.는 언어 지능이 122이고, ***탄원***을 '도움을 얻기 위해 진지한 요청을 하는 것'으로 정의할 수 있었는데, 일반적인 사물을 사진이나 묘사된 언어를 통해 식별하기 또는 명명하기를 포함하는 과제에서는 53%의 오류를 범했다(Warrington, 1987a). Riddoch와 Humphreys(1987a)가 보고한 환자 J. B.는 시각적으로 표현된 사물에 이름을 붙이는 것은 못했지만(45.5%가 정확했다.), 단어를 정의와 연결하는 것은 100% 정확했다. 정답 이외의 선택지로부터 두 개의 관련된 사물(예를 들어, 체로부터 컵과 접시)을 분리해야 하는 과제에서 J. B.는 진짜 사물이 제시됐을 때는 54.2%의 정확도를 보인 반면, 사물의 이름을 들었을 때는 100%의 정확도를 보였다(Riddoch & Humphreys, 1987a: 155).

또 다른 환자인 E. S. T.는 유의어를 짝짓는 과제에서는 100% 정확했으나,[20] 사진에 이름을 붙이는 과제에서는 27%만 정확했다(Kay & Ellis, 1987). 따라서 내가 추론 능력이라 부른 능력은 지시 능력이 심각하게 손상됐을 경우에도 보존될 수 있는 것으로 보인다.

최근까지 반대의 경우는 보고되지 않았었다. 추론 능력이 상실되거나 심각하게 손상되어도 지시 능력이 보존되는 명백한 경우가 없었다. 그러

19) 그는 직사각형과 정사각형을 구별하고, 모양을 감지하고, 점의 위치를 구분하고, 동일한 복잡한 그림 사이의 차이점을 지적할 수 있었다.

20) "구체적인" 단어에 관한 한 E. S. T.는 추상적인 단어로 일반화될 수 있는 문제를 가지고 있었다.

나 Brennen 외(1996)는 알츠하이머 환자로서 이러한 특징이 있는 행동을 보이는 74세의 프랑스 여성 D. T.에 대해 묘사하였다. 사물을 설명한 그림이 주어졌을 때, 그녀는 37개 중 33개(즉 89%)의 이름을 정확히 말할 수 있었다. 그러나 그녀는 단지 13개의 경우(즉 35%)에만 언어적으로 특징을 말하거나 정의할 수 있었다. 그녀는 또한 '차보다 비행기가 더 큽니까?'와 같이 그녀가 방금 명명한 사물과 관련된 간단한 질문에 답할 수 없음이 증명되었다. "전화기 사진이 주어졌을 때, 그녀는 그것을 명명할 수 있었고, 그것이 무엇인지 질문을 받았을 때, 그녀는 '그건 전화기죠, 그게 다예요.'라고 말했지만, 어떠한 보충적인 정보도 주지 못했다(Brennen 외, 1996: 104)." D. T.는 또한 두 개의 정답 이외의 선택지가 포함된 세 개의 사물에서 제시어와 관련된 사물을 연관시키는 것(예를 들어, 개집이 주어졌을 때, 고양이나 솔이 아니라 개와 연결 짓기)보다 사물(또는 사물의 사진)을 명명하는 것을 훨씬 잘했다.[21)]

따라서 비록 그러한 경우가 빈번하지는 않지만, 심지어 추론 능력이 사라졌을 경우에도 지시 능력이 보존될 수 있다고 보인다. 그러므로 신경심리학적 자료는 그림 3.1.과 같은 직관적인 그림을 지지하는 것으로 보인다.

---

21) 상당한 경우에 D. T.는 유명한 프랑스 사람(Serge Gainsbourg, Catherine Deneuve 등)을 명명할 수 있었으나, 식별하지는 못했다. 예를 들어, 그녀는 Deneuve가 배우인지 가수인지 정치인인지를 말하지 못했다. 그녀는 Deneuve가 가수라고 생각했지만 실제로 말하지 못했다. 그러나 이름에 대한 그녀의 수행은 일반명사에 대한 수행과는 정확히 일치하지 않았다. 이름의 경우, 그녀의 전체적인 회상이 많이 손상되었기 때문이다. (우리가 보았듯이, 사물의 이름에 있어서는 그렇지 않았다.) 따라서 D. T.는 사람들을 분류하거나 언어적으로 묘사하는 능력의 결여와 대조적으로 사람들의 이름을 회상하는 능력이 보존된 경우로 기술될 수 없다(Brennen 외, 1996: 104).

그림 3.1. 어휘 의미 능력의 구조: 초기 그림

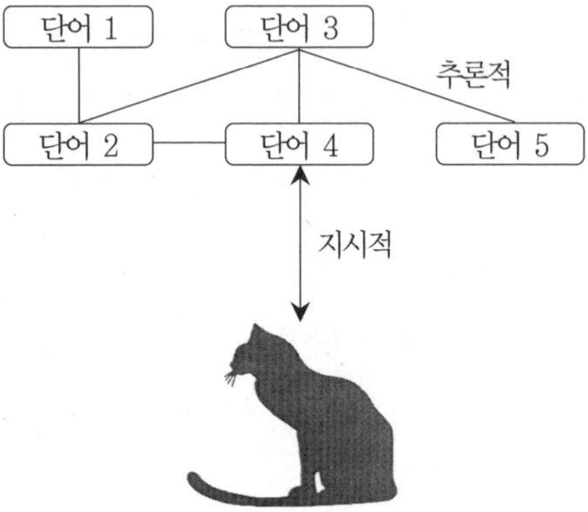

단어 1
단어 3
추론적
단어 2
단어 4
단어 5
지시적

그러나 이 그림은 다른 자료에 의해 거짓으로 판명되었다. 첫째, 세계와 세계의 연결을 관리하는 지시 능력은 분절적인 능력을 포함하고 있다. 그러한 ***적용***의 적절성은 ***명명***과 분리되어 있다는 증거가 있다. '적용'은 사물의 이름을 듣고 사물의 그림을 그리는 것 또는 주어진 단어에 적합한 그림(또는 사진)이나 실물을 골라내는 것과 같은 수행을 포함하는 능력을 말한다. 예를 들어, 단어 '레몬'에 대한 반응으로 오렌지가 아니라 레몬의 그림을 고르는 것이다. 적용은 단어에서 그림 방향으로의 능력이다. 명명은 그림에서 단어로의, 즉 반대의 방향을 포함한다. 심지어 명명 능력이 상실되거나 손상을 입은 경우에도 적용 능력이 보존될 수 있음이 밝혀졌다. 정답 이외의 정답과 유사한 선택지가 존재하는 경우에도 주어진 단어에 적합한 그림을 쉽게 골라낼 수 있지만, (심지어 환자가 단어에 대한 반응으로 골랐던 똑같은) 사물이나 그림을 명명할 수 없는 환자에 대한 많은 경우가 보고되었다. 예를 들어, E. S. T.는 그림을 거의 명명하지 못하지만, 단어(구체적인 단어에 한해)와 그림의 연결에서는 97%의 정확도를 보였다(Kay & Ellis, 1987: 616).[22] 이와 비슷하게, K. R.은 엄청난 명명 능력의 부족(동물에 한해서는 예외)에도 불구하고 그림과 단어의 연결에 있어 100% 정확도를 보였다. S. F.는 명명 수행이 형편없었지만(20.8%~23.3%의 정확도를 보였다), 사물의 이름을 듣고 사물을 그릴 수 있었으며, 그림을 단어에 선별적으로 연결할 수 있었다(Miceli, Giustolisi & Caramazza, 1991).

둘째, 명명은 단어가 직접적으로 사물 또는 사물의 그림에 연결된 것과 같은 단일 단계의 과정으로 절대로 간주될 수 없다. 우리는 명명을 주어진 사물과 관련된 단어를 검색하는 것으로 간주했다. (단어를 정의하는 것 같은) 추론 수행에서 활성화된 것과 동일한 종류의 정보 또는 동일한 절차를 포함하지 않는 것만 제외하고는, 검색이 *어떻게* 이루어지는지는 우리와 관련이 없다. 신경심리학적 연구는 어휘 의미 능력의 구조 그림이 복잡해지는 이유를 제공한다. 사물을 인식하는 것으로 보이는 사람들이 있다. 그들은 사물이 무엇인지 또는 무엇에 대한 것인지 안다. 그러나 사물을 명명하지는 못한다. 이러한 환자들은 때때로 그들이 명명하지 못하는 사물을 흉내 낼 수 있다(Warrington, 1985: 341-342; Riddoch & Humphreys, 1987a: 132; Shallice, 1988: 292 등). 또는 어찌 되었든 사물의 속성이나 기능을 알고 있음을 나타내는 증거를 제공하였다. 예를 들어, E. S. T.는 "그건 차가워요, 그건 사람이에요 ... 차갑고 ... 꽁꽁 얼었어요."라고 말하면서 그가 명명하지 못하는 눈사람의 그림에 반응하였다. S. F.는 "그는 그 사물을 '안다'라고 주장했지만, 그 사물의 이름을 찾지는 못했다." 이러한 환자들은 때때로 개념이나 의미 표상에 대응하여 (음

22) 명명에 있어 E. S. T는 자연스럽게 22%를 맞췄으며, 보스턴(Boston) 명명 과제의 음성 단서에 대한 반응으로 추가적으로 19%를 더 맞췄다. 그리고 그는 Snodgrass와 Vanderwart 세트에서는 주저 없이 37%를 맞췄고, 약간의 어려움을 겪으며 10%를 더 맞췄다. 추상적인 단어에 대한 그림을 선택하는 과제에서 E. S. T.는 60%만 맞췄다.

운론적 또는 문자적 형태를 포함한) 단어 그 자체인 ***출력 어휘부***에 접근하지 못하는 것으로 기술되었다. 이러한 기술은 단어와 그림 모두에서 접근할 수 있으며, 단어와 그림 모두에 대한 접근을 제공하는 단어(또는 단어의 정신적 표상)와 다른 실재("개념?") 사이의 분리를 전제한다.

이러한 분리는 또 다른 경우(위와 반대의 경우)를 통해서도 확인할 수 있다. McCarthy와 Warrington(1988)에 의해 기술된 환자인 T. O. B.는 그에게 제시된 몇몇 사물에 대해 알고 있는 것을 말해 달라고 요청받았다. 그는 무정물의 사진 또는 이름이 제시될 경우에는 이 과제를 잘 수행하였고, 유정물의 사진이 제시된 경우에도 잘 수행하였으나, 유정물의 이름이 들릴 경우에 그의 수행이 나빠졌다. 고래의 ***사진***에 대해 그는 풍부하고 정확한 기술로 응답한 반면, '고래'라는 ***단어***에는 단지 "물고기 또는 새입니다."라는 응답만 하였다. '코뿔소'라는 단어를 정의하기를 요청받았을 때, 그는 "동물입니다. 다른 특성에 대해서는 말할 수가 없습니다."라고 응답하였다. 그러나 코뿔소의 사진을 보여 주자, 그는 "거대하고, 몸무게는 1톤이 넘고, 아프리카에 삽니다."라고 응답하였다(McCarthy & Warrington, 1988: 429)." 만약 우리가 T. O. B.의 결함의 범주 특정적 속성을 무시한다면, 그의 수행의 유형은 어찌되었든 초기 그림(그림 3.1.)과 모순된다. 초기 그림에서, 사진으로부터 추론적 연결망에 접근하는 것은 사진과 관련된 이름에 의해 중재되어야 한다. 그러므로 만약 고래 사진으로부터 고래에 대한 지식에 접근 가능하다면(T. O. B.의 경우에도 명백하듯이), 더욱이 단어 '고래'로부터도 접근 가능해야 한다(T. O. B.는 그러지 못했다). 명명은 못하나 성공적인 인식은 가능했던 경우에서, 우리는 의미 어휘부***로부터*** 출력 어휘부에 접근하는 것에 결함이 있다고 추측하게 되었다. T. O. B.의 결함은 음운적 출력 어휘부***로부터*** 의미 어휘부***에***

접근하는 능력의 결함이라고 기술될 수 있다. 사실, 사진으로부터 풍부한 언어적 묘사를 할 수 있는 T. O. B.의 능력을 증거로 볼 때, 그의 의미 어휘부는 그 자체로는 훌륭한 것으로 드러났다. 이것은 또한 (음운적) 출력 어휘부가 의미 어휘부*로*부터 접근 가능하다는 것을 보여 준다.[23)]

우리는 의미 어휘부와 출력 어휘부의 구분에 대해 소개한 바 있다. 명명과 적용은 모두 *두* 단계 과정으로 변형된다. 명명을 위한 첫 단계는 사물이나 사진을 ***인식하는*** 것이며, 두 번째 단계는 그것을 위한 단어를 찾는 것이다. 사물 또는 사진의 명명은 두 단계가 순차적으로 수행되어야 한다. 두 단계 중 하나라도 영향을 받으면, 명명에 결함이 발생할 수 있다.[24)] 이와 비슷하게 적용을 위한 첫 단계는 유의어 또는 정의를 제시할 수 있다는 의미에서 단어를 "이해하는" 것이며(추론 능력), 두 번째 단계는 사진이나 사물에 이름표를 붙이는 것과 같이 단어를 적절하게 사용할 수 있는 것이다.[25)]

---

23) 나는 '의미 어휘부'를 음운적, 문자적 단어 형태의 표상과는 구별되는 정신적 표상의 집합으로 사용하고 있다. 그러므로 나는 신경심리학적 문헌에서 흔히 사용되는 의미, 즉, 시각적 형태의 구체화와 반대되는 사물의 기능적이고 연관적인 특성(의 표상)을 나타내는 용어로서 '의미적'이라는 용어를 사용하지 ***않는다***.

24) 인식 단계의 실패에 대해서는 Warrington과 Shallice(1984)를 보라.

25) 손상된 적용 능력과 손상되지 않은 추론 능력이 함께 있는 경우는 손에 넣기가 어렵다. 그렇게 간주될 수 있는 하나의 사례는 이미 언급한, 특징 기반 절차에 의존하여 사물을 인식하는 H. J. A.의 경우이다(Riddoch & Humphreys, 1987b). 우리가 지금 볼 수 있듯이, 그는 (적용을 훨씬 더 잘하기는 했지만) 적용과 명명에 있어 둘 다 어려움이 있었다. 반면에 그는 사물의 이름에 대해 언어적 정의를 하는 것에는 매우 뛰어났다(100% 정확했다.). 인상적이게도, 그의 정의에는 사물의 외향에 대한 세부 사항이 포함되었다. 예를 들어, 단어 '오리'에 대한 그의 반응은 "오리는 수영하기, 날기, 걷기를 할 수 있는 물새입니다. 야생 오리도 있고, 알을 얻기 위해 집에서 키우기도 합니다. ... 야생 오리는 날개 길이가 15~16인치고 무게는 2~3파운드 정도 나갑니다. 집에서 키우는 오리는 더 무겁고 아마도 6파운드 정도까지 나갈 것입니다. 야생 오리는 색이 다양한데, 주로 갈색이며 가슴은 초록색과 노란색입니다. 집에서 키우는 오리는 흰색 또는 황갈색입니다(Riddoch & Humphreys, 1987b: 1447)." 등으로 나타났다. H. J. A.의 정의의 풍부함은 그의 특징 기반 지시 절차의 상대적인 성공을 부분적으로 설명할 수 있을 것이

추론 능력은 (초기 그림에서와 같이) 더 이상 ***단어*** 사이의 관계에 대한 연결망을 관리하는 능력으로 묘사되지 않는다는 점에 주목하라. 단어의 형태(출력 어휘부)와 의미 어휘부 사이의 구분은 지시 능력이 전형적으로 보였던 의미 어휘부를 ***통한*** 단어-단어의 경로를 따르는 수행의 종류를 재기술할 것을 요구한다. 이러한 조정을 통한 최종적인 그림은 그림 3.2.에 묘사되었다.

또 다른 복잡한 문제는 그 자체로 흥미롭지만, 더 심화된 그림과 직접적으로 모순되지 않기 때문에 여기서는 관심을 두지 않겠다. 아마도 그러한 복잡한 문제 중 가장 충격적인 것은 ***범주 특화***라고 불리는 문제와 연관이 된다. 이에 따르면 의미 능력의 손실이 유정물 대 무정물, 구체성 대 추상성과 같은 개념적 이분법의 선상을 따라 제한될 수 있는 것으로 나타났다.[26] 그러나 그러한 이분법이 의미 어휘부의 하위 체계에 해당한다는 결론은 부당하다. 어휘부의 조직은 아마도 이분법과 긴밀하게 일치하는 대립에 기초하는 것 같다. 예를 들어, 아마도 유정물은 주로 전체적인 모양과 색깔에 기초를 두고 인식되는 반면, 무정물은 기능에 대한 개별 단서에 의해 인식되는 것 같다(Warrington & Shallice, 1984: 849-850). 그렇다면, 어휘를 구조화하는 "진짜" 대립은 전체적인 형태를 포함하는 순수하게 시각적인 특성 집합의 표제어, 〈단서가 되는 시각적 특징과 기능〉 구조 짝의 표제어 사이의 대립일 것이다. 유정물/무정물의 대립은 의

다. 그는 적용할 많은 특징을 알고 있었다.

26) 상대적으로 더 빈번하고 잘 연구된 것은 무생물에 대한 훌륭한 능력과는 대조적으로 살아 있는 생물(또는 음식)을 명명하거나 식별할 수 없는 경우이다(Warrington과 Shallic, 1984와 Sartori 외, 1994를 포함한 많은 연구). 그러나 상보적인 유형 역시 보고되었다(Warrington과 McCarthy, 1983). 구체성 대 추상성도 이와 유사하게 구체적인 단어가 선별적으로 결여되는 경우가 보다 빈번한 것으로 보인다(Warrington, 1975; Warrington과 Shallice, 1984; Warrington, 1985). 그러나 반대의 경우 또한 보고되었다(Kay & Ellis, 1987). 조사 결과는 Shallice(1988: 297-304)를 보라.

미 어휘부의 조직에 있어서는 어떠한 역할도 하지 않을 것이다.

그림 3.2. 어휘 의미 능력의 구조: 심화 그림

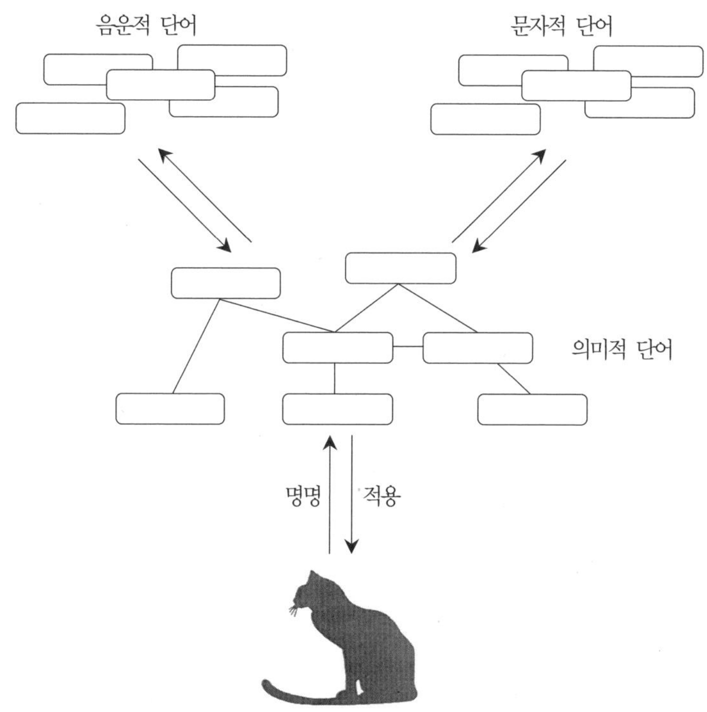

우리의 관심사에 더 가까운 것은 추론 능력이 몇 가지 개념적으로 구분되고 정신적으로 분리된 능력을 포함한다는 것이다. 따라서 단어를 정의하는 능력(단어에서 정의로)은 주어진 언어적 정의 또는 단어의 지시물을 묘사하는 단어를 찾는 능력(정의에서 단어로)과 분리되어 있을 것이다. S. F.는 발화된 묘사로부터 관련되는 사물을 명명하는 것에는 31.2%의 오류를 범했으나, 정의 수행은 잘했다(Miceli, Giustolisi, & Caramazza, 1991). S. F.는 분명하게 '마이크'를 정의할 수 있었으나, 마이크 명명하기는 절대로 성공하지 못했다. 이것은 추론 능력으로부터 지시 능력(의 한 측면)이 분리되어 있다는 추가적인 증거이다.

본래의 직관

초기의 나의 직관으로 돌아가 보자. 단어의 사용에는 두 개의 구분되는 능력이 있는 것으로 보인다. 두 개의 능력은 어휘 의미 능력을 구성하고 있다. 하나는 추론 수행에 포함되며, 다른 하나는 단어와 세계의 연결과 관련된다. 이 두 능력은 분리된 것으로 보이며, 그렇기에 동일한 사람이 주어진 단어와 관련하여 지시적으로 매우 유능한 반면 추론적으로는 유능하지 않을 수 있다(또는 덜 일반적으로 반대일 수 있다.). 게다가 능력의 두 측면은 서로 다른 ***종류***의 정보원에 의존하는 것으로 보인다. 그러한 직관이 좀 더 심화된 그림에 의해 증명되었는가? 어휘 의미 능력이 정말로 하나는 언어 내적인 연결을 담당하며, 다른 하나는 단어와 세계의 연결을 담당하는 두 개의 분리된 체계로 조직되는가?

게다가 지시 기능(적용과 명명)이 추론 기능(정의와 환언 등)과 분리되어 있다는 충분한 증거가 있다. 결론적으로, 내가 그린 그림에서 추론 능력과 지시 능력은 독립적이고 다를 수 있다. 예를 들어, 의미 어휘부는 시각으로부터의 빠른 접근을 포함하지 않고서도, 풍부하고, 잘 구조화되어 있고, 입력 어휘부 및 출력 어휘부와 잘 연결되어 있을 수 있다.

반면에 언어 내적인 연결은 적용과 명명 즉, 지시 능력의 작용에 또한 포함되어 있다고 내가 가정한 체계(의미 어휘부)에 의해 중재된다. 예를 들어 이 모형에서 인식은 정의, 환언과 같이 순전히 추론적 작업을 수행할 때 사용되는 것과 매우 동일한 표현 체계에 대한 접근을 포함하는 것으로 제시된다. 이는 그 자체로는 어휘 능력의 두 측면의 상대적 독립성을 감소시키지 않는다. 추론 능력은 의미적 연결망을 관리하고, 의미적 연결망을 출력 어휘부와 양방향으로 연결하는 능력으로 볼 수 있다. 반면에 지시 능력은 의미 어휘부에 범주화되어 있는 사물(또는 그림)의 이름을 찾는 능력이다. 적용은 단어로부터 의미 표상을 검색하고, 단어를 사물 또는 그림과 연결하는 능력이다. 지시 능력이 의미 체계를 "통과해야" 한다는 것은 지시 능력이 추론 능력에 기반하고 있다는 것을 함의하지 않는다.

이와 반대로, 지시 능력의 작용에 포함되어 있는 정보의 ***종류***와 명명과 적용에 사용되는 정보 사이의 차이가 없음이 그림에서 제시된다. 직관적으로, 누군가는 지시 능력의 작용과 사물의 시각적 속성에 대한 지식의 특화된 연결을 가정하려고 시도할 수 있다. 결국, 명명과 적용은 둘 다 사물이 "어떻게 생겼는지"에 대한 지식을 요구한다. 신경심리학적 관점에서 그러한 직관은 의미적 체계에 시각으로부터 명명하기나 단어와 사진을 연결하는 지시 수행을 하는 데 특별한 역할을 하는 ***시각적 하위 체계***가 있다는 걸 보여 줄 수 있다면 지지될 것이다. 그러나 증거는 전혀 명료하지 않다. 유정물의 이름에 국한되어 심각한 명명 능력 결여를 가지고 있던 K. R.이라는 여성의 경우를 보자(Hart & Gordon, 1992). 게다가 K. R.은 '코끼리는 땅에 삽니까? 하늘에 삽니까? 바다에 삽니까?', '코끼리는 먹을 수 있습니까?' 같은 비지시적 질문에 답하는 데 전혀 문제가 없었는데, '코끼리는 어떤 색입니까?', '코끼리는 몇 개의 다리를 가지고 있습니까?'처럼 유정물의 시각적 속성이 포함된 질문에는 답할 수 없었다. K. R.은 언어로부터 시각적 의미 하위 체계에 접근하는 것에 문제가 있었다고 결론짓는 게 자연스럽다(그녀는 코끼리를 "시각화"할 수 없었다.). 그러나 반대로 그녀의 적용 수행은 완벽했다. 그녀는 사진과 단어 연결에서 100% 정확했고, 요청에 따라 유정물의 부분을 가리킬 수 있었다("몸뚱이를 가리키십시오."). 그러나 그러한 수행 역시 언어로부터 "시각적 지식"에 접근하는 능력을 요구하는 것으로 보인다.

몇몇 신경심리학자는 사물의 형태(색상도 포함 가능)에 대한 지식인 ***구조적*** 지식과 그들이 ***"의미적"*** 지식이라고 부르는 사물의 기능적 특성과 연관된 지식을 구별하는 것이 적절하다는 것을 알아냈다(Riddoch & Humphreys, 1987a: 134; 또한 Shallice, 1988: 291-297을 보라.). 또 다른 사람들은 하나의 감각 양식(예를 들어, 시각으로부터 또는 촉각으로부터)에서 접근 가능하고 다른 감각 양식에서는 접근할 수 없거나 접근이 쉽지 않은 ***"양식 특화된"*** 하위 체계의 관점에서 생각해 왔다. Caramazza와 그의 동료들(1990)은 양식 특화된 하위 체계 이론에 반대하였다. 그들은 의미적 정보의 구별되는 부분 집합이 양식 특화된 형식으로 구분되어 표현될 필요가 없다고 주장하였다(시각적 정보는 "사진" 양식으로 될 필요는 없으며, 양식 중립적 형식일 수 있다.). 다르게 생각하면, 단지 내용을 형식과 융합하는 것이다. 그들은 또한 특화된 접근은 하위 체계가 양식 일치된 입력 표현에서만 직접적으로 접근 가능하게 구성된 의미 체계를 필요로 하지 않는다고 주장하였다. 단어 '포크'로부터 접근되는 의미 표상이 포크의 사진에 의해 접근되는 표상과 동일할 수 있다. 그러한 시각적 속성(의 표상)이 시각으로부터 보다 쉽게 접근된다는 것은 시각이 지각적으로 현저한 특성과 성격이 같다는 점으로 설명될 수 있다. "사물을 통해 의미 표상에 접근하는 것은 사물에서 지각적으로 현저한 지각적인 술어에 권한을 부여할 것이다(Caramazza 외, 1990)." 이러한 특화된 연결에 대한 대안적인 설명은 납득할 수 없다. 현저하든 아니든 사물의 시각적 속성은 의미 표상의 요소로서 “지각적 술어”와 명백히 동일하지 않다. 말하자면 그러한 술어에 “대응”하거나 그러한 술어와 “닮은” 것은 주지하듯이 어떠한 정보도 주지 못한다. 그러므로 Caramazza의 대안적 근거는 의미 표상의 일부분이 시각으로 보다 쉽게 접근 가능하다는 재진술에 해당한다. 그러나 만약 그들의 주장이 서로 다른 의미적 정보를 위한 다른 표상 형태 또는 하나 또는 다른 지각적 양식으로부터의 접근의 배타성을 암시하기 위해 취해진 것이라면, 그들의 주장은 그 자체로 양식 특화된 하위 체계가 있다는 것을 함의하지 않는다고 말하는 것이 완벽하게 합당하다.

그러나 이것이 의미 체계의 어떤 요소가 서로 다른 인식 과정에서 서로 다른 역할을 한다는 것을 배제하는 것은 아니다. 따라서 적용(예를 들어, 사진과 단어 연결)은 일반적으로 ‘포크’와 같은 단어와 연관된 (기능적 지식보다는) 구조적 지식에 의존하며, 시각으로부터 명명하기도 그와 똑같은 정보에 기반을 두고 있다. 반면에 (정의하기와 같은) 추론 수행은 훨씬 더 광범위한 정보적 연결망에 호소할 것이다. 하위 체계 가설은 형식의 차이나 접근의 배타성이 아니라, 뚜렷한 과정과의 특화된 연결이다. 따라서 만약 특정한 지시 수행이 구조적 지식의 선택적인 붕괴의 결과로 손상될 수 있다는 것이 보인다면, 이는 의미 체계에 구조적 하위 체계가 존재한다는 증거가 될 수 있다. 이것은 차례로 추론 능력과 지시 능력이라는 어휘 능력의 두 측면이 대부분 서로 다른 종류의 정보에 의존하고 있다는 직관을 지지할 것이다.

제4장 능력과 "객관적" 지시

나의 도시 바닥에서 새벽에 너구리 한 마리를 본다
내 이웃집의 지붕 위에서
너구리는 그의 지혜를 좇아 홈통을 걷는다
그리고 화성으로 돌아간다
화성인으로서
너구리가.
Earnest Leverett, *공상과학(SF)*

3장에서 나는 추론 능력과 지시 능력의 상대적인 독립성에 기초하여 어휘 능력에 대한 그림을 제시하였다. 전체적으로 보면, 여기에서 어휘 능력은 전반적인 언어 능력의 한 부분으로 간주된다. 어휘 능력은 특히 ***의미*** 능력의 일부로 간주되는데 의미 능력은 화자가 하나의 언어를 이해하는 데 바탕이 되는 지식과 능력을 말한다. 우리는 의미 능력의 다른 측면을 ***구조적*** 의미 능력 또는 그 구성 요소에 대한 이해에 기초하여 복잡한 표현을 이해하는 능력이라고 본다.[1] 통사적 능력과 의미 능력의 관계 그리고 화용 능력과 의미 능력의 관계는 이 책의 주제는 아니지만 확실

1) 2장 84-87쪽을 보라. 의미적 합성 규칙의 지식을 적어도 원칙적으로 화자의 능력의 일부로 볼 수 있다고 밝힌 사람은 Barbara Partee(1981: 62)였다.

히 철저한 조사가 필요하다.[2)]

의미와 지시의 관계에 대한 전통적인 Frege 학파의 견해에 대응하는 예로서 이 도식이 어떻게 외재주의 의미론에 의해 생성된 전통적인 경우들을 다시 설명하는 데 도움이 되는지 몇 가지 예시를 들도록 하겠다. 먼저 잘 알려진 Putnam의 느릅나무와 너도밤나무에 대한 무능력의 예시를 들자(Putnam, 1975c: 226-227). 모두 Putnam이 두 단어가 정확히 똑같은 심리적 표상이나 개념을 가지고 있다고 인정한 것을 기억할 것이다(그는 느릅나무와 너도밤나무의 차이점을 말할 수 없었다.). 그럼에도 불구하고 그 두 단어는 지시하는 것이 다르다('느릅나무'는 느릅나무들을 지시하지 느릅나무들과 너도밤나무들을 묶어서 지시하지는 않는다.). Putnam은 이것이 심리적 표상이나 심리적 상태를 나타내는 것이지 지시체를 결정하는 것은 아니라고 주장한다.

이는 전통 의미론에 대응하기에 매우 강력하지는 않다. 전통적인 이론가는 추정컨대 의미가 지시를 결정하고 의미는 심리적 존재이거나 어느 정도는 우리의 마음에 의해 잡힐 수 있는 존재라고 믿는다. 그 이론가는 우연히 어떤 한 단어를 떠올린 화자의 ***어떤*** 심리적 존재가 그 단어의 지시체를 결정한다고 확실히 주장하지는 않는다. 화자 자신에게도 그런 일은 생기지 않는다. 전통적인 이론가에게 '느릅나무'의 지시를 결정하는

---

2) '화용 능력'을 통해 나는 철학적 화용론의 관습을 시사하려고 한다. 화용 능력은 Grice식의 대화 함축을 생성하고 인식하는 능력, 약속과 명령 같은 화행을 수행하고 식별하는 능력, 그리고 더욱 일반적으로는 주어진 환경에서 언어를 적절하게 사용하는 능력을 포함한다. 적절성의 개념은 쉽게 경계를 정할 수 있는 것이 아니다. 그러나 나는 고양이를 가리키기 위해 '고양이'라는 단어를 사용하는 것이 적절성의 문제라고 말하는 것을 적절하다고 생각하지 않는다. 적절성의 문제는 환경에 따라서 '고양잇과의 동물'이나 '야옹이'보다는 '고양이'라는 단어를 선택하는 것이다.
통사론과의 공통 사항에 관해서는 Ray Jackendoff의 연구, 특히 1990이 모범적이다.

것은 '느릅나무'의 의미이다. 즉 Putnam은 이에 대해 모르거나, 충분히 정확하지는 않다. 머릿속에 있는 것이 '느릅나무'의 지시를 결정하지 않는다는 Putnam의 견해는 전통적인 이론가에게 언어의 공공성을 상기시켰을지 모른다. 그 이론가는 사실 Putnam에게 '느릅나무'의 지시를 결정하는 것은 *Putnam*이 '느릅나무'라는 단어와 관련시키는 어떤 심리적 존재가 아니라 ***'느릅나무'의 의미***라고 반복할 것이다.

한편, 이러한 논쟁이 '느릅나무'와 같은 단어의 지시가 공동체주의적 기준에 의하여 결정된 표준보다 객관적이라고 여겨진다는 것을 보여 주지는 않는다.[3] 이것을 증명하기 위해서는 '느릅나무'의 지시가, 가장 숙련된 화자들이 느릅나무에 대하여 알고 있는 것과도 관계없다는 것을 증명해야 할지도 모른다. Putnam의 무능력은 부적절하다. 느릅나무와 너도밤나무의 논쟁에서 Putnam은 우리가 어떠한 표상도 보장된 짝이 아니라는 지시의 개념을 수용하도록 설득하기 위해 그의 (부적절한) 표상이 ***표준적인*** 지시와 맞지 않는다는 것을 인정하려는 우리의 의지를 악용한다.

나의 관점에서 느릅나무와 너도밤나무의 예시는 다음과 같이 간략하게 설명할 수 있다. 만약 한 화자의 하나 혹은 그 이상의 단어에 관한 추론 능력이 사회적으로 부적절하다면 그는 사회적으로 인정되는 방법으로 단어의 지시물을 인식할 수도 그렇지 못할 수도 있다. 그의 추론 능력이 단어의 지시물을 인식하는 데에 큰 도움이 될 것이라고 기대하기는 어렵다. 예를 들어, 만약 한 화자가 어떤 커다란 가전제품이 '냉장고'라고 불린다고 믿는다면, 이것은 그가 그 단어를 정확하게 즉 완벽하게 적용하는 데 도움이 되지 않는다. '느릅나무'가 너도밤나무들이 아닌 느릅나무

3) 객관적 지시의 개념에 관하여 이 장의 뒷부분, 152-154쪽을 보라.

들을 지시한다는 것은 단순히 말해서 더 능력 있는 화자는 그 단어를 너도밤나무들이 아니라 느릅나무들에 적용한다는 것이다. 만약 우리가 바란다면 우리는 이것을 다음과 같이 표현할 수 있다. ***영어에서*** 그 단어는 누가 사용하든지 너도밤나무가 아니라 느릅나무를 가리킨다.

또는 간단한 예로 고래를 들어보자. 대부분의 사람들이 '고래'와 관련하여 주요하게 연상하는 것은 '물고기'이다. 이것은 고래에 대한 잘못된 기술이다. 그러나 사람들은 '고래'로 고래들을 지시한다(Devitt & Sterelny, 1987: 69). 물론 사람들이 추론적 차원에서 고래를 물고기의 일종으로 여긴 것과 관계없이 그들의 지시 능력은 고래를 선택했다. 한편 그 사람들이 '물고기'를 가리키는 데 고래를 포함했다는 말은 맞다. 그러나 이 경우는 느릅나무와 너도밤나무의 경우와는 다르다. 왜냐하면 고래라는 이름을 지은 사람의 지시 능력은, 비록 그의 믿음의 일부가 틀렸다고 할지라도 좋다(그는 다른 큰 물고기와 고래를 구분하는 데 능하다.)고 가정할 수 있기 때문이다. 그러나 느릅나무와 너도밤나무의 경우에서 Putnam의 추론 능력과 지시 능력은 모두 어느 정도 불완전하다. 그는 ***나무***에 대하여 너무 적게 알 ***뿐만 아니라*** 느릅나무와 너도밤나무를 구분할 수 없다.

Jackendoff의 어휘 의미

나의 설명은 Jackendoff가 ***마음의 언어(Languages of the Mind***, 1992)에서 말한 어휘 의미에 대한 견해와 매우 유사하다.[4] Jackendoff에 따르

4) 나는 이 견해를 1980년대 중반에 독립적으로 생각했다(Marconi, 1987, 1989).

면 단어 의미의 한 가지 요소는 "그 단어에 의해 표현되는 개념을 인지 및 행동에 연결하는 것"이다. 다른 요소는 단어와 "추론 규칙의 상호작용"이다. Jackendoff는 이를 세 번째 요소인 "나머지 어휘와의 관계"와 구분을 하려고 한다(내 생각에 추론 능력은 두 가지를 모두 다루는 것으로 생각된다.). 적어도 기본적인 통찰에 있어서 우리의 견해가 많이 일치하는 것은 분명하다. 그래서 나는 차이점을 말하고자 한다.

먼저, Jackendoff는 네 번째 요소를 가지고 있다. 그는 어휘 의미를 "단어와 언어의 문법적 패턴 사이의 상호작용(1992: 57)"에 집어넣으려 한다. 그의 견해에 따르면 '*X*가 트럭을 가구로 채웠다(*X* loaded a truck with furniture).'는 그 트럭이 결국에는 가구로 가득 찼다는 것을 함의하는 반면 '*X*가 가구를 트럭에 실었다(*X* loaded furniture into the truck)'는 그러한 함의를 가지고 있지 않다는 것은 '싣다(load)'의 의미의 일부가 된다. 나는 이러한 추론이 어휘 능력이라기보다는 구조적인 것에 의존한다고 생각한다. 나는 누군가 적절한 추론을 수행하지 못할 때 그(그녀)가 ***'싣다(load)'가 무엇을 의미하는지*** 모른다고 말하는 것이 망설여진다. 그러나 이것은 아마도 이론적인 설계에서 그다지 크게 중요하지 않은 차이일 것이다.

둘째로, Jackendoff는 단어가 "철학적 전통에서 ***지시***라고 부르는 것의 상대"임에도 불구하고 개념과 인지 및 행동 사이의 관계는 현실 세계의 물체(또는 행위 등)가 아닌 "인지적이고 운동신경적인 양상에서의 개념에 연결된 심리적 표상"이라고 주장한다(1992: 56).[5] 달리 말해서 그는 [***개***]라는 개념이 마음속에 표상된 개들의 시각적 특징에 연결되는 것과 같은

5) 또한 의미론과 인식(Jackendoff, 1983: 29-31)을 보라.

유사 지시적 관계(connection)를 연결(linking)이라고 본다. 그는 Marr의 3차원 모형이 그러한 특질 혹은 특질의 일부를 구현한 것으로 본다(Jackendoff, 1992: 44). 나의 견해로는 지시 능력은 인지와 행동을 ***통해*** 현실 세계의 존재들에 관여하는 능력의 하나이다. 우리는 '고양이'라는 단어를 심리적 표상에 적용하지 않는다. 우리는 그것을 고양이들에게 적용한다. 책을 가지고 오라는 요청을 받았을 때 우리는 마음에 있는 책의 표상을 가지고 오지 않고 실제 책을 가지고 온다. 지시 능력과 관련된 수행은 현실 세계의 존재에 관여하지 표상에 관여하지 않는다. 이러한 수행 역시 인지를 수반한다는 사실은 지시 능력이 단어를 연결하는 능력 혹은 관련된 개념이 지각 능력(예를 들어 시지각)의 결과인 심리적 존재에 연결되는 것으로 오인되어서는 안 된다. 명명하기를 예로 들어 보자. 우리는 명명하기가 가능한 증거에 기초하여 (a) 인식하고 (b) 의미 어휘부에서 한 단위 또는 하나의 어휘망과 관련된 이름을 검색하는 두 단계로 이루어진 과정을 가장 잘 보여 준다는 것을 보았다(3장 70쪽). 물론 지시 능력이 단지 (b) 단계를 수행하는 능력과 동일시되어서는 안 된다. 지시 능력은 의미 어휘부에서 단어들을 검색하는 것(이 능력은 또한 능력의 추론적 측면의 일부가 되기도 한다.) 외에도 사물과 행위에 이름을 부여하는 능력을 포함하기 때문이다. 한편 지시 능력은 단순히 (a) 단계를 수행한다. 즉 인식하는 것이다. 지시 능력은 언어를 수반해야 하지만 우리는 명명하지 않고도 인식할 수 있다는 것을 안다. 지시 능력은 두 단계를 순서대로 수행하는 능력이다.

그러나 인식 하나만 보더라도 단지 단어나 개념을 Marr의 삼차원 모형 중 하나에 연결하는 것 이상을 수반한다. 무엇보다 이는 시각적 인식의 모든 경우가 Marr의 패턴을 형성한다는 것, 즉 삼차원 모형의 심리적 목록과 시각적 인상으로부터 파생된 형태 정보 사이의 복잡한 쌍을 주기적으로 수반하는 것(Marr, 1982: 313 이하)과 거리가 있다.[6] 더욱이 Marr의 이론에서 사물을 인식하는 것은 단지 그러한 복잡한 짝 맞추기의 결과이다. 물론 단어나 개념과 어떤 삼차원 모형 사이를 연결하는 능력은 인식을 하는 데 충분하지 않다. 그 모형을 시지각의 결과와 맞추는 능력이 또한 필요하다. 물론 삼차원 모형은 복잡하고 풍부한 정보를 담고 있는 그림들일 수 있다. 그러나 이들은 그들만의 적용을 위한, 삼차원 모형과 주어진 장면을 맞출 수 있게 하는 ***절차***를 포함하지 않는다.[7] 만약 지시의 차원에서 단어의 "의미를 안다는 것"만이 수반된다면, 삼차원 모형과 연결하라는 명령은 적용하기에 충분하지 않다. 결국 사물의 인식에서 시각적 자극을 신경적으로 처리하여 뇌로 전달하는 것이 중심적인 역할을 한다는 것과 사물에 대한 인식은 지시 능력에 있어서 결정적이라는 것에도 불구하고 지시 능력은 일반적으로 말해서 지각하고 행동하는 다양한 능력을 폭넓게 수반한다. 이는 Jackendoff 스스로 지적한 바와 같다(예를 들어, 1992: 56). 따라서 시각적 인식에만 관련된 정보로 어휘 의미의 지시적 측면을 ***규정하려는*** 것은 확실히 부적절하다.[8]

셋째로, Jackendoff의 주장은 어휘 ***의미***에 대한 이론이다. 반면 나는 어휘 ***능력***에 대한 설명을 제시한다. 이는 순전히 명목상의 차이처럼 보일 수 있다. 또는 기껏해야 동일하게 적합한 관점들의 차이처럼 보일 수 있다. 단어의 의미에 대한 지식이 아닌 어휘 의미 능력은 결국 무엇인가?

6) 대상 인식의 다른 경로에 대한 신경심리적 설명으로 Shallice(1988: 195-198)를 보라.
7) Jackendoff는 삼차원 모형이 "대상의 분해, 대상이 구성된 주위의 공간적 축의 기하학적인 체계, 그리고 부분 사이의 관계"를 부호화하기 때문에 "머릿속에 있는 상(像)"보다 훨씬 더 중요하다고 제대로 강조한다(1990: 33).
8) 이 논의는 6장에서 다시 할 것이다.

현재의 입장에서 보면 능력에 관한 이론은 단지 의미에 관한 이론을 가장한 것일 뿐이다.

나는 "단어의 의미를 아는 것"이라는 *말*을 '단어를 사용할 수 있는 것'과 동의어라고 생각하는 데 전혀 거리낌이 없다. 이러한 의미에서 의미 능력은 사실 의미에 관한 지식이다. 그러나 이는 어떤 종류의 실체로서의 의미에 관한 지식은 아니다. 나의 설명에서 의미는 어디에서도 찾을 수 없다. 추론 능력은 어휘망(아마도 우리가 보았듯이 개념망의 명령에 단어의 형태 및 음성적 형식의 입력–출력 기능을 더한 것)의 명령어(command)이다. 지시 능력은 언어와 지각의 상호작용을 수반하는 모든 능력의 한 집합이다. 따라서 '고양이'라는 단어를 사용하는 능력('고양이'에 관한 능력)은 사실상 그것을 아는 것들과 어떻게 하는지 아는 것들의 총합으로서의 결과이다. 그러나 이는 어떤 실체에 대한 지식, '고양이'의 의미로 축소될 수는 없다.

이는 단순히 의미를 "실체화하는" 문제는 아니다. 거기에는 물론 '의미'라고 하는 특별하고 개별적인 실체의 영역인 한 사람의 존재론에 포함하고 싶지 않은, 많은 훌륭한 이유가 있다. 그러나 이는 차치하고 Jackendoff와 내가 공유하는 직관을 놓고서도 단어의 개별적인 의미가 (일종의 확고함과 함께) 어떻게 선택되는지 보기는 쉽지 않다. 추론 능력을 살펴보자. ('투명한[pellucid]'이나 '아르마딜로[armadillo]'와 같은) 어떤 단어에서 추론 능력은 그 단어를 다른 단어와 연결하는 능력이다. 여기에는 질문에 답하고 정의를 내리고 합리적인 정의로부터 단어를 검색하고 그 단어와 관련된 추론을 하는 등의 능력이 포함된다. 각각의 이러한 수행은 한 화자의 추론 능력에 의해 운영되는 방대한 망의 어느 정도 다른 영역을 수반할 수 있다. 앞 장에서 설명했듯이 전체론에 대응하여 분자론을 택하는 것이 어떤 단어와 관련된 모든 수행이 어휘망에서 동일하게 제한된 영역에서 동일한 정도의 정보를 요구한다는 뜻은 아니다. 그렇다면 한 화자에게 있어 '아르마딜로'의 추론적 의미로 확인되는 것은 ***무엇인가***? 추론을 수행하는 데 필요한 모든 정보의 총합인가? 새로운 수행에는 추론적 정보가 그렇게 많이 포함되지 않아도 될 것이다. 만약 우리가 *X*라는 사람의 개인적인 언어에서 '아르마딜로'의 의미가 되는 합리적인 후보를 발견했다 하더라도 나는 우리가 어떻게 그렇게 할 수 있을지 모르겠다. 그러한 확인을 통해 무엇을 얻을 수 있단 말인가? 반면, 무엇을 잃게 될지는 쉽게 알 수 있다. Wittgenstein이 오래 전에 말했듯이 우리는 각 단어의 실제 사용에 참여할 자유를 잃고 밝혀진 것이 없는 획일성(uniformities)을 찾기 시작할 것이다.

한 종류의 이의 제기

이상에서 제시한 능력에 대한 설명과 관련하여 두 가지 이의를 제기할 수 있다. 내가 지금까지 논의한 바와 같이 언어의 이해와 사용에 대한 현상은 진실하고, 그러한 현상은 사실상 우리가 소유하고 있는 특정한 능력에 바탕을 두고 있으며, 누군가는 이 모든 것을 아우르는 이론을 갖고 싶어 한다는 것은 인정할 수 있다. 그러나 이러한 이론은, 어떤 것이든 ***심리학적인*** 이론이 되겠지만, ***순수*** 의미론의 문제와 ***관계없는*** 것이 될 수 있다. 이런 종류의 이의를 제기하는 데에는 주제 및 의미론의 문제들을 규정하는, 부분적으로 다른 방식에 대응하는 최소한 세 가지의 다른 관점이 있다.

첫째, 의미론은 *공공* 언어에 관여한다고 말할 수 있다. 예를 들어 순수 의미론은 영어의 의미에 관한 이론이다. 영어에 대한 설명이나 화자 개인이 처리하는 언어에 관한 것이 아니다. 능력에 관한 이론은 범위가 아무리 일반적이라고 해도 절대 의미론의 주제에 도달하지 못하고 접근하지도 못한다. 이는 공공 언어의 특성이 개인의 능력을 구성하는 내용에서 도출될 수 없기 때문이다. 또한 만약 가능한 방법이 있어 모든 개인이 가진 능력의 내용 요소들을 합한다고 해도 그것으로부터 공공 언어의 특성을 도출할 수 없기 때문이다.[9)]

둘째, 의미 가치는 규범(norms)이기 때문에 인식 능력(일괄하여 '능력'이라고 칭함.)에 근거한 의미적 수행에 대한 기술적 이론이 의미론에 적합하지 않다고 주장할 수 있다. 의미론과 관련하여 능력에 대한 기술적 이론을 세우려는 시도는 의미론의 무화(無化, naturalization)에 이를 수 있으며 이는 단지 자연주의적 오류(naturalistic fallacy)의 한 버전이 될 뿐이다.[10)]

셋째, (예를 들어, 명명식[baptism])과 같은 절차에 의해) 일단 의미 가치가 고정되면 *현실*은 그것들을 수용한다고 생각할 수 있다. 예를 들어, 어떤 동물들을 '사자'라고 부르기로 일단 정하면 '사자'는 객관적인 사실의 문제로서 그 동물들과 동일한 성격을 가진, 오직 그 대상만을 가리킨다. 우리가 '사자'라는 말을 사용하는 것, 우리가 사자를 인식하는 과정, 우리가 사자라고 믿는 것, 이 모두는 '사자'를 지시하는 것과 관계가 없다. 우리의 사용은 확립된 지시와 일치할 수도 있고 아닐 수도 있다. 우

9) 이러한 이의 제기는 심리적으로 Frege를 따른다. 오늘날에는 Michael Dummett의 관점을 나타낸다.

10) 외적 측면에도 불구하고, 이러한 이의 제기는 후기 Wittgenstein의 의미와 올바름의 기준(criteria of correctness) 사이의 연결에 대한 주장으로 되돌려질 수 있다.

리는 사자에 대한 인식을 잘할 수도 있고 못할 수도 있다(사자에 대한 인식은 우리보다 동물학자들이 더 낫다.). 그러나 의미론은 이러한 것과 아무 상관이 없다. 왜냐하면 의미론은 의미 가치와 관련되어 있고 이들은 사용이나 인식 과정, 확신에 의해 결정되는 것이 아니기 때문이다.[11]

세 가지 관점은, 특히 (a)와 (b)는, 의미적으로 중추적인 ***진리 조건***의 개념에 대하여 다음을 공유한다. 한 문장의 의미는 그것의 진리 조건과 동일하다. 그리고 문장 내 단어 표현의 의미는 그것이 속한 문장의 진리 조건에 공헌하는 것과 같다. 자연스럽게 이와 같은 주장의 도입은 전적으로 '진리'와 '진리 조건', '진리 조건 부여하기'가 어떻게 해석되느냐에 의존한다. 나는 위의 주장들 중 어느 것과도 논쟁하지 않을 해석이 있다. 그러나 이러한 구호들은 반드시 (i) 진리에 있어서 확실하게 실제적인 개념, 즉 (ii) Tarski의 의미론이나 그 계승자들에 의해 설명되는, Montague 스타일의 모형-이론적 의미론(예를 들어, Field, 1978; McGinn, 1982; Block, 1986을 보라.)과 연계되어야 한다. 이러한 것들의 조합은 능력에 관한 이론이 의미론과 무관한 것으로 만든다. "객관적인" 진리 조건은 언어의 사용과는 완전히 독립적인 현실 세계에 의해 결정되기 때문이다. 따라서 의미론은 말하자면 '사자는 황갈색이다'와 같은 진리 조건에 관한 것이다. 그리고 이러한 진리 조건들은 세계의 사실에 더하여 '사자'가 특정 동물들을 지시한다는 사실, '황갈색'이 특정 색깔을 지시한다는 사실에 의존한다. 지시의 이러한 관계들은 그것들 자체로 객관적이다(여기에서는 (a)나 (b)나 (c) 또는 이들의 어떤 조합이 거론된다.). 개인의 능력은 이 설명에 결코 들어가지 않는다.

---

11) 물론 사용은 명명식에서 처음 언급된 그 단어를 포함하지 않는다. 이 관점은 Putnam (1975c)와 지시에 관한 다른 현실주의적 이론에 의해 촉발되었다.

다른 종류의 이의 제기

이러한 모든 이의는 아무리 의미론(그리고 어쩌면 언어*심리학*에 대한 반대로서의 언어철학)과의 연관성을 부인해도, 의미 능력의 이론에 일정한 여지를 남긴다. 다른 이의들은 심지어 더욱 위협적이다. 그것들은 내가 제시했던 설명이 그것이 다루는 바로 그 현상을 설명하는 데조차 적합하지 않다는 것을 보여 주기 위한, (a)와 (b), (c)와 연결된 생각에 의존하기 때문이다. 다시 말해 이것은 능력에 관한 좋은 이론도 아니라는 것이다. 예를 들어, Colin McGinn은 언어적 의사소통을 설명하기 위해서는 지시에 대한 객관적인 개념이 필요하다고 주장했다. 왜냐하면 의사소통은 단순히 "화자의 마음속에 있는 자기중심적인 내용"이 아니라 세계에 대한 정보를 전달하도록 의도되기 때문이다(1982: 226). 그러나 만일 의사소통이 세계에 관한 것이라면, "화자는 반드시 세계에 존재하는 것들과의 표상적 관계에 근거하여 기호를 활용해야 한다." 단어와 세계 사이의 이러한 관계는 반드시 "자기중심적이지 않아야 한다(1982: 236)." 즉 이들은 객관적인 것으로 생각되어야 한다. 결과적으로, 단어와 세계 사이의 "지시 관계"가 (나의 설명에서처럼) 본질적으로 개인적인 능력에 바탕을 둔 지시 수행의 문제라는 것을 수용하는 어떤 이론도 의사소통을 설명하는 데 실패할 수밖에 없다.

또한 많은 사람들이 일반적인 언어 사용은 지시의 객관적인 개념을 가정하지 않고는 설명할 수 없다고 주장해 왔다. 예를 들어, 자연 종 단어의 사용은 개개의 화자들이 그러한 지시가 능력과는 별개이며 능력으로 축소될 수 없다고 생각한다는 것을 전제한다. 이는 우선 일선에 의하면 더 능력 있는 화자들을 ***존중하는*** 화자들의 경향에 의해 나타난다. 따라서 만약 Archimedes가 '금(gold, 또는 차라리 '크뤼소스')'이라고 부르고 싶었던 것들의 일부가 ***실제로는*** 금이 아니었다는 것을 지적하는 것이 가능했다면 그는 "아, 그러나 그것은 금에 대한 ***당신의*** 개념을 따른 것이 아니다. 그러나 ***나의*** 기준에 따르면 그것들은 사실 금이다!"라고 답하지 않았을 것이다. 대신 그는 금이라는 물질에 대한 뛰어난 지식에 근거한 과학적인 논증에 설복하여 수정하기를 수용했을 것이다(Putnam, 1975c: 237-238). 이는 자연 종, 자연 물질과 관련된 단어들이 그 지시가 결국 주어진 시간에, 주어진 화자에게 (혹은 심지어 언어공동체 전체에게) 가능한 어떤 기준에 의해서가 아니라 오히려 명명하고자 한 종(species)이나 물질의 성질에 의해서 결정된다는 전제 하에 사용된다는 것을 보여 준다. Putnam의 발상에 영향을 받아 Frank Keil은 어린이들이 자연 종 단어의 적용과 그 의미의 규정에 있어서 이른바 "어린 시절부터[12] 우리에게는 특징적인 성질을 넘어서는 자연적 편향이 있다는 것"을 보여 주는 일련의 실험을 수행하였다. 우리는 "의미의 본질에 해당하는 더 깊은 인과 관계가 있다."라고 믿곤 한다. 따라서 우리가 (자연 종 단어를 포함해서) 단어의 적용에 있어서 특징적인 성질에 의존한다고 해도, "우리는 보통 대응하는 개념이 확인되는 그 최종 기준인 특질들은 고려하지 않는다(Keil, 1986: 138)."[13] 인공물의 이름과 반대로 자연 종 단어의 의미에서

12) 즉 2학년쯤부터. 더욱 지속적으로는 4학년 이후부터.

13) Keil(1986: 137)은 자연 종 단어의 사용에 대한 그의 설명을 명시적으로 Kripke와 Putnam의 설명과 연결한다. 그러나 그는 Kripke의 이름의 사용에 대한 인과적 역사의 개념(현재의 사용을 과거의 사용과 최초 명명식과 연결하는 "인과 고리[causal chain]")과 자신의 자연 종 단어에 적용된 대상의 인과적 역사의 개념(Keil, 1986: 137, 138)을 혼란스럽게 합친다. 사실 그는 Kripke의 개념을 사용하지 않는다. 그가 말하고자 하는 것은 자연 종 단어의 적용이 그 단어의 유래와 후보가 되는 지시물의 발전에 대한 우리의 믿음에 강하게 영향을 받는다는 것이다. 따라서 만약 우리가 어떤 동물이 스컹크 부모에게서 태어났고 스컹크의 "내부 구조"를 가지고 있다면

정말 중요한 것은 해당하는 대상과 현상에 대한 "설명적인 인과 관계"라는 가정이 내재되어 있다. 특징적인 성질이 내적 구조나 인과 관계적 역사에 맞지 않는다고 밝혀질 때마다 그 특질을 넘어설 준비가 되어 있다는 데에서 이러한 가정은 사용에 영향을 끼친다. 만약 어떤 동물이 너구리처럼 보이고 너구리 같은 냄새가 나고 너구리처럼 행동하지만 스컹크의 생리 기능과 유전적 역사를 가지고 있다면 그것은 너구리가 아니라 스컹크이다. 그리고 만약 우리가 지금까지 그 동물을 '너구리'라고 불러왔다면 우리는 우리의 방식을 수정하고 그것을 '스컹크(아마도 '매우 특이한 스컹크')'라고 부를 준비가 될 것이다.

이러한 이의 제기들을 다루는 데 있어 나의 전략은 다음과 같다. 나는 그것들이 보이는 것처럼 그렇게 문제적이지 않다는 것을 보이면서 두 번째 이의를 먼저 다룰 것이다. 그리고 나는 내 설명의 부적절함에 대한 혐의를 지고 의미론을 올바르게 할 것이다. 나는 그 설명의 강점의 많은 부분이 전부는 아니더라도 의미적 표준의 특정 개념에서 파생된다는 것을 보여 주려고 한다. 표준과 그것이 어떻게 만들어져야 하는지는 다음 장에서 다룰 것이다. 부적절함의 혐의에 대하여 남아 있는 강점과 관련하여 나의 요지는 능력에 대한 이론을 배제하기 위하여 의미론의 이론이 규정될 정도면 의미론은 사용하기에 부적절해진다는 것, 즉 의미론이 언어 사용에 대한 논리적인 설명을 위한 근거를 제공하지 못한다는 것이다. (따라서 나는 말하자면 혐의를 파기할 것이다.) 마지막으로 나는 형식 의미론의 적절한 위치와 진리 조건의 개념을 논의할 것이다.

나는 종종 객관적 지시에 대하여 논할 것이다. 이에 따라 먼저 지

그것이 아무리 너구리처럼 생기고 너구리처럼 행동해도 우리는 그것을 너구리로 분류하지 않을 것이다(그리고 '너구리'라고 부르지 않을 것이다.).

시가 객관적이라는 원칙으로 내가 의미하는 것을 설명하려고 한다. 나는 이 말로 단어의 지시가 화자 개인의 의식적 ***지식***[14]과 독립적이라는 것에 따른 관점을 제안하려는 것이 아니다. 이러한 관점은 내가 제시하는 설명과 일치할 수 있다. 사실 나는 화자가 대체로 가장 일반적인 단어를 사용하는 데에도 적용하는 이 메커니즘을 인식하지 못한다는 것과 그러한 메커니즘이 어떻게든 설명된다고 해도 그것이 화자의 단어 사용과 연관되어 있다고 인식되지 않는다는 것을 강조했다(3장, 122-124쪽). 더욱이 만약 개인적 지식에 대한 반대와 "실제" 지시에 의해 의미된 것이 단순히 개개의 화자가 단어의 ***사회적으로 표준적인*** 지시를 모르는 것이라면(예를 들어, '고양이'가 '판다'를 지시한다고 믿거나 덜 비정상적으로는 단어의 사회적 정의를 무시한다면), 나는 명백히 그러한 교리와는 논쟁하지 않는다. 다음 장에서 나는 적절한 현상을 다시 설명할 것을 제안한다. 그리고 또한 나는 지시가 화자의 ***구별 능력***과 별개라고 하는 더 강한 관점(Burge, 1993: 325)을 제안하려는 것도 아니다. 이러한 관점 역시 규범적으로 해석할 수 있다. 즉 개인의 능력과 사회적 표준 사이의 가능한 괴리를 지적함으로써 설명할 수 있다. 오히려 나는 '지시는 객관적이라는 원칙'에 의해 단어는 어떤 지식이나 능력과 별개로 지시를 갖고 있다는 견해가 ***그 언어공동체*** 전체에 또는 그 내부에서 유용하다는 것을 이해할 것이다. 따라서 원칙에 대한 나의 패러다임은 Putnam(1975)의 관점이 될 것이다. 그에 따르면 쌍둥이 지구에서 '물'이라는 단어는 다음과 같은 사실에도 불구하고 H_2O가 아닌 XYZ를 가리킨다. 첫째, 1750년 이전에는 지구나 쌍둥이 지구의 어떤 화자도 두 물질 간의 차이를 식별할 수 없었다.

14) Putnam(1975c) 이후의 많은 철학자들, 예를 들어 Rey(1983: 253), Wettstein(1986), Burge(1993: 118)이 이를 주장해 왔다.

둘째, 어떤 화자는 (그 또는 그녀가 실수를 하지 않는 한) XYZ와 H_2O 모두를 가리키기 위해 '물'을 사용해 왔다. 셋째, 누구도 '물'의 부적절한 사용(즉 H_2O의 표본을 가리키는 사용)을 *정정하는* 위치에 있을 수 없었다. 따라서 지시의 객관성이라는 원칙에 따르면, 그렇게 부르는 어떤 최초의 의도적인 행위를 인정한다 하더라도, 한 단어의 지시는 궁극적으로 화자와 실제 세계 사이의 (종종 '인과 관계'라고 불리는) 특정한 사실 관계에 의해 결정된다.[15] 만약 (쌍둥이 지구 사고실험에서처럼) 그러한 관계가 주어진 언어공동체 안의 모든 화자에게 본질적으로 동일하다고 가정한다면, 모든 화자에게 사회적 지시와 개인적 지시는 일치한다. (명시적 또는 암시적) 지식, 구별 능력, 언어 행위(만약 이러한 것들이 환경과의 객관적인 관계를 포함하거나 어쨌든 그 관계에 의지하도록 규정되지 않는다면)는 실제로 중요하지 않다(다음 157-160쪽을 보라.).

의사소통

Frege 이후로 의사소통과 문화적 계승은 의미의 일관성을 요구한 것처럼 보였다. 만약 '고양이'가 당신과 나에게 동일한 것을 의미하지 않는다면 우리는 서로 같은 동물에 대하여 이야기할 수 없을 것이다. 그리고 우리는 영원히 모호한 말을 쓸지도 모른다. 이 익숙한 논쟁은 McGinn이 의

15) Putnam이 올바르게 지적하듯이(1975c: 237-238) 객관적 지시가 "인지적으로 접근하기 어렵다."라고 말하는 것은 옳지 않다. 쌍둥이 지구의 주민들은 만약 일정한 실험을 수행하도록 적절히 교육받았고 그러한 실험의 결과를 적절한 방식으로 이해하는 데 충분한 화학을 배웠다면 H_2O와 XYZ를 구별할 수 있었을 것이다. 객관적 지시가 인지적으로 포착될 수 없다는 것은 아니다. 오히려 중요한 점은 객관적 지시가 포착되는 것인가 아닌가 하는 것이다.

사소통을 위한 객관적 지시의 불가피성을 증명하기 위해 호소한 것은 아니다. 우리가 보았듯이 그의 견해는 오히려 의사소통은 ***현실 세계에 관한*** 것으로 이루어지기 때문에 우리에게 객관적 지시가 필요하다는 것이다. 이 점에 있어 그에게 동의하지 않기는 어렵다. 그러나 이것이 어떻게 의사소통이 이루어지기 위해 우리에게 지시 능력과 화자의 수행을 일정 정도 ***수렴하는 것***보다 ***객관적*** 지시가 필요하다는 것을 의미하는지 알아보는 것은 동일하게 어렵다.[16] 물론 성공적인 의사소통의 가능성은 다른 화자에 의해 사용된 '고양이'라는 단어가 내가 그 단어로 지시하는 것과 대체로 동일한 대상을 가리킬 것이라는 전제 하에 예측된다. 만약 우리가 단어의 사용에서 끊임없이 일치하지 않는다면 의사소통은 불가능할 것이다. 그러나 중요한 것은 객관적 지시가 아니라 적용의 수렴이다. 사실 객관적 지시는 의사소통의 관점에서 부적절하다. 쌍둥이 지구로 돌아가 보자. Putnam에 의하면 비록 쌍둥이 지구의 언어공동체 전체는 그 사실을 모르고 모든 화자들이 그 단어를 H_2O에 적용하려고 준비되어 있다고 하더라도 쌍둥이 지구인의 영어 단어 '물(water)'은 XYZ를 가리킨다. 이러한 상황에서 쌍둥이 지구인 화자들은 성공적으로, 합의에 의하여, 그리고 논리적으로 그들이 현실 세계라고 받아들인 것에 대하여 소통할 것이다. 아마도 여기에서 그들은 실수할지도 모른다. 그러나 그들의 실수는 그들의 의도에 영향을 주지 않을 것이다. 그들은 현실 세계와 현실의 물에 대하여 소통하려고 한다. 그들은 단지 "그들 마음의 유아론적인 내용"을 전달하려는 것이 아니다. 또한 그들이 서로를 완벽하게 잘 이해할 것

16) 의사소통을 위해 수렴이 정말 필요한지는 의심스럽다. Davidson(1986)은 반대의 주장을 한다. 많은 것이 '성공적인 의사소통'이 의미하는 것에 달려 있는 것 같다. 어떤 단어가 화자가 전하려고 하는 정보를 전달하는가에 관한 쟁점은 다음 장 212-216쪽을 보라.

이기 때문에 의사소통 행위의 성공을 폄하하지도 않을 것이다.

어떤 사람들은 현실 세계에서 XYZ는 H_2O가 아니기 때문에 그들은 전혀 ***현실 세계에 대하여*** 소통하는 것이 아닐 것이라고 말할 것이다. 그러나 이러한 의미에서 우리 중 누가 현실 세계에 대하여 말하고 있다고(즉 사물들이 어떤 상태에 있는지 정확하게 알고 그에 따라 언어를 사용하는 것) 확신한 적이 있는가? 게다가 그러한 확신이 ***지시에 관한 이론을 통해*** 가능할 수 있다면 그것은 정말 놀라운 일이다.[17] 명백히 우리는 세계에서 사물들이 어떤 상태에 있는지 정확하게 알았던 적이 없다. 그러나 만약 우리가 그것을 안다고 해도 이는 우리가 지시에 관한 올바른 이론을 정립하는 데 공헌하기 어려울 것이다. 아마도 '현실 세계에 대하여 이야기한다는 것'의 두 가지 의미는 여기에서 하나로 합쳐지는데 하나는 인식의 인과 관계적 특성과 그 체계와 관련이 있고 다른 하나는 우리의 이론의 절대적 정확성과 관련이 있다. 첫 번째 의미에서 우리 대부분은 대부분의 시간에 현실 세계에 대하여 이야기한다. 그리고 그리스 사람들 역시 1750년 이전의 쌍둥이 지구뿐만 아니라 고래와 (어쩌면) 금에 대한 그들의 그릇된 확신에도 불구하고 현실 세계에 대하여 이야기한다. 이러한 의미에서 '현실 세계에 대하여 이야기하는 것'은 '비현실적이거나 환각적인 세계에 대하여 이야기하는 것'과 대조된다. 다른 의미에서 그리스인들은 현실 세계에 대하여 이야기하지 않았다. 쌍둥이 지구인들도 마찬가지였다. 사실상 우리도 아마 마찬가지일 것이다. 이러한 의미에서 현실 세계에 대하여 이야기하는 것은 단순히 세계에 대하여 항상 옳은 것과 같다.

---

17) 비슷한 맥락에서 Richard Rorty(1979: 285)는 어떻게 우리가 "과학의 혁명적인 변화가 끝났다고," 즉 우리는 현실의 마지막 장면에 도달했다고 단언하게 되었는지 명백하지 않다고 지적했다. 어떤 경우에도 어떻게 그러한 신념이 지시에 대한 이론에 의해 제공될 수 있었는지 확실하지 않다.

나는 단지 쌍둥이 지구인들이 "서로를 매우 잘 이해할 것"이라고 말했다. 그러나 그들이 그러한가? 반면에 그들이 서로를 전혀 이해하지 않을 것이라는 것에는 이의를 제기할 수 있다. 한 명의 화자 Sam과 다른 화자 Dudley를 들 수 있다. Dudley는 XYZ 또는 H_2O를 가리키기 위해 '물'이라는 단어를 사용한다(왜냐하면 이것은 Sam이 물을 표현하는 방법이 아님에도 불구하고 이것이 '물'과 관련하여 그가 마음속에 가지고 있는 것이기 때문이다.). 반면 표준적인 쌍둥이 지구인 화자인 Dudley에 의해 사용되는 '물'이라는 단어는 Dudley 스스로가 물에 관해 마음속에 무엇을 가지고 있든지 또는 어떤 생각을 하든지 그리고 그가 객관적 언어 행위를 함에도 불구하고 오직 XYZ를 가리킨다. (왜냐하면 Dudley는 그 차이를 인식하지 못한 채로 '물'을 XYZ와 H_2O 모두에 적용할지도 모르기 때문이다. 그리고 이것은 1750년 이전에 생긴 일이다.) 그래서 Sam은 Dudley가 H_2O 또는 XYZ에 대하여 말하고 있다고 생각하여 사실상 Dudley를 오해한다. 그러나 이것은 특별한 종류에 대한 오해임을 주목하라. 이것은 아무리 언어학과 자연과학을 모두 배웠다 해도 언어공동체에 속한 어느 누구에 의해서도 밝혀질 수 없었다. Dudley는 스스로 그 자신을 달리 이해하지 않을 것이다. 혹은 그 자신을 달리 설명하지 못할 것이다. 그는 '물'이라는 단어를 지구인의 것이나 쌍둥이 지구인의 것에 적용할 준비가 되어 있다고 주장할지 모른다. Sam과 Dudley가 그들의 오해로 인해 누구의 진리치에 동의하지 말아야 할지에 대한 단일한 진술은 없다. (오해에 관한 일반적인 경우가 대개 그렇듯이 말이다.) 따라서 그러한 "오해"가, 만약 그것을 오해라고 부르기 원한다면, 어떻게 Sam과 Dudley 사이의 의사소통을 손상시키는지는 알기 어렵다.

McGinn을 포함한 일부 철학자들은 객관적 지시의 개념을 이해의 개념에 뭉뚱그려 넣으려고 했었다.

> 의미적 지식에 관한 [나의] 견해에 대하여 (ㄱ) 당신이 옳은 표상을 연상하기만 한다면 그리고 (ㄴ) 당신이 생각한 결과의 상태가 그 표현의 지시물에 인과 관계나 맥락에 맞게 적절히 관련되기만 한다면 당신은 표현을 이해한 것이다. 그래서 결국 지구와 쌍둥이 지구의 사람들은 '물'을 다르게 이해한다(1982: 238).[18]

이것은 혼란스럽다. 1750년 이전에는 지구나 쌍둥이 지구의 ***누구도*** '물'이라는 단어를 이해하지 않았다는 말인가? 그 당시에 가능했던 어떤 표상도 H_2O와 XYZ를 정확히 구별하지 않았기 때문에 두 행성의 화자들이 어떤 의미에서 그 단어로 ***올바른*** 표상을 연상했는지는 알기 어렵다. 반면 McGinn이 말한 것처럼 만약 올바른 표상을 갖는다는 것이 단지 물에 대한 보통의 일상적인 개념(액체이며 투명하고 100℃에서 끓는 것 등)을 갖는 것이라면 지구에 사는 $Oscar_1$과 쌍둥이 지구의 쌍둥이 $Oscar_2$는 모두 비록 다르기는 해도 '물'이라는 단어를 이해한 것이다. 그러나 그러한 "이해"는 $Oscar_1$과 $Oscar_2$ 모두에게 불명료하다는 것[19] 이외에 두 사람의 언어 행위와 일치하지 않았을 것이다. 왜냐하면 $Oscar_1$은 그 단어를 H_2O

---

18) 또한 Burge(1993: 319)를 보라. Davidson(1991: 196-197)에 따르면 외연적 요소는 한 사람의 생각의 내용과 그가 가지고 있다고 믿는 생각의 내용, "하나의 동일한 생각"을 결정한다. 따라서 지구인에게 '물'은 모든 심리적 맥락에서, 동일한 외연적 요소에 영향을 받는, 동일한 내용물과 연결되어 있다. "'물'은 지구와 쌍둥이 지구의 물질 모두를 가리킨다."는 믿음의 맥락에서도 '물'이라는 단어는 지구의 물질인 H_2O만을 지칭한다. 그러므로 그러한 믿음은 단순히 틀린 것이 아니라 언어의 성질과 배치되는 것이다. 1750년 이전에 지구와 쌍둥이 지구의 사람들은 모두 단순히 실수를 한 것이 아니라 비합리적이었다(바로 아래를 보라.).

19) 따라서 그들은 모두 '당신은 "물"에 대하여 어떻게 이해합니까?'라는 질문에 정확하게 답할 수 없었다.

뿐만 아니라 XYZ에도 적용할 준비가 되어 있었을 것이고 Oscar$_2$는 그 단어를 XYZ뿐만 아니라 H_2O에도 적용할 것이었기 때문이다. 이해의 개념에 근거한 이론은 언어의 사용을 거의 설명하지 못한다.[20]

얼마 전에 나는 수렴(convergence)의 개념을 사용했다. 그리고 나는 이를 이어서 다시 사용할 것이다. 그 개념은 서로 다른 화자들 사이에 사용되는 의미의 유사성에 대한 개념만큼이나 거의 대중적이지 않기 때문에 설명이 필요하다. 화자 두 명이 *w*라는 단어를 사용하는 데 많은 믿음을 공유하거나[21] *w*라는 단어와 관련한 지시 수행이 동일한 대상이나 현상을 선택할 때 그들은 대체로 *w*라는 주어진 단어의 사용에 ***수렴된다고*** 한다. 따라서 만약 고양이 한 마리가 지나가면 (몇몇 경우에는 그들이 동의하지 않을지도 모르지만) 그들은 둘 다 그것이 확실히 고양이라는 것에 동의할 것이다. ***추론적*** 수렴은 실제로 실현 가능한 개념이 아니라고 의심할 수 있다. 왜냐하면 그것은 말하자면 단순히 의미의 정체성에 대한 요구를 한 걸음 뒤로 밀면 되기 때문이다. 예를 들면 두 화자는 그들이 '포유류'를 동일한 방식으로 이해할 때에만 (여러 믿음 중에) 고양이가 포유류라는 믿음을 공유함으로써 '고양이'에 수렴한다고 할 수 있다. 명확한 답은 그들이 (추론적으로, 지시적으로, 또는 양쪽 모두에서) '포유류'에 수렴해야 한다는 것이다. 의미나 개념의 정체성이 아닌 수렴은 몇몇 사람들이 "동일한 내용에 대한 믿음과 선호"를 가지고 있다고 말하는 데 필요하다(Rey, 1983: 249). 예를 들어 그들이 각각의 개별 고양이에 관하여 합의하거나 고양이에 관한 각각의 모든 믿음을 공유하거나 그들의 추

20) 심리적 내용물(mental contents)의 외적 표현을 설명하기(그리고 방어하기) 위해 Récanati(1993: 214 이하)를 보라.

21) 나는 2장에서 화자 두 명이 모든 믿음을 공유할 필요 없이 몇몇 믿음을 공유할 수 있다고 주장했다.

론적이고 분석적인 능력 모두를 능가하는 신비로운 존재인 어떤 고양이를 소유할 필요가 없는 것이다.

두 화자가 동일한 단어에 대하여 지시적으로는 수렴하지만 추론적으로는 달라지면 어떻게 할까? 가령 그들이 고양이에 관하여 근본적으로 다른 믿음을 가지고 있는데 (그들 중 한 명은 고양이가 화성의 로봇이라고 생각한다.) 그러나 그들은 완전히 동일한 대상을 고양이라고 생각한다고 해 보자. 글쎄, 만약 그들이 추론적으로 ***정말로*** 서로 다르다면 그들은 고양이의 모양, 습관, 크기에 대한 믿음도 공유하지 않고 '고양이' 외에도 더 많은 것에서 서로 다를 가능성이 있으며 그들은 서로 의사소통하는 데 큰 문제가 있을 것이다. 이러한 일은 발생할 수 있으나 잦은 경우는 아니다.

존중(Deference)과 지시(Reference)

의미적 존중의 현상은 충분히 실제적이다. 예를 들어 우리는 모두 어떤 화자들은 이 단어나 저 단어 혹은 그 단어족(family of words)에 더 능력이 있다는 것을 인정할 준비가 되어 있다. 심지어 예를 들어 사전 편찬자 같은 어떤 화자들은 많은, 아마도 대부분의 단어에 대하여 더 능력이 있을 수 있다. 그러므로 우리는 우리의 지시적이고 추론적인 의미적 습관 모두에 대하여 수정을 받아들일 준비가 되어 있다. 이러한 현상은 자연 종 단어들을 포함하여 대부분의 단어와 관련이 있다. 이는 우리가 이러한 단어를 사용하는 것이 그 단어의 지시가 그들이 가리키는 종과 물질의 "깊은" 속성에 의해 규정된다는 믿음에 근거한다는 것을 보여 주는

가? 물론 그렇지 않다. 이는 단지 우리가 스스로를 Lewis Carroll의 Humpty Dumpty와 같은 의미적 독재자로 여기지 않는다는 것을 보여 준다. 이러한 현상은 결코 사소하지 않다. 이는 주의 깊은 논의를 요구할 것이다(5장 204-215쪽을 보라.). 그러나 이는 특별히 자연 종이나 자연 물질 단어들에 관계된 것은 아니다(우리는 '사자'의 경우에 '장단격'이나 '탈곡기'의 경우만큼 전문가의 권위를 존중하지는 않는다). 이는 단지 더 일반적이고 만연한 현상에 대한 의미적 표준의 한 부분일 뿐이다.

그러나 이러한 설명은 자연 종과 물질의 경우에 적절하지 않다고 주장될 수 있다. '금'이나 '크뤼소스'의 지시에 관한 Archimedes의 논의를 들어보자. Archimedes는 우리의 우수한 ***언어*** 능력을 따르지 않고 금이라는 물질에 대한 더 나은 지식을 따른다. 그는 우리가 '크뤼소스'의 사전적 의미를 그보다 더 잘 안다는 것을 인정하지 않는다. (사실 그는 어떤 의미에서 우리보다 더 잘 안다.) 오히려 그는 물질 그 자체에 대한 우리의 훌륭한 과학적 지식에 경의를 표한다. 이는 정말 중요한 것은 그 물질의 실제 구성이라는 것을 보여 준다. 우리처럼, Archimedes는 '크뤼소스'가 금의 표준적인 표본과 동일한 "깊은" 성질을 가진 어떤 것을 가리킨다고 믿는다. 그리고 그는 이 문제에 대해서 우리가 그보다 더 믿을 만하다는 것을 인정할 이유를 찾았다.

먼저 나는 이러한 설명이 의미적 지식과 과학적 지식의 대립을 전제한다는 점을 다시 지적한다. 나는 이것을 수용할 이유를 찾지 못하겠다(3장, 121-122쪽을 보라.). 사전적 지식과 실재 지식, 단어에 관한 지식과 사물에 대한 지식, 보편적인 어휘 능력과 특정 분야의 전문 지식을 명확하게 구분하는 것은 모두 불가능하고 쓸모없다. 우리의 어휘 의미 능력은, 추론 능력과 지시 능력 모두, 거의 항상 자연스럽게 더 백과사전적인 것으로 여겨지는 정보와 함께 자연스럽게 더 사전적인 범위에 있는 정보를 포함한다. 따라서 '금'과 같은 자연 종 단어의 경우에 우리의 지시 능력은 그 단어를 적용할지 결정하기 위한 분석 능력을 포함할지도 모른다. 지시 능력이 모양, 색깔 등과 같은 뚜렷한 지각적인 특성에 근거하여 육안으로 보이는 기준을 적용하는 능력에 한정되어야 할 필요는 없다. 우리의 지시 수행의 대부분이 거의 항상 이러한 기준에 의존한다는 점이 대부분의 경우 이것이 지시 능력을 위한 모든 것이라는 의미는 아니다. 우리가 '전문가'라고 부르는 사람들은 종종 특정한 영역에 연관된 단어의 적용에 매우 뛰어나다.[22] 그들을 단어가 아닌 실체에 대한 전문가라고 보는 것은 쓸데없다. 이는 금이 무엇인가와 '금'이라는 단어를 어떻게 적용할 것인가 사이에 지나친 대립을 야기할 수 있다. 그러나 명백히 만약 당신이 전자에 대하여 알고 있다면 당신은 후자 또한 안다. 그리고 반대의 경우도 마찬가지이다. 이는 우리가 원하는 대립이 아니다. 적절한 대조는 한 편으로는 좋든 나쁘든 지시 능력과 다른 한 편으로는 (여러 상황에서 여러 목적으로 쓰이는) 여러 종류의 능력들 사이에 있다.

(아마도 비전문가의 특징인) "자연적"이고 육안으로 볼 수 있는 기준에 근거한 분석 능력과 전문가들이 독점하는 복잡한 실험과 인공적인 도구 등의 사용을 수반하는 정교한 능력을 엄격하게 대비시키는 것 또한 잘못된 것이다. 의사와 그들의 특별한 "눈"을 생각해 보라. 환자를 진찰함으로써 특정한 질환을 진단하는 숙련된 의사의 능력은 반드시 도구나 시험을 필요로 하는 것은 아니다. 그러나 이는 많은 형식적이고 언어화된 지식이 포함된 길고 복잡한 훈련을 요구한다. 이와 유사하게 '도구'나 '경

22) 그들이 내가 3장에서 말한 동물학자처럼 탁상공론이나 하는 사람이 아니라면.

기', '지적이다' 또는 '게으르다'와 같은 단어와 수백 개의 다른 단어들을 적용하는 우리의 능력은 많은 형식적인 지식의 습득을 포함하는 긴 훈련에 바탕을 두고 있다. 그런데도 몇몇 사람들은 그러한 단어에 대한 우리의 능력을 '의자'나 '가위'와 관계된 우리의 능력과 대비시키려고 한다.[23)]

따라서 Georges Rey(1983: 249)에게는 ***실례지만*** 우리가 "무언가 한 종류의 식물이나 동물과 어쨌거나 정말 확실히 그 종류는 아닌 것의 모든 일반적인 지각적인 특질들을 공유한다."라고 느끼는 사실 자체에는 "개념의 인식론적이고 형이상학적인 역할"에 반대할 이유가 없다. "일반적인 지각적 특질들"은 자연히 보통 본질이나 본성이 아니라 전문가가 감지할 수 있는 덜 피상적이고 더 중요한 특질들과 대비된다. 아직까지 형이상학은 설명에 필요하지 않다. 다만 능력의 위계는 관련된다. 피상적인 지각적 특질이 아니라 일반적으로 공유하는 과학으로 식별할 수 있는 모든 특질과 본질이 대비되느냐 안 되느냐 하는 것은 완전히 다른 문제이다.[24)] 어떤 동물이 (적절한 DNA를 포함하여) 과학에 의해 고양이라고 식별되는 모든 특질을 가지고 있으나 그럼에도 고양이가 아닐 수 있을까? 여기에서 형이상학이 필요하게 된다.

유사하게 Keil(1986)의 실험은 4학년 이상의 어린이들이 식물의 군락과 동물의 무리에서 동식물의 종을 확인하는 데 계통과 생리학이 외형적 모습보다 더 우세하다는 것을 알고 있다는 것을 보여 준다. 자연 종 단어의

---

23) 나는 여기에 구분할 것이 없다고 말하는 것이 아니다. 나는 단순히 비전문가의 능력과 전문가의 능력 사이의 연속성을 강조하려는 것뿐이다. 어떤 단어에 대한 비전문가의 능력은 다른 단어에 대한 특정 전문가의 능력과 매우 닮았다.

24) Rey 자신은 이것이 그가 원하는 것의 반대라는 것을 잘 알고 있다(Rey, 1983: 255를 보라.).

적용은 그것이 어떻게 식별되든 평범한 자연에 대한 생각에 의해 좌우된다는 Putnam 학파의 믿음은 실험의 관찰 기록에 드러나지 않는다. 사실 실험자와 보통 사람은 모두 동식물의 유전적이고 해부생리학적인 특질들, 즉 과학적 이론(혹은 그들의 순수한 대상)에 대한 확인과 관계있는 것으로 꼽히는 특질들에 대하여 일관성 있게 말한다(Keil, 1986: 139, 141, 142). 이들은 표면적이고 외현적인 특질과 대조된다. 많은 사람들(성인)이 "어떤 내적 요인이 스컹크와 미국너구리를 구분할 수 있도록 하는지 모르겠지만 아무튼 그러한 요인은 있다고 주장할 수 있다."라고 고백한다는 사실(Keil, 1987: 189)은, 그들이 또한 "과학 공동체의 구성원은 (사람들 스스로 말하기를 내부 장기, DNA 등) 관련된 요소를 알 수도 있다."라고 주장하는 한, 그들이 Putnam식의 "본질주의자"[25]라는 결론으로 이어지지는 않는다(Keil, 1987: 187, 189).[26] 이 모든 것이 보여 주는 것은 우리 언어공동체의 구성원은 비교적 이른 시기부터 자연 종은 본질적으로 외형적 모습에 근거해서가 아니라 어떤 종류의 또는 다른 과학적 범주에 근거해서 식별된다는 것을 알고 있다는 것이다. 이번에도 형이상학은 설명에 포함되지 않는다. 성인의 자연 종 단어 사용은 다른 단어들이 그런 것처럼 독단적이라는 것 외에 전문가에게 가장 잘 알려진 특별한 범주에 의해 좌우된다는 것을 전제하는 것 같다. 이것은 의미적 규범성의 가정에 해당하며 자연 종에 관한 한 과학 전문가들에게 특별한 역할을 한다.

25) "이것은 그들의 직관을 몰고 가는 자연 종에 관한 순진한 이론에서 벗어난 것처럼 보이는 생물학적 본질에서의 믿음이다(Keil, 1987: 189)."

26) 또한 Malt(1990: 291, 311)를 보라. Malt의 실험에 의하면 사람들은 전문가의 의견이 인공물의 경우보다 자연물의 경우에 범주를 구별하는 데 훨씬 더 적절하다고 믿는다.

공공성(publicness)

우리는 의사소통이 수렴을 요구하지만 지시의 객관성은 전제하지 않는다는 것(사실 객관적 지시는 의사소통과 관계없다)을 보았다. 그리고 우리는 또한 존중이 자연 종과 자연 물질 단어의 경우 그러한 단어의 사용이 본질주의적 가정에 근거한다는 것을 가리키지는 않는다는 것을 보았다. 외부적인 기준의 불충분함이 개념은 형이상학적 정체성을 갖는다거나(Rey) 외부적인 기준이 "자연"과 대비된다는 것(Keil)을 의미하는 것은 아니다. 따라서 누구도 객관적인 지시와 (존중에서 나타나는) 그것에 대한 화자의 믿음을 도입하지 않고는 능력(과 그것에 근거한 사용)을 설명할 수 없다는 것을 나타내는 ***이러한*** 논쟁은 어쨌든 설득적이지 않다.

이제 우리는 의미론과 관련 없는 책임, 더 정확히 말하자면 그러한 책임이 무엇에 의해 뒷받침되는가 하는 몇 가지 논쟁을 고려해야 한다. 먼저 공공성이다. 의미론은 논의되듯이 개인의 능력이 아닌 공공 언어에 대한 설명을 목표로 한다(Dummett, 1986: 468-469; 1991: 87-88, 105-106). 누구도 만약 능력에 대한 다양한 내용과 함께 시작하지 않는다면 의미론의 순수한 주제에 도달하지 못할 것이다. 능력에 대한 연구가 의미론과 관계있을지도 모른다고 생각하는 것은 말하자면 게임 참가자의 게임에 대한 태도나 규칙이 어떠한가에 대한 그들의 내재화된 이해를 설명함으로써 체스 같은 특정 게임의 규칙을 설명할 수 있다고 믿는 것과 같다(Dummett, 1991: 87). 관점은 바뀌어야 한다. 개인적인 능력은 어떤 공적 존재인 언어에 대한 특정 화자의 이해력이라고 생각되어야 한다. 이러한 관점에서 능력에 대한 연구는 (순수 ***의미론***이 흥미로울 수 있는지는 의심스럽긴 하지만) 흥미로운 것으로 보일 수 있다.

공공성이란 무엇인가? 언어의 공공성에 대하여 생각할 때 가장 먼저 떠오르는 그림은 종이 위의 잉크 형상, 탄성체의 떨림 등과 같은 ***물리적 구현의 집합***이다. 이러한 물리적 구현은 탁자와 레몬이 접근하기 쉽다는 측면에서 보편적으로 접근하기 쉽다. 그리고 양성자나 염색체에 비해 더 접근하기 쉽다. 물리적 구현은 보통의 인지력을 가지고 있는 어떤 관찰자도 쉽게 접근할 수 있다는 면에서 ***공적***이다. 아마도 언어의 공공성은 철학적 탐구("언어 전환")의 대상인 사고를 언어가 대신한다는 측면에서 중요한 역할을 하였다. 물론 사람들은 사실 물리적 구현은 모두 서로 다르다는 것을 알고 있었다.[27] 그러나 종이 위에 잉크 형상들 사이에서 등치 관계를 정의하는 것은 (우리가 지금 아는 것처럼 실제로는 매우 어렵긴 하지만) 원칙적으로 가능해 보였다. 그래서 결국 언어적 표현으로 식별할 수 있는 그러한 모양의 등치류를 정의할 수 있었다. 따라서 '뉴욕은 프랑스에 있다'라는 문장은 내가 방금 기술한 문장의 등치류인 공공의 물리적 실체로 인식될 수 있다. 단어와 문장은 추상적인 것이다. 그러나 그 표현은 구체적이고 공적인 실체이다.[28]

그러나 비록 단어는 볼 수 있지만 그 ***의미***는 그렇지 않은 것 같다. 왜냐하면 물리적 존재와 언어의 요소로서 그것의 역할은 별개기 때문이다.[29] 공공성을 ***해석된*** 언어 때문이라고, 즉 언어적 표현과 그 의미 가치

---

27) "'개'라는 말(spoken word)은 단일 개체가 아니다... 이것은 한 부류의 혀, 목, 후두의 유사한 움직임이다... '개'라는 단어는 개가 보편적인 것처럼 보편적이다... 개와 '개'라는 단어 사이의 논리적 상태에는 차이가 없다. 각각은 일반적이며 구체적인 예로서만 존재한다(Russell, 1950: 24)."

28) 이는 논리 실증주의자들이 언어를 보는 방식이다(예를 들어 Carnap, 1942, 4-8을 보라.). 타입(type)으로서의 언어적 표현과 그것의 토큰(token) 사이에 대한 Pierce의 구분(1934-1948, 4: 537)은 명백한 전신이다.

29) 예를 들어 'belli'라는 형태는 라틴어에서는 전쟁을 의미하는 반면 이탈리아어에서는 잘 생겼다는 것을 의미한다.

의 관계 때문이라고 볼 수 있는가? 유심론적 경험주의는 그럴 수 없다고 했다. 20세기 철학적 의미론의 대부분은 그럴 수 있다는 것을 설명하려고 했다.

내가 아는 한 의미 가치와 의미는 부정적인 주장에서 표현된 두 가지 어느 쪽에서든 공적이라고 여겨졌다. 첫 번째 주장 A에 의하면 의미는 ***개인적인*** 것이 아니며 그럴 수도 없다. 의미는 모든 화자에게 같은 것이어야 한다. 이는 의사소통과 문화적 계승의 사실에서 증명된다. 만약 의미가 개인적인 것이라면 우리는 'Pythagoras의 정리'라고 말할 수 없다. '제곱의 합, 기타 등등'이라는 말은 화자에 따라 다른 의미를 가질 수 있기 때문에 '나의 정리', '그의 정리' 등으로 말해야 한다. 이러한 주장과 이를 지지하는 논의는 Frege에 의한 것이다.[30] 이 주장은 직접적으로 의미의 공공성에 대하여 언급하지 않고 ***획일성***에 대하여만 언급한다는 것에 주목하라. 그러나 Frege는 직관적인 Platon 철학주의자였다. 그리고 그는 더 나아가 공공성의 형성을 추론하였다. 그가 본 것처럼 의미의 획일성을 설명할 유일하게 그럴듯한 방법은 그것을 Platon 철학에서의 존재, 모든 마음에 동일하게 접근할 수 있는 제3영역[31]의 거주자로 보는 것이다.[32] 그것은 물론 탁자와 레몬처럼 지각을 통해서가 아니라 어떤 "유사한" 방식을 통해서 접근할 수 있다. 의사소통은 사실이므로 Frege는 우리가 인정해야 하는 의미의 획일성과 안정성을 설명할 어떤 다른 방법도

30) Frege(1980b, 특히 57-60), Frege(1964: 17), Frege가 Husserl에게 1906(Frege, 1976: 101-102), Frege가 Jourdain에게, 날짜가 없는(Frege, 1976: 128), Frege (1956: 301).

31) 역자 주: 외부 세계 및 내부 의식과 구분되는 추상적인 사물을 위한 세계를 가리키기 위한 Frege의 용어이다.

32) Frege(1964: 15-16), Frege가 Husserl에게 1906(Frege, 1976: 102), Frege (1956: 301-302).

발견하지 않았다.

다른 주장 B에 따르면 의미는 개별 화자가 ***결정할*** 수 있는 어떤 것이 아니다. 의미는 개별 화자에 의해 고안되거나 수정되는 것이 아니라는 면에서 사적인 것이 아니다. 이러한 면에서 의미는 공적이다. Frege에 있어 의미는 탁자와 레몬이 공적이라는 측면에서 공적이다. 의미는 다른 세계의 탁자와 레몬이다. B를 주장한 Wittgenstein에게 있어 의미는 교통 법규나 납세 신고 용지에 기재하는 방식이 그러한 것처럼 공적이다.

왜 우리는 Lewis Carroll의 Humpty Dumpty와 달리 개인 화자가 그들이 사용하는 의미의 “주인”이 아니라는 것을 받아들여야 하는가? Wittgenstein의 답은 사적 언어 논증(private language argument)이다. 단순히 말해 사적 의미는 없다. 의미 가치를 사적으로 부여하는 것은 아무런 의미 가치를 부여하지 않는 것이다.

주장 A와 B는 서로 ***독립적***이다. 어떤 것도 다른 것을 함의하지 않는다. 그것들은 의미의 공공성을 (부정적으로) 보는 두 개의 다른 방식이다. 주장 B는 주장 A를 함의하지 않는다. 의미는 각각의 화자가 자신의 임의대로 고안한 것이어서가 아니라 다른 이유로 화자들 사이에 동일하지는 않지만 개인적일 수 있다. 예를 들어 경험주의자의 틀에서 의미는 화자 개인의 경험적 역사가 모두 서로 다르기 때문에 다를 수 있다.

한편 주장 A는 주장 B를 함의하지 않는다. 각각의 화자가 자신만의 말을 구성한다는 사실에도 불구하고 의미가 화자들 사이에서 동일하다는 것은 받아들이기 어렵긴 하지만 상상할 수 있다. 예정 조화나 순전한 우연에 의해 화자는 항상 동일한 의미를 만들어 내는 데 성공한다. 어떤 외재주의자들은 그들이 모든 화자가 본질적으로 동일한 지각적 양상을 가지고 하나의 세계와 상호작용하기 때문에 본질적으로 동일한 개념을 형성한다고 상상할 때 그러한 관점에 가까워진다.[33] 외재주의적 관점에서 개념은 화자에 의해 만들어지는 것이 아니라 어쨌든 자연에 의해 유도되지만 이것이 의미의 획일성이라는 놀라운 관점과 같은 것은 아니다.

이상에서 언급했듯이 Frege의 주장은 사실 의미가 공적이라고 말하지 않는다. 이는 Platon 철학의 제3영역에 더하여 공공성 주장으로 바뀐다. 여기에서 의미는 균일하고 사적일 수 있다.[34] Wittgenstein에서 실체는 서로 다르다. 여기에서 언어의 공공성은 의미가 통제되는 과정에 있어서 (표준 해석에 의해) 공동체주의 사회의 특질을 따른다. 단어의 의미는 각각의 화자가 직접적 또는 간접적으로 (언어공동체의 일원인) 몇몇 사람들

---

33) 이것은 Bilgrami의 견해일 수 있다. "무엇이 믿음과 의미의 이러한 공공성을 가능하게 하는가? ... 이 의문에 대한 유일한 해답은 외재주의에 있다. 이는 단지 행위자의 의미와 믿음이 일반적으로 행위자에게 외재한 세계에 의해 구성되기 때문이다. 그리고 행위자의 그러한 의미와 믿음은 그 세계에 살고 있고 같은 환경에서 경험할 수 있는 다른 사람에게 유효하다(1992: 200)." "*우리가 경험하는* 공통의 외부 세계는 일반적으로 우리의 생각을 결정한다(1992: 201, 이탤릭체는 저자)." 이것이 외재주의자로서 Bilgrami의 관점에 권한을 부여하는지는 별개의 문제이다. 여기에서 나는 그가 스스로 주장한 외재주의를 당연하게 받아들인다.

34) 만약 의미가 단지 실제로 똑같은 것이라고 믿는다면 그는 (1)이 유용하고 그에 따라 후험(後驗)적으로 참이라고 간주해야 한다.

(1) 내가 Pythagoras의 정리에 대하여 생각할 때 나는 당신이 Pythagoras의 정리에 대하여 생각할 때 생각하는 것과 같은 것을 생각한다.

그러나 Frege에게(우리에게처럼) (1)은 선험적으로 참이다. 결과적으로 Frege의 관점에서 의미의 균일성은 단순히 사실이 될 수 없다. (이 반대는 Alberto Voltolini이 지적하였다.) 그러나 (1)의 선험적 진리는 의미의 공공성에 기대지 않고 확실한 표현의 일반적 원리에 기댄다. (1)의 Pythagoras의 정리에 대한 두 사건이 그것이 무엇이든 간에 동일한 의미 가치를 갖지 말아야 할 이유는 없다. 다시 말해 (1)을 말하는 것은 Pythagoras의 정리의 두 가지 구별되는 해석을 지칭하지 않거나 성공적으로 지칭하지 못하는 것이다. 이러한 결과는 (2)와 같은 문장을 말함으로써 나타난다.

(2) Dario가 '제곱의 합은...'이라고 하는 말에 포함된 의미는 Aldo가 '제곱의 합은...'이라고 하는 말에 포함된 의미와 같다. (1)과 달리 (2)는 모두 유용하고 후험적으로 참이다.

과 관계하며 "훈련" 활동에 참여하는 것을 통해 획득된다. 그리고 집합적으로 스스로 조절되는 양상에 따라 수행된다. 획득되는 것은 심리적 존재가 아니라 능력인데 이는 일정한 규칙에 따라 일정한 기호를 사용하는 능력이다.

Wittgenstein의 의미(sense)에서 언어의 공공성은 언어의 규범성에 기초를 둔다. 이는 공공성에 대한 주장을 뒷받침하고 그 내용을 제공하는 사적 언어 논증이 단어의 사용은 규범에 의해 좌우된다는 견해에 호소한다는 사실에서 알 수 있다. 사실 사적 언어 논증은 ***사적 관습에 반하는*** 일반적인 논증의 적용으로 볼 수 있다. 사적 관습은 내가 혼자 규정하는 원리의 문제로서 나만이 그것의 적절한 적용을 확인할 수 있는 것이다. 사적 관습은 관습을 정확하게 적용하는 것과 관습을 정확하게 적용했다고 ***믿는 것***을 구별할 여지가 없기 때문에 개념적으로 불가능하다. 따라서 정확한 적용이라는 개념은 공허한 것으로 드러난다. 그러므로 관습이 수립되었다는 말도 성립하지 않는다. 언어와 같은 특별한 경우에 사적 ***의미의*** 관습은 (말하자면 단어의) 정확한 사용과 부정확한 사용을 구별할 수 없기 때문에 불가능하다. 그러나 만약 정확한 사용과 부정확한 사용 사이의 구별이 가능하지 않다면 의미는 없고 의미의 제도도 없고 의미에 대한 어떤 책임도 있을 수 없다. 따라서 사적 언어 논증은 ***의미 가치가 사실상 표준적일*** 때에만 유효하다.[35] 왜냐하면 사적 관습과 달리 일반적인 논증은 언어의 경우에 적용되지 않을 것이기 때문이다. 사적 언어 논

35) 사실 그 논증은 더 복잡하다. 만약 스스로 조율되는 규범성 같은 것이 있다면 우리는 개인적인 관습을 생각할 수 있다. 그러나 그러한 관습은 없다. 따라서 스스로 조율되는 규범성이란 불가능하다. 스스로 조율되는 규범성은 언어가 규범적인 제도일 때에만 언어에 적용된다. 중요한 단계는 내가 (혼자) 좌우할 수 있는 것으로서 사적 언어에 대한 정의이다. 이는 언어가 (나에 의해) 좌우될 수 있다고 가정하는 것처럼 보인다.

증에서 단어의 사용은 존중되거나 위배될 수 있는 종류의 규범성으로 보인다. 그러므로 언어의 공공성에 대한 Wittgenstein의 견해는 규범성에 대한 가정에 의존한다. 만약 우리가 그 가정 또는 공공성이라는 생각 또는 어쨌든 공공성에 대한 Wittgenstein의 생각을 포기한다면 정당성을 잃는다.

따라서 만약 우리가 Frege의 Platon 철학을 무시한다면 우리에게는 의미의 규범성에 과도하게 의존하는 공공성의 개념이 남는다. 해석된 공적 언어는 크든 작든 개별 화자가 접근하도록 놓인 실체들의 집합이 아니다. 오히려 이것은 비록 다양한 정도로 지켜지겠지만 (소위) 주어진 언어의 모든 화자를 *묶는* 다양한 맥락에서의 소리와 기호의 사용에 대하여 상호 연관된 *규범들*의 집합이다. 의미론이 공적 언어에 대한 연구라고 말하는 것은 개인적인 사용에 앞서 생각되고 오히려 그 법칙은 적용에 선행하는 것으로 볼 수 있는 사용의 규범적인 차원을 고집하는 것이다. 이는 의미론자의 실험을 받아들이는 특별한 지역을 가리키는 것이 *아니다*. 먼저 공공성 개념의 많은 것이 의미의 규범성이 어떻게 생각되는가에 달려 있다는 것이 뒤따른다. 규범성의 다른 개념은 공공성의 다른 개념을 낳는다. 두 번째로 이 관점에서 사용의 규범적 차원에 대한 논의가 없다면, 예를 들어 만약 개인의 능력이 사회적 확인에 달려 있고 의미적 권위에 대하여 의식적으로 책임을 져야 한다는 사실을 고려하지 않는다면 능력에 관한 이론은 의미론의 문제와 관련이 없다고 판단할 수 있다. 앞으로 보겠지만 이는 나의 관점이 아니다.

'고양이'는 고양이를 가리킨다

우리가 보았듯이 많은 단어의 지시가 궁극적으로 화자의 믿음 그리고 능력과 구별하여 실제 사용과 독립되어 있다고 믿는 사람들(이들을 '객관주의자'라고 부르자)이 있다.[36] 비록 대부분의 화자들이 고양이의 생물학적 정체성에 대하여 혼란스럽고 그들이 애매한 경우에 고양이를 다루고 있는지 아닌지에 대하여 결정할 수 없지만 '고양이'라는 단어는 (오직 그리고 모든) 고양이를 가리킨다. 게다가 어떤 사람은 '고양이'라는 단어로 참죽나무를 가리키고 다른 사람은 고양이, 사자, 퓨마 등을 가리키고 또 다른 사람은 (앙고라 고양이나 얼룩 고양이가 아닌) 샴 고양이를 가리킨다고 해도 '고양이'라는 단어는 고양이를 가리킨다. 그리고 고양이에 대하여 잘 아는 사람들에 의해서 쓰일 때뿐만 아니라 사자와 퓨마를 '고양이'라고 부르는 사람이나 샴 고양이만을 '고양이'라고 부르는 사람에 의해서 쓰일 때조차도 '고양이'라는 단어는 항상 고양이를 가리킨다. 샴 고양이만을 '고양이'라고 부르는 사람이 '모든 고양이는 두 눈의 주위가 둥글게 검다'라고 단언한다면 우리는 그가 ***'고양이'에 대한 그의 의미에서*** 고양이에 대한 진짜 믿음이 아니라 고양이에 대한 잘못된 믿음을 가지고 있다고 말할 것이다(말해야 한다).

---

36) 객관주의자의 설명은 종종 자연 종과 자연 물질 단어에 한정된다(Devit & Sterelny, 1987: 75-76). 다른 것들은 (Putnam, 1975c의 최초의 제안에서처럼) 자연 종과 자연 물질 단어들을 더 멀리 확장시킨다(또한 Rey, 1983: 245 n. 18; Davidson, 1991: 196; Burge, 1993을 보라.). 사실은 객관주의를 적용하는 데 제한이 없다고 믿는 사람들조차 대부분 자연 종과 자연 물질 단어를 예로 인용한다(예로 Fodor, 1987를 보라.). '총각'과 같은 "단일 기준" 단어(one criterion words)는 제외될 수 있다(Putnam, 1975c: 244를 보라.). 객관주의자의 경우는 (적절한 이름과 색인을 제외하고) 자연 종 단어의 경우에 가장 효과적으로 나타나기 때문에 나는 나의 논의를 그것들에 한정할 것이다.

우리는 또한 철학자들이 단순히 (예를 들어 지각적 특질에 의존하는) 특정한 구별 능력의 결점을 지적하려 하거나 개인의 능력을 사회적이거나 집합적인 의미적 표준과 비교하려는 것이 아님을 알았다. 그러나 일부 철학자들은 가끔 논쟁을 하기도 한다.

> 우리는 모두 어떤 것이 한 종류의 식물과 동물에 대한 모든 일반적인 지각적 특징을 공유하지만 확실하게 그 종류가 되는 것에는 실패할 수 있다는 것을 잘 안다. 예를 들어 우리는 모두 조화, 밀랍 인형, 근사한 기계 장치를 가진 장난감에 대하여 논쟁해 보았다(Rey, 1983: 246).

> [사례] 토마토는... 사람들이 (인식론적으로) 토마토에 대하여 혼란스러워할 수 있음에도 불구하고 (형이상학적으로) 과일의 분명한 예(사전을 확인해 보라!)가 될 수 있다(Rey, 1983: 248).[37]

> 많은 용어의 의미는... 개인이 의미나 개념에 대하여 아는 것이 그것을 독자적으로 결정하는 데 충분하지 않음에도 불구하고 그것이다(Burge, 1993: 318).

그러나 이는 그들의 요점이 아니다. 만약 이것이 그들의 요점***이라면*** 우리는 단순히 의미의 규범성 문제로 다시 돌아가는 것처럼 보인다. 단어의 지시는 개인 화자가 어떤 방식으로든 결정할 수 있는 무언가가 아니다. 왜냐하면 이는 사회적으로 확립된 규범에 의존하기 때문이다. 자연종과 자연 물질 단어의 경우 이러한 규범은 일반적인 화자는 수행할 수

---

37) 여기에서 Rey는 개인의 능력과 공동체의 표준을 뚜렷하게 대조하고 있다. "형이상학"은 그것과 관계가 없다(사전은 형이상학에 관한 책이 아니다). 흥미롭게도 '토마토'는 Dowty (1980: 386-387)에 의해 사회적으로 정당화된, 모순된 표준들(생물학적 그리고 상업적)에 따라 사용된 단어의 예로서 거론된다.

없는 실험이나 다른 복잡한 식별 과정(이것들은 ***전문가들***의 특권이다)에 대한 이해를 포함하는 경향이 있다.

그러나 이것은 그렇지 않다. (전문가와 함께) 공동체가 지시를 결정하도록 하는 데 책임이 있는 객관주의자조차도 개인의 능력과 표준 사이의 경계를 정확히 대조하지 않는다. 때로는 "사회적 외재주의(Bilgrami, 1992)"라고 불리고 Burge의 영향력 있는 논문인 "개인주의와 정신(1979)"에 제시된 관점을 들어 보자. Burge는 개인의 언어 사용은 공동체가 수립한 표준에서 벗어난다는 진부한 주장은 하지 않는다. 사실 샴고양이만을 '고양이'라고 부르는 Sam이 고양이에 대한 비정상적인 개념을 가지고 있거나 Sam이 '고양이'라는 단어로 의미하는 것은 그가 의미해야 하는 것과 다른 어떤 것이라고 말하는 것은 옳지 않다. 이는 그의 관점에 따르면 개인 화자의 능력은 전문가의 의견에 근거하여 개인적으로 내재화한 것이기 때문이다. Sam은 고양이에 대한 잘못된 믿음을 가졌을지도 모른다. 그리고 '고양이'라는 단어와 관련하여 그의 행동은 특이할 수 있다. 그러나 고양이에 대한 그의 개념은 전문가의 개념이다. 따라서 그의 잘못된 믿음과 엉뚱한 행동에도 불구하고 그는 대부분의 전문적인 동물학자와 마찬가지로 '고양이'라는 단어로 그럭저럭 고양이를 가리킨다.[38)]

사회적 외재주의는 문제가 있다. 이는 의미론적 일탈에 관한 우리의 직관을 단호히 부정한다. 사회적 외재주의자에게 있어 '고양이'를 퓨마나 샴고양이만을 가리키기 위해 사용하는 것은 불가능하다. '고양이'라는 단어는 누가 사용하든지 고양이, 즉 오직 고양이만을 그리고 모든 고양이를 가리킨다. 누군가 '고양이는 맛이 시다'라고 말하는 것은 실수를 하는

38) 나는 Burge의 견해에 호의적으로 논의를 펴고 있지 않다. 이것들은 Bilgrami(1992: 35쪽 이하, 65쪽 이하)에서 비판적으로 검토되었다.

것이라고 보는 것은 당연히 적절하다. 그러나 그 사람의 실수는 ***고양이에 대한 것***이다. 그 사람의 말은 고양이에 대한 (비극적으로 잘못된) 믿음을 나타낸다. 개인 화자의 사용에 나타나는 단어의 지시는 그 사람의 의도와 상관없다. 동시에 그 의도는 가리키는 동작이나 흔히 지시적 의도를 나타내는 것으로 여겨지는 어떤 다른 패턴의 행동에서 나타난다. 우리가 사용을 식별하기 위해 관습적으로 의존하는 모든 익숙한 단서들은 중요하지 않다. 사용은 객관적인 의미 가치에 근거하여 설명되어야 한다. 나는 이러한 결과를 받아들이기가 쉽지 않다. 그러나 어쨌든 Burge(1979)의 견해는 지시에 대한 ***공동체주의적*** 설명을 도출했다. 단어의 지시는 공동체에 의해 그리고 공동체의 전문가들을 통해 (개인의 믿음과 의도, 행동은 무시하고 개인 능력의 실제 내용을 결정하는 데까지) 결정된다. 따라서 사회적 외재주의는 의미론의 문제와 관계없는 능력에 대한 이론을 세우지 않는다. 이는 결국 지시에서 중요한 것은 공동체주의적이거나 전문가적인 능력이기 때문이다.[39)]

대조적으로 다른 객관주의자들은 모두가 공유하는 기준도 궁극적으로는 지시를 결정하는 데 적절하지 않다고 믿는다. 우리가 보았듯이 Putnam이 쌍둥이 지구 사고실험에서 도출한 결론은 쌍둥이 지구인의 영어에서 '물'은 H_2O가 아닌 XYZ를 가리킨다는 것이다. 1750년 이전에도 즉 모든 쌍둥이 지구인 공동체가 그들의 모든 전문가를 동원하여도 두 액체 간의 차이를 말할 수 없었을 것이다(사실 그 당시 공동체의 표준은 지구의 물질에도 '물'을 적용하도록 ***강요했을*** 것이다.). 쌍둥이 지구인들의 단어 '물'에 대한 사용은 항상 XYZ였던 액체와의 객관적인 상호작용("인과 관계")

39) 나는 Burge(1979)의 견해를 참고하고 있다고 강조해야 한다. Burge(1993)에서 설명된 그림은 인과적 이론에 훨씬 더 가깝다.

에 바탕을 두고 있었기에 1750년 이전에도 '물'로 XYZ를 지칭하고 있었다. 이러한 객관적 상호작용은 표준적(공동체주의적, 의미적) 지시와 개인적 지시 모두에 정말 중요한 것이다.

이러한 형태의 (모든 형태의 인과적 외재주의[externalism]를 포함하는) 객관주의가 규범주의로 환원되지는 않는다. 규범은 그것이 무엇이든 간에 공동체로부터 유래하기 때문이다. 그러나 객관주의에서 공동체는 지시에 대하여 특별한 권위를 가지지 않는다. 공동체는 '물'의 지시에 대하여 집합적으로나 분배적으로 완전히 틀릴 수 있다.[40] 인과적 외재주의자는 개인의 능력과 의미 가치 사이의 차이를 사회적으로 확립된 규범만큼 *실제로* 보여 줄 수 없다. ***명명식(baptism,*** dubbing ceremony[41])에 특별한 역할을 부여하는 인과적 외재주의자의 견해는 사실상 최초의 명명식에 의해 규범이 마련되는 규범주의의 형태라는 것에 잠시 이의를 제기할 수 있다. 이의 제기는 다음과 같이 이루어질 것이다. 공동체가 어떤 나무들(그리고 *그* 나무들과 동일한 특질을 가진 다른 모든 나무들)을 '느릅나무'라고 불러야 한다고 규정하고 의미의 규범을 정한다. 그러면 어떤 것을 느릅나무라고 불러야 하는지는 개인이나 공동체주의적 기준이 아닌, 규범의 적용, 즉 문제의 대상이 전형적인 느릅나무와 동일한 특질

40) 물론 나는 (전문가 회원을 포함하는) 공동체 회원의 실제적인 언어 수행뿐만 아니라 공동체의 명확한 지식과 구별되는 능력이 결코 '물'의 XYZ와 H_2O에 대한 차별적 적용을 가리키지 않을 것이라는 것을 의미한다. 자연스럽게 만약 공동체주의적 능력이 "외부에 있다."면, 만약 우리가 물에 대한 공동체의 개념 자체가 XYZ와의 인과 관계에 근거한다고 말한다면, 그 공동체는 '물'이 XYZ를 지칭하고 H_2O를 지칭하지 않는다는 것을 "안다." 그러나 그렇다면 각각의 개인 화자도 그러하다. 심리적 내용물(mental contents)의 외적 표현은 쟁점을 평범하게 하는 경향이 있다.

41) 역자 주: 세례(baptism)나 기사 작위 수여식(dubbing ceremony)에서 의식을 통해 새로운 이름을 얻게 되므로 지시 대상에 이름을 부여하는 명명식을 'baptism'과 'dubbing ceremony'로 표현한다.

을 가지고 있는지에 달려 있다. 그러나 이는 그렇지 않다. 규범을 ***적용할 수 있으려면*** 그 규범을 강제하는 위치에 있는 누군가가 있어야 한다.[42)]그러나 공동체에 그 규범이 적용되는지를 말할 수 있는 사람이 없다고 가정할 수 있다. 이보다 더 안 좋은 것은 그 공동체에서 가장 유능한 사람들의 규범 적용이 틀릴 수 있다는 것이다. 그러나 그것이 무엇이든지 간에 공동체가 그 적용을 결정할 수 없는 규범은 공동체주의적 규범이 아니다.

어쨌든 명명식은 객관주의자 사이에서 더 이상 유행하지는 않고 당연히 그래야 한다. 단어의 지시는 단순한 명명 의식에 의존해서 만들어지는 것이 아니기 때문이다. 자연 종과 자연 물질 단어들을 예로 들어 보자. '금'이라는 단어를 처음으로 사용한 사람들이 구리를 보고 인과적으로 그들이 무엇을 하려고 하는지 완전하게 잘 아는 상태에서(그들은 사실 금을 'shnuff'라고 부른다.) 구리를 '금'이라고 명명하려고 한 것이 밝혀졌다고 가정해 보자. 여전히 '금'은 구리를 가리키지 않을 것이다.[43)] 그러나 일단 "다수의 기초(multiple grounding)"가 인정되면, 다시 말해 일단 단어가 여러 화자와 여러 상황 등을 수반하는 많은 연속적인 상황에서 어떤 종류의 대상과 인과적으로 연결됨으로써 그 지시체를 끌어낸다는 것이 인식되면 명명식은 더 이상 이름을 말함으로써 사람을 가리키고 이름으로 사람을 부르고(그리고 그러한 부름에 답하고) 이름을 앎으로써 사

---

42) 원칙적으로 적용할 수 있지만 이는 물론 실제로는 결코 적용되지 않는 규범의 경우와 구별되어야 한다. 그리고 인식론적 이성에 적용할 수 없는 규범에 더 가까운 경우와 구별되어야 하는데 여기에서는 아무도 지금까지 인식론적 이성을 적용하는 상황이 발생한다고 확신하지 않는다. (후자의 경우의 예는 다음과 같을 수 있다. 물은 H_2O라고 말해 왔던 한 공동체가 '물'은 유일하게 H_2O만을 가리킨다는 규범을 기꺼이 따른다. 그러나 그들은 화학에 대한 지식이 충분하지 않아 액체의 견본이 H_2O인지 측정할 방법은 없다.)

43) 단일한 명명식과 "다수의 기초(multiple grounding)(역자 주: 다수의 사람들에 의한 인과적 연결의 기초)"에 대한 요구에 근거한 (적합한 이름과 자연 종 단어에 관한) 인과 이론의 결점에 관하여 Devitt과 Sterelny(1987: 62-63, 71-72)를 보라.

람을 찾는 등의 지시 수행과 관련된 규범적인 의미를 부각하지 않는다. 두 가지 결론이 도출되는 것 같다. (1) 명명식(dubbing)의 규범적인 의미는 규범을 수립하기 위한 다른 수행으로 대체되지 않은 채 사라졌다. 의미적 규범을 세우는 부담은 다양한 지시의 수행으로 분산되었다. (2) 지시는 그러한 수행이 수렴될 때에만, 예를 들어 자연 종의 경우에 문제가 되는 지시 수행에 관련된 개체가 실제로 한 종류에 속할 때에만 실제로 그리고 충분하게 결정된다(Devitt & Sterelny, 1987: 72).

그러면 지시 능력의 개념과 관련하여 차이는 무엇인가? 개혁된 객관주의자(reformed objectivist)에게 있어서도 개인의 지시 수행은 지시의 결정을 위해 정말 중요한 것이 그 사례가 아닌가? 아니다. 차이는 이와 같은 것으로 보인다. 개혁 혹은 비개혁 객관주의자에게 있어 지시의 결정은 인식론적 요소에 의해 영향을 받지 않는다. 의식적 지식이나 구별 능력 모두 중요하지 않다. 반면 내가 제시하는 설명에서는 의미적 규범만이 개인의 지시 능력을 초월한다. 다시 말해 Sam은 '고양이'라는 단어로 샴고양이(오직 샴고양이)를 가리킨다. 그리고 우리가 ('고양이'는 샴고양이만을 가리키는 것이 아니므로) 그는 틀리다고 말할 수 있는 것의 유일한 의미는 그보다 더 능력이 있다고 보이는 사람들이 그 단어를 그런 식으로 사용하지 않는다는 것이다. 한편 객관주의자의 설명에서 '고양이'는 고양이의 외연을 나타낸다. 절대 샴고양이만을 가리키지 않는다. 이는 더 능력 있는 화자가 그렇게 말하기 때문이 아니라 대부분의 중요한 지시 수행이 (사실상) 고양이, 즉 공통의 특질을 공유하는 한 특정 종류의 동물과 관련되어 있기 때문이다. 이 공통의 특질은 대부분의 능력 있는 화자들이 올바르게 인식하건 말건 모든 경우에 '고양이'의 지시를 결정한다.

다시 한 번 쌍둥이 지구를 생각해 보면 그 차이는 쉽게 드러난다. 나의 관점에서 단순히 쌍둥이 지구인의 단어 '물'이 1750년 이전에도 H_2O를 지칭하지 않았다고 말할 수 있는 근거는 없다. 이는 당시에 자신의 의미적 권위와 지시 능력으로 두 액체를 구별했던 사람은 없었기 때문이다. 사실 체계적인 방법으로 두 액체를 구별***했었던*** 화자는 부당하고 이해할 수 없는 실수를 했던 것일지도 모른다. 인과적 객관주의자는 단일한 명명식에 의한 지시를 따르든(single grounder) 다수의 출발에 의한 지시를 따르든(multiple grounder) 쌍둥이 지구인에게 '물'은 1750년 이전에도 XYZ만을 가리켰다. 왜냐하면 지시 수행과 관련된 물질이 H_2O가 아닌 XYZ***였기*** 때문이다. 그러나 주목하자. 만약 다수의 기초(multiple grounding)에 대한 생각을 고수한다면 이 경우에 객관주의적 관점은 지속하기 어렵다. 한 무리의 쌍둥이 지구인이 1750년 이전에 지구를 방문했다고 가정해 보자. 그러면 우리가 한 단어의 습득과 관련된 지시 수행에 우위를 할당하지 않는다면 (쌍둥이 지구인의) XYZ나 H_2O를 가리키는 '물'이라는 단어 사용이 ***시작될*** 수 있다. 그러나 지시를 결정하는 개인적인 명명의 역할을 경시해 왔다는 동일한 주장이 습득(이는 결국 단순히 후기의 수행에 대비되는 초기의 지시 수행을 말한다.)의 중요한 역할과 대립할 수 없다는 것은 결코 이해되지 않는다.

개인적인 명명식과 다수의 기초(multiple grounding)에는 모두 문제가 있기 때문에 "'고양이'는 ***고양이들***을 가리킨다!"는 반사 신경은 최근에 의식적인 행위를 완전히 배제하고 '고양이'는 고양이를 가리킨다는 과학적 ***법칙***, 즉 대부분의 시간에 우리 대부분에게 고양이에 대한 관념을 야기하는 것은 고양이라는 사실에 근거한 법칙을 수립하려는 이론을 생성했다. 물론 고양이만이 고양이에 대한 관념에 책임이 있는 것은 아니다. 고양이의 야옹 소리, 가르랑거리는 소리 그리고 고양이의 그림도 고양이에 대한 관념을 야기한다. 게다가 예를 들어 만약 우리가 고양이(cat)를 모자(hat)로 착각한다면 고양이는 고양이에 대한 관념을 생성하는 데 실패할지도 모른다. 그러나 반대는 성립하지 않지만(이를 '비대칭적 의존[asymmetric dependence]'이라고 한다) 만약 고양이가 고양이에 대한 관념을 생성하지 않는다면 고양이의 그림은 고양이에 대한 관념을 생성하지 않을 것이다. 그리고 고양이를 모자로 착각한 것에 관해서 말하자면 그것은 전형적인 것이 아니다. 이는 매우 개략적인 형식이지만 Fodor(1987)의 이론이다(1990도 보라.).

Fodor의 이론에서 1750년 이전에 쌍둥이 지구인의 '물'은 액체 XYZ와 H_2O 모두를 가리킨다. 명백하게 만약 XYZ가 물에 대한 관념을 생성한다면 H_2O도 그렇다. 그리고 XYZ와 H_2O는 인지적으로 관련된 동일한 특성을 공유하기 때문에 반대의 경우도 마찬가지이다.[44] Fodor는 그의 비대칭적 의존 개념을 활용하여 이것이 성립하지 않는다는 것을 보여 주려고 한다. 그는 (쌍둥이 지구인에게) H_2O와 물에 대한 관념의 관계는 XYZ와 물에 대한 관념의 관계에 의존하지만 그 반대는 성립하지 않는다고 주장한다. 그 이유는 현지에서 온 "물"의 견본에 대한 의식적인 관계(intentional relations)가 쌍둥이 지구인의 사고실험에 대한 조건의 일부이기 때문이다. "[쌍둥이 지구인] 화자가 지역의 전형적인 견본으로서 동일한 (자연) 종의 모든 그리고 유일한 물질에 적용하기 위해 ['물']을 의미

44) Stalnaker는 만약 의도적 내용물이 정보-이론적 용어에서 생각된다면 H_2O에 의해 촉발된 물에 대한 관념과 XYZ에 의해 촉발된 물에 대한 관념 사이에는 어떤 차이가 있을 수 없다는 것을 보여 주었다. "O'Leary의 내면의 인지 상태가 그가 욕조에 들어간 것처럼 욕조 안에 물이 있다는 정보를 갖는다는 근거는 만약 욕조에 물이 없다면 그는 그가 가지고 있는 내면의 상태에 있지 않을 것이라는 것이다. 그러나 ... 만약 욕조에 ... 물, XYZ가 있다면 O'Leary는 정확하게 동일한 내면의 상태에 있을 것이다(1993: 306)."

했다는 것은... 이야기의 일부이다(Fodor, 1990: 114-115)." 그러므로 쌍둥이 지구인이 XYZ와 H_2O을 구별할 수 있는 가능한 단어 중에서 그들은 H_2O에 '물'을 적용하지 않을 것이다. 어쨌거나 그들은 여전히 XYZ에 '물'을 적용할 것이다. (왜냐하면 그들은 지역의 물질을 가리키기 위해 항상 '물'을 의미했고 ***의미하기*** 때문이다.) 그러니까 "인근 세계"가 있는데 그 세계는 쌍둥이 지구에 가깝고 거기에서 당신은 H_2O-'물'의 연결이 아닌 XYZ-'물' 연결을 얻는다. 그러나 XYZ-'물' 연결은 없고 H_2O-'물' 연결은 있는 인근 세계는 없다. Fodor의 정의에 따르면 쌍둥이 지구인의 '물'은 XYZ를 의미하지 H_2O를 의미하지 않는다.

그러나 무엇보다 Fodor의 취지와 같이 순전하게 인과 이론이 의식적 관계에 중요하지 않다는 것은 확실해 보인다. 지역의 견본을 지칭하려는 것은 화자와 그러한 견본 사이의 순수한 인과 관계가 아니다. 인과적 이론의 모든 요점은 "대하여성(aboutness)"이 반드시 "비의미적이고 비의도적인 용어로" 표현되어야 한다는 것이다(Fodor, 1987: 98). ***Putnam***은 화자와 견본 사이의 연결을 의도적인 용어로 규정하였다. Fodor는 연결에 대한 그의 이론을 의도적이고 따라서 순전하게 인과적이지는 않은 이론으로 전향하여 규정할 수밖에 없다.[45)]

그러나 두 번째로 만약 우리가 의도적 관계에 대한 Fodor의 주장을 인정한다고 해도(우리는 그러지 말아야 하지만) 그의 주장은 인정을 받지 못한다. 그의 요점은 H_2O가 물에 대한 관념을 일으키고 XYZ는 그러지 않는 (쌍둥이 지구에 가까운) 세계가 없다고 해도 그 반대가 되는 세계, 즉 XYZ는 물에 대한 관념을 야기하지만 H_2O는 그러지 않는, 소위 두 물

45) Putnam(1992: 221)은 그의 이론이 Fodor의 의미에서 인과적 이론이 아니라는 것을 분명히 하였다.

질이 구별되는 세계가 있다는 것이다. 그 세계에서 왜 XYZ는 쌍둥이 지구인에게 물에 대한 관념을 유도하는데 H_2O는 그러지 않는가? 왜냐하면 쌍둥이 지구인들은 이제 그들 지역의 물질이 XYZ라는 것, 그리고 추정컨대 이전에도 XYZ였던 것을 깨달았기 때문이다. 그리고 그들은 그 지역의 물질에 적용하기 위해 항상 그 단어를 ***의미했다.*** 1750년 이전에도 그들의 물에 대한 관념은 지역의 물질과의 의도적인 연결을 포함했다. 그러나 만약 이것을 진지하게, 즉 쌍둥이 지구인의 마음의 내용과 차이가 있다고 받아들이면 이는 사고실험의 조건을 위반하는 것처럼 보인다. 사고실험의 모든 요점이 쌍둥이 지구인의 XYZ에 대한 관계가 (지구인의 H_2O에 대한 관계처럼) 객관적이고 어떻든 간에 그것을 H_2O와의 관계로부터 구별할 심리적인 상관물이 없는 단순한 사실이기 때문이다. Putnam에 의하면 이러한 객관적인 차이는 화자의 마음속에 있는 ***어떤 것***도 그러한 지시의 차이에 부합하지 않음에도 불구하고 쌍둥이 지구인의 '물'이 영어의 '물'과 다른 지시물을 갖기 때문에 충분하다. XYZ와 H_2O의 차이를 통달한 쌍둥이 지구인들이 '물'이라는 단어를 XYZ에 쓰기로 결정한 이유는 그들이 모든 곳에 있는 XYZ에 관한 견본들을 조사하고 그것이 XYZ라는 것을 발견했기 때문이다. 그리고 그들이 조사를 위해 ***그*** 견본들을 선택한 이유는 그들의 마음속에 분석적인 기준이 있어서가 아니라 단순히 그 견본이 ***거기에 있었다는*** 사실 때문이다. 이는 최초의 연결을 만들기 위해 적용이 일어나는 위치가 거론되는 유일한 의미이다. 쌍둥이 지구인들은 적절한 견본은 ***거기에*** 있는 그것들이라는 것을 안다. 만약 쌍둥이 지구인 공동체 전체가 무의식적으로 지구로 옮겨졌다면 (그리고 반대의 경우도 발생했다면) 쌍둥이 지구인들은 H_2O의 견본을 조사했을 것이고 추정컨대 쌍둥이 지구인의 단어 '물'을 ***H_2O에*** 쓰기로 결정했을 것이다(지구인들은 ***그들의*** 단어(물)를 XYZ에 쓰기로 결정했을 것이다.). 이는 잘못된 것이지만 그들의 물에 대한 관념 중 어떤 것도 이러한 사태의 진전을 막지 못했을 것이다.

Fodor의 이론에서 '물'이 실제로 H_2O와 XYZ를 모두 가리킨다는 것은 그의 개념의 다소 숨겨진 특징을 드러내므로 중요하다. 많은 사람들이 지적한 것처럼 Fodor의 인과적 이론은 바로 ***원인***의 개념과 관련하여 어려움을 겪고 있다. "어떤 인과 관계가 유효한 것인지를 결정할 맥락에 대한 명세 없이, 사고 언어의 기호는 그 기호의 원인이 되는 것을 가리킨다고 말하는 것은 원인의 개념은 '맥락 구속적이고 이해관계 의존적'이기 때문에(Putnam, 1992: 47)[46] 아무것도 말하지 않는 것과 같다(Casalegno, 1997: 3장)." 이러한 비판에 나는 충분히 동의한다. Fodor가 '물(water)'의 토큰(또는 사고 언어에서의 기호 물(WATER)의 토큰)과 외부 세계 사이의 관계를 더 잘 표현한다면 그의 이론은 지시 능력의 이론에 더 가까워질 것이다. 이는 결국 그 이론 뒤의 기본적 동기를 살펴보면 Fodor는 지시에 대한 ***인지*** 이론, 즉 우리의 단어 사용(또는 사고의 언어에서 기호의 구체적 예)과 우리 주변의 단순한 존재를 연결하는 것이 아니라 저기 외부 세계의 경험을 연결하는 이론을 원한다는 것을 알 수 있기 때문이다. 나는 인식 과정과 같이 인지적인 요소로 방해받지 않는 어떤 준물질적 연결을 찾거나 원인의 완전히 일반적이어서 공허한 개념에 호소하여 그러한 인식 과정을 종합하려고 하는 것은 헛되다고 믿는다. 우리는 처음부터 끝까지 "인지적이어야" 한다. 그리고 지각에 의해 인식된 것처럼 또는 언어에 의해 촉발된 연구 활동의 목표처럼 단어를 사물

46) Casalegno(1997: 13장)에는 Fodor의 이론에 대한 훌륭한 설명과 비판적인 토론이 있다.

과 행동에 적용하는 데 필요한 다양한 과정에 주의를 기울여야 한다.

여전히 "'고양이'는 고양이를 가리킨다!"는 구호의 마법 아래에 있는 사람들에게 나는 할 말이 두 가지 있다. 우선 나는 '고양이'는 고양이를 가리키고 '숟가락'은 숟가락을 가리킨다는 것 등에 동의한다. 이는 즉 대부분의 화자는 특정 모양과 사용법을 가진 사물, 요컨대 숟가락을 가리키기 위해 '숟가락'이라는 단어를 규칙적으로 사용한다. (만약 모든 화자가 의자를 지칭하기 위해 '숟가락'이라는 단어를 사용한다면 '숟가락'은 숟가락을 가리키지 않을 것이다.) 화자가 (말하자면 포크가 아닌) 숟가락을 가리키기 위해 '숟가락'이라는 단어를 사용한다는 것은 무엇인가? 전형적으로 이것은 숟가락을 가지고 오라고 할 때 손에 숟가락을 들고 오는 것이다. 그리고 이것은 요청이 있을 때 특정 모양의 사물을 그리는 것이다. 이것은 '서랍에 숟가락 있니?'와 같은 질문에 서랍에 숟가락이 있는지 없는지에 근거하여 답하는 것이다. 기타 등등. 이는 모두 마땅히 그래야 하듯 확실히 사소하다. *사소한 것*을 지칭하기 위해 단어를 사용한다는 개념에는 신비로울 것이 없다. 이는 단지 다양한 언어 운용을 간단하게 기술한 것뿐이다. 나는 언어 운용의 일부를 예로 들었다. 거기에는 공통점이 있는가? 그렇다. 그것들은 모두 숟가락(또는 숟가락 그림)과 '숟가락'이라는 단어와 관계있다. 다른 것이 더 있는가? 아니다. '숟가락'이라는 단어를 숟가락과 연결하는 지시에 특별한(동시에 화자와 관련된) 관계는 없다. 또는 오히려 그런 관계가 있는데 그것은 방금 제시한 언어 수행의 예시들로 정의된다. Wittgenstein 이후로 누구도 Hillary Putnam보다 이를 더 잘 설명하지 못했다.

> 지시하는 것은... 일정한 방법으로(또는... 다양한 방법 중 어떤 한 가지로) 단어를 사용하는 것이다. 만약 우리가 지시하는 사물의 종류에 인과적으로 연결된 것이 아니라면 어떤 단어의 일정한 지시적 사용은 불가능할 것이다.... 그러나 정확히 말하자면... 지시하는 것은 인과 관계가 아니다.... Wittgenstein은... 본질적인 지향성의 착각, 지시는 우리가 생각하는 동안 존재하는 비밀스러운 어떤 것이라는, 그리고 그것에 대하여 말할 수 있는 것이 없다는 착각은 우리가 오직 우리의 주관적인 경험에만 주의를 기울이고 단어를 사용하는 기술에는 주의를 기울이지 않는다는 사실에 기인한다... 만약 단어의 모든 지시적 사용을 조사할 수 없다면 그것은 우리가 "지시의 특질"에 관한 이론을 전혀 가지고 있지 않다는 의미가 된다 (Putnam, 1992: 165-167).

Putnam은 이어서 우리는 Wittgenstein이 제안한 것처럼 가족 유사성의 관점에서 지시를 생각해야 한다고 제안한다. "지시적 사용에는 '본질'이 없다. 그리고 거기에는 지시한다고 말할 수 있는 어떤 것이 없다. 한 종류의 지시 행위와 그 다음 지시 행위 사이에는 겹치는 유사성이 있다. 그것이 전부이다(1992, 168-169)."

나의 두 번째 의견은 그들의 형이상학적 실존주의자적 직관이 너무 강해서 이 중 어느 것에도 감동받지 않는 정말 거친 사람들을 위한 것이다. 그들은 여전히 "쌍둥이 지구의 '물'은 그 단어가 *그* 물질(XYZ)을 지칭하는 것에서 시작되었으므로 XYZ를 가리키고 그것이 그 빌어먹을 물질이며, 깊이 말하면, H_2O가 아니다!"라고 말하고 싶어한다. 이에 대하여 나는 다음과 같이 답할 것이다. 만약 우리에게 지시를 인지와 의사소통에 모두 무의미하게 만들고 지시가 문장의 "객관적인" 진리 조건을 결정하는 것 ***외에*** 단어의 적용이나 언어의 사용에 아무런 역할을 하지 않는, 그러면 결국 그 언어의 공동체 전체를 영원히 피하게 되는데, 그런 이론이 있다면 지시에 관한 그러한 이론은 궁극적으로 인류에 의해 사용되는 언어를 다루는 의미론에서는 큰 관심이 될 수 없다.

진리 조건과 모형-이론적 의미론

철학적 의미론의 관습에서 대개 문장의 의미는 진리 조건과 같고 단어의 의미는 단어가 포함된 문장의 진리 조건에 기여한다. 이러한 주장은 의미적 객관주의의 ***기초***로 그리고 그로부터 ***파생한*** 것으로 해석될 수 있다.

전자의 주장은 다음과 같을 것이다. 직관적으로 한 문장을 이해하는 것은 어떤 조건에서 그 문장이 ***진리***인지 아는 것이다. 이는 문장을 검증하기 위하여 어떻게 착수할 것인가를 아는 것이나 인식의 본질에 대한 문장이나 그 외의 어떤 것에 상당하는 정신의 모형을 수립할 수 있는 것이 ***아니다***. 우리가 그것들을 어떻게 검증할 수 있을지 도무지 알 수 없음에도 우리가 이해하는 수많은 문장이 있다. 정신의 구조와 정신의 처리에 관하여 그것들의 신비스럽고 이론적인 특징 이외에 그것들의 작용을 이해하는 것이 개념적으로 필연적이다. 무슨 이유에선가 소위 필수 구문을 생성하지 못하는 화자도 만약 진리 조건을 안다면 역시 문장을 이해할 것이다. 이제 진리 조건은 ***진리***, 즉 문장(또는 명제)과 실제 세계 사이의 객관적 관계를 수반한다. 그러므로 만약 의미론이 언어를 이해하는 데 문제가 되는 것이라면 의미론은 문장의 의미 가치를 인식론이나 인식의 요소에 전혀 기대지 않고 객관적 관계의 관점에서 해석해야 한다.

반면 진리 조건으로 문장의 의미를 규정하는 것은 객관주의의 필연적인 결과라고 볼 수 있다. 여기에서 주장은 다음과 같다. 의미는 대중적이다(또는 규범이거나 본성 등에 의해 결정된다). 따라서 의미는 반드시 인식의 절차나 정신의 내용 등과 같은 주관적이거나 개인적인 것을 참조하지 않는 이론적인 명제에 의해 일률적으로 해석되어야 한다. Tarski의 진리에 대한 이론의 조항이나 Montague 식의 모형-이론적(model-theoretic, MT) 의미론의 정리는 언어와 세계를 인식의 매개와 독립적으로 연결하는 객관적 개념으로 이해되는 진리와 지시에만 의존하기 때문에 그러한 해석을 제공하는 이론의 훌륭한 후보이다.

마음에 대한 이러한 구조에서 의미적 객관주의는 Tarski의 의미론과 그 후계자들, 특히 MT 의미론과 같은 종류로 보인다. 이는 결국 Tarski의 의미론, 특히 MT 의미론은 틀림없이 자연언어에서 의미를 다루는 가장 정밀하고 적용의 폭이 넓은 이론이기 때문에 그 주장을 강화한다. 이 절에서 나는 결코 그러한 장점을 축소하려고 하는 것이 아니다. 오히려 나는 MT 의미론의 정리에 의해 제공되는 정보는 언어(특정 언어)와 세계 사이의 객관적 관계에 대한 정보로 쉽게 해석되지 않는다는 것을 보여주며 MT 의미론을 철학적 객관주의와 분리하고 싶다. 사실 어떤 의미에서 그러한 정리는 진리와 지시에 대한 객관주의자적 개념을 ***전혀*** 포함하지 않는다.

1장 의미 해석의 논의로 잠시 돌아가자. 거기에서 우리는 MT 의미론이 기술적 상수의 의미 가치는 (논리적 양식에 관한 것을 제외하고) 결정되지 않은 채 남아 있기 때문에 의미 공준 없이 문장의 "의미를 제공하지" 않는다는 것을 알았다. 우리는 또한 화자의 능력의 전체 내용을 표현하지 못하기 때문에 MT 의미론이 의미 공준과 ***함께*** 문장의 "의미를 제공하는" 데 실패하는 것을 보았다. 의미 공준은 용인되는 해석을 제한함에도 불구하고 단순히 하나(여기에서 '책', '탁자', '고양이' 등이 의미를 가지며 능력 있는 화자는 이를 알고 있다.)로 축소할 수 없다. 따라서 MT 의미론은 완전한 구성의 의미 공준과 합쳐서 생각할 때에도 '문장 S의 의미는 무엇인가?'라는 질문에 실제로 답하지 않는다. 이러한 측면에서 MT 의미론은 자연언어의 의미에 대한 이론이 아니다.

그러면 MT 의미론은 무엇인가? 이는 ***합성(composition)의 의미적 효과에 대한 이론***이다. MT 의미론이 말하는 것과 제공하는 정보의 종류는, 예를 들어 일정한 성분을 일정한 방식으로 결합하는 것의 효과가 무엇인가와 같은, 합성이 어떻게 의미에 영향을 미치는가에 관한 것이다. ***원칙적으로*** MT 의미론은 성분의 의미에 대하여 논하지 않는다. 그러나 통사 구조의 의미적 기여에 대하여는 많은 것을 논한다. MT 의미론은 ***기능적*** 의미론이다. 언어 표현의 의미는 궁극적으로 불특정한 성분 의미의 구체적인 기능이다(기능으로 표현된다). 반대로 이것은 동일한 집합에 속한 개별 원소를 구별하지 않는 언어 표현의 통사론적 집합들에 대한 의미 이론으로 표현될 수 있다.

몇몇 경우에 통사적 부류 또는 원한다면 통사 구조에 대한 형식화는 본질적으로 특정한 ***단어***를 수반한다. 따라서 MT 의미론은 그 부류나 [반드시 S] 구조를 다룬다. 여기에서 S는 하나의 문장이고 '반드시'는 ***단어*** '반드시'이다. 또는 MT 의미론은 [유일한 NP] 구조를 다룰지도 모른다. 여기에서 NP는 명사절이고 '유일한'은 단어 '유일한'이다. 이 이론은 구조의 의미적 기여에 관한 이론이고 이러한 격 구조는 (예를 들어 개별적인 단어가 나타나지 않는 [NP VP] 구조와는 대조적으로) 개별 단어에 의해 드러나기 때문에 이러한 경우에 이론은 (비록 지정된 맥락에서이지만) 개별 단어의 의미적 기여에 대하여 설명한다고 말할 수 있다. 즉 이것은 제한된 맥락에서 명시적으로 이런저런 단어('반드시', '유일한' 등)에 "의미를 부여한다." 내가 말한 바와 같이 이는 오직 몇몇 경우에만 발생한다. 일반적인 경우에 통사적 부류의 형식화는 개별 단어를 포함하지 않는다. 그 결과 어떤 정보가 제공되든지 단어가 아니라 품사가 중요하다.

문장 생성에 대한 의미적 영향을 어떻게 나타낼 것인가? 일반적인 경우에 복잡한 표현의 의미 가치가 어떻게 그 성분의 의미 가치로부터 계산되는지를 보여 줌으로써 나타낸다. $\alpha(\beta_1,\ldots,\beta_m)$은 조합 α의 양태에 따라 성분 $\beta_1,\ldots,\beta_m$를 결합한 구조이다. 전형적으로 이러한 구조와 관련된 이론은 다음과 같은 형식으로 표현된다.

(1) $V_M[\alpha(\beta_1,\ldots,\beta_m)] = \Phi\,(V_M[\beta_1],\ldots,V_M[\beta_m])$,

여기에서 'V_M'은 모형 m에서의 의미 가치이고 Φ는 적절한 유형의(즉 β_1 $,\ldots,\beta_m$에 대한 의미 가치를 지닌 대상을 포함하는 영역을 통해 정의되는) 구체적인 기능이다. 이러한 발상은 Φ가 오직 α, 즉 적절한 유형의 통사적 결합에 의해 결정된다는 것이다. 따라서 전체 표현, 또는 더 적절하게 말하자면 표현의 ***집합***, $\alpha(\beta_1,\ldots,\beta_m)$의 의미 가치는 표현의 구조에 의존하는 알고리즘에 의해 계산된다.

일반적으로 의미 가치는 추상적인 존재이며 직관적인 의미의 어떤 것과도 관계가 없는 수학적인 구성 개념이다. 명백히 만약 합성성의 원리에 대한 인지적인 실재가 있다면, 이 책의 처음부터 끝까지 나는 그런 것이 있다고 가정하는데, 복잡한 표현의 의미 가치를 그 성분의 가치로부터 계산하는 능력은 우리가 소유한 능력이다. 우리는 '공원에서', '혼란스럽게 설명된', '피츠버그로 운전했다'와 같은 표현을 이해한다. 그리고 만약 우리가 그 구성 성분을 모른다면 우리는 이해하지 못할 것이다. 그러나 형식 (1)의 합성 규칙은 그 능력을 해설하기보다는 그것을 대신하는 것으로 말할 수 있다. 의미 능력의 모듈로서 구조적 능력에 대한 이론은 없다. 형식 (1)의 합성 규칙이 인지적으로 실제적이라거나 이론에 의해 성분의 의미 가치로 규정된 추상적 실체가 어떤 방식으로든 심리적 실체와 연관되어 있다고 추정할 이유는 없다. 다시 말해 형식 (1)의 규칙은 그것이 인지적으로 실재적인 계산을 모방한다고 가정할 이유가 있음에도 불구하고 인지적인 중요성은 없다(물론 인지적인 중요성을 가져야 하는 것도 아니다).

인지적인 중요성이 부족하다는 것을 제외하고 형식 (1)의 규칙은 일반적으로 어떤 종류의 의미적 직관과도 관련되어 있지 않다. 의미적 직관과는 진리 조건의 개념을 통해서 연결된다. 사실 $\alpha(\beta_1,\ldots,\beta_m)$가 문장인 경우에 그 의미 가치에 대한 진술은 궁극적으로 진리 조건에 관한 진술의 형태로 다음과 같이 주어진다.

> $\alpha(\beta_1,\ldots,\beta_m)$은 $R(V_M[\beta_1],\ldots, V_M[\beta_m])$인 경우 및 그 경우에 한하여 M이라는 형식에서 참이다

여기에서 R은 몇 가지 형식 중의 하나를 가질 수 있는데 철저히 α와 β_i들에 달려 있다. 예를 들어,

> β_1^와 ^β_2는 참이다. β_1이 M일 때 참이고 β_2가 M일 때 참인 경우 및 그 경우에 한하여 M일 때 참이다

여기에서 β_1와 β_2는 문장이다. ^은 연결을 가리키고 '그리고'는 ***단어*** '그리고'이다.

$\beta_1 \hat{} \beta_2$는 $V_M[\beta_1] \in V_M[\beta_2]$인 경우 및 그 경우에 한하여 M일 때 참이다.

여기에서 β_1은 단수 명사구이고 β_2는 자동사구이다.[47)]

진리 조건에 관한 진술문은 대개 이러한 종류의 이론에 대한 직관적인 기준으로 받아들여진다. 이 이론은 문장에 진리 조건을 부여하기 때문에 ***의미적*** 이론으로 여겨진다. 그리고 그러한 과제가 직관적으로 그럴 듯하다는 점에서 ***정확한*** 의미적 이론으로 생각된다. 사실 MT 의미론의 이론에서 모든 의미적 진술문은 위와 같은 종류, 즉 문장의 진리 조건에 대한 진술문에 기여하는 것으로 보인다.[48)]

의미적 직관과 진리 조건에 관한 진술문 간의 연결은 Frege와 Wittgenstein의 ***논리철학논고(Tractatus,*** 1922)에 따른 이미 언급된 관습에서 대개 시작된다. 논리철학논고에 따르면 문장의 의미를 아는 것은 어떤 조건에서 문장이 참인지를 아는 것이다.[49)] 그러나 우리는 MT 의미론에서 진리 조건에 관한 진술문이 문장이 참이 되는 조건에 대하여 우리에게 사실상 알려 주지 않는다는 것을 보았다. 어떤 조건에서 '탁자 위에 책 한 권이 있다'라는 문장이 참이 되는지 알기 위해 단어 '위에', '책', '탁자'가 무엇에 적용되는지를 알아야 한다. 그리고 MT 의미론은 전혀 다른 것을 한다. 진리 조건에 관한 진술문은 그러니까 정보의 측면에서 공허하고 단지 ***조건적*** 정보만을 제공한다고 말하는 것은 아니다. ***만약*** 우

47) 물론 이들은 Montague 문법에서 찾을 수 있는 진술문이 아니다. 또한 '단수 명사구'와 같은 범주를 찾을 수 있는 것도 아니다. 이러한 지나치게 단순화된 예들은 진리 조건에 관하여 (내가 믿기로는, 중대한 손실 없이) 단순한 방법으로 요점을 말하기 위해 소개된 것이다.

48) 다음과 같은 의미에서 '기여'한다. 진리 조건에 관한 진술문이 아닌 의미적 진술문은 진리 조건에 관한 진술문을 유도하는 중간 단계이다.

49) "한 명제를 이해한다는 것은 그 명제가 진리인 경우를 아는 것을 의미한다(Wittgenstein, 논리철학논고, 4.024)."

리가 (모형 M에서) $\beta_1,\ldots,\beta_m$의 의미 가치를 안다면 우리는 $\alpha(\beta_1,\ldots,\beta_m)$가 (모형 M에서) 참인 것이 무엇인지 안다(즉, 우리는 계산할 수 있다). 예를 들어 만약 우리가 S_1, S_2가 참인 것이 무엇인지 안다면 우리는 S_1 & S_2가 참인 것이 무엇인지 안다. 그러나 이러한 조건문은 어떤 조건에서 문장이 참인지에 관하여 직접적으로 정보를 주는 것으로 보이지 않는다. 그리고 ***간접적으로*** 정보를 주지도 않는다. 이는 그 이론이 우리에게 직접 구성 요소의 의미 가치가 무엇인지 ***절대*** 알려 주지 않기 때문이다.

반면 진리 조건에 관한 진술문은 우리의 의미적 직관에 대하여 시험할 수 있으며 타당성 등을 평가할 수 있다. 이러한 진술문은 문장의 의미에 관한 우리의 직관과 비교되고 그러한 의미를 정확하게 나타내는지 평가되는 것을 의미하는 것처럼 보인다. 그러나 이러한 진술문이 어떤 문장의 의미에 관한 진술문이 아니라면 이것이 어떻게 정확하거나 그렇지 않을 수 있는가? ***어떤*** 직관에 대하여 진리 조건에 관한 진술문이 시험되는가?

어떤 사람들은 문제가 되는 직관이 직접적으로 ***진리***를 포함하거나 더 정확하게는 대응(correspondence)으로서의 진리를 포함한다고 믿는다. 이런 관점에서 우리의 의미적 직관에 대비하여 진리 조건에 관한 진술문을 시험하는 것은 그러한 진술문의 왼쪽에 나오는 문장이 구체적인 조건이 만족된 경우에 사실상 참인지 생각하는 것이다. 예를 들어 '오직'이라는 단어의 의미를 얻기 위해 우리가 예를 들어 (모형에서) '오직 John만 파티에 갔다'는 (그 모형에서) John은 갔고 다른 누구도 가지 않은 경우에만 참이라고 판명된다는 취지에서 '오직 NP VP' 형식의 문장으로 진리 조건을 진술한다고 가정하자.[50] 내가 논의하고 있는 관점에서 제시된 진

---

50) '오직 John만 파티에 갔다'는 John이 갔다는 것을 단언하는 것이 아니라 전제한다는 것에 따르면 이는 (Horn, 1969에서 시작된) '오직'의 전제 분석을 반박하기 위한 것이 아

리 조건을 측정하는 것은 그것들이 정확하게 어떤 조건에서 '오직 John 만 파티에 갔다'가 참인가 생각하는 것이다. 이것은 어떻게 달성되는가? 여기에서 직관을 진리에 상응하는 것이라고 믿는 사람들은 (다소 모호하게) 어떤 종류의 심리적 묘사하기나 모형 만들기, 상상하기를 가리킬지도 모른다.[51] 우리는 오직 John만 파티에 간 상황을 마음에 (일종의) 묘사를 한다. 그리고 그것이 똑같이 John만 가고 다른 사람은 가지 않은 상황인지 (일종의) 확인을 한다. 이제 이러한 심리적 묘사하기의 경험적 역할을 부정할 이유는 없다. 그러나 이것을 너무 심각하게 받아들일 수 없는 것도 마찬가지로 명백한 것 같다(*John을 제외한 아무도* 파티에 가지 않은 상황을 실제로 마음속에 그릴 수 있는가?). 문장과 그림 사이에, 그것이 심리적인 그림이든 다른 것이든, 일대일 대응은 없다.

그러면 어떤 사람은 진리에 대한 우리의 직관은 *원초적인*(진리처럼 원초적이고 바꿀 수 없는 개념이 된) 것이라고 고집할지도 모른다. 우리는 어쨌든 어떤 문장이 이러이러한 경우의 상황(즉 지정된 조건이 만족되었을 때)에서 진리인지 아닌지 단순히 *안다*. 이것은 물론 신비롭지만 나의 요점은 아니다. 내가 주장하고 싶은 것은 어떻게 그러한 설명이 *추론적* 설명과 다를 수 있는지 명백하지 않다는 것이다. 진리 조건에 관한 진술문은 우리의 추론적 직관에 대비하여 확인된다고 가정하자. 우리가 하는 것은 오른쪽이 왼쪽을 인가하는지 그리고 반대의 경우도 마찬가지인지 측정하는 것이다. 예를 들어 우리가 확인할 파티의 경우에서 오직 John 만이 파티에 갔다는 전제하에 우리는 직관적으로 John은 갔고 다른 사람

니다. '오직'과 관련된 진리 조건에서 내가 말하는 것은 단지 하나의 예시로서 받아들여져야 한다.

51) 한 예로 Chierchia(1992: 293)이 있다.

은 가지 않았다는 이중 결론을 수용할 것이다. 그리고 반대로 John은 갔고 다른 사람은 가지 않았다는 두 가지 전제하에 우리는 ***오직*** John만 갔다는 결론을 내릴 것이다. 나는 이것은 (심리적인 또는 물질적인) 그림이 어떤 경우에 도움을 주긴 하지만 우리가 사실 일반적으로 하는 것이라고 추측한다. 신비롭다는 것 외에 이것은 우리가 어떤 상황에서 참인 것에 대한 우리의 즉각적이고 바꿀 수 없는 직관에 근거하여 오른쪽이 그 경우인 어떤 상황에서도 왼쪽이 ***참***인지 그리고 반대의 경우도 마찬가지인지를 측정하는 것이라고 말하는 것과 무엇이 다른가? 아니라면 나는 덜 신비로운 공식화를 향해 갈 것이다.

받아들여서는 안 되는 한 가지 이의 제기가 가능한데 다음과 같다. 물론 추론의 개념은 그 자체가 진리의 개념에 의존하기 때문에 진리 조건을 추론적으로 읽는 것으로 얻는 것은 없다. S_2가 S_1에서 추론될 수 있다고 말하는 것은 단순히 만약 S_1이 참이라면 S_2는 ***참***이라고 말하는 것과 같다. 그러나 이러한 이론적 문제는 여기에서 부적절하다. 우리는 진리와 추론 사이에 무엇이 더 원초적인지 결정하고 있는 것이 아니다. 쟁점은 어떤 ***직관***이 진리 조건을 측정하는 데 적합한가 하는 것이다. 추론적 관계에 대한 직관은 진리에 대한 대응으로 직관(또는 진리 일반에 대한 직관)에 의존하는 것 같지 않다. 다시 말해 우리가 S_2가 S_1에 따르는지 생각할 때마다 우리가 ***실제로*** 그리고 ***의식적으로*** 하는 것은 우리가 진리의 대응으로 우리의 직관에 의존하여 답해야 할 질문인 S_1의 경우에 S_2가 참인가 생각하는 것이다. 적어도 많은 경우에 추론적 관계에 대한 질문은 진리에 대한 직관(또는 그 문제에 관해서는, 어떤 다른 직관)에 호소하지 않고 뚜렷하게 결정된다. 다른 경우에 우리는 심리적 묘사하기나 심지어 충분히 세련된 사람이라면 모형-이론적 방법에의 의존을 포함하는 모든 종류의 경험적 전략을 사용할 수 있다. 그러나 일반적으로 그리고 내재적으로 추론적 직관은 진리나 조건적 진리에 대한 별개의 직관에 의존하지 않는다.[52)]

다른 반대는 우리는 추론적 직관으로 쉽게 정리되지 않는 동일한 상황에서의 사실(truth-in-a-situation)에 대한 직관을 가지고 있다는 것이다. 예를 들어 우리는 길고 성가신 공시언어학, 말하자면 뉴스 기사에 근거하여 ('반 이상의 승객이 구조되었다'와 같은) 문장을 단언하도록 유도할 수 있다. 그런 경우에 물론 추론이 작용했다고 추측할 수 있다. 그러나 추론의 개념은 여기에서 진리의 개념에 못지않게 신비롭다. 이러한 이의 제기에 대하여 두 가지로 답할 수 있다. 먼저, 우리는 일반적으로 문장을 단언하도록 유도할 수 있는 조건에 대하여 논의하고 있는 것이 아니다. 우리는 단지 MT 의미론에서 진리 조건에 관한 진술문을 측정하는 것에 대하여 논의하고 있다. 이러한 진술은 종종 복잡하기는 하지만 신문 기사나 다른 형태의 엄격히 규제되지 않는 공시언어학을 수반하지 않는다. 둘째로, 인공지능에서 추론의 자동화와 관련된 경험은 자연적 추론에 특별히 신비로운 것은 없다는 것을 보여 주었다. 이것은 단지 일반적으로 많은 것이 세계 지식과 배경 지식에서 가져온 (종종 의미 공준의 형태로 표현되는) 전제가 있는 보통의 추론이다.[53)] 따라서 공시언어학에 근거한

52) Robert Brandom(1994: 283)은 '참(true)'과 '지시(refers)'를 포함하는 "전통적인 표상주의 의미 사전"의 추론주의적 변형(reduction)을 시도했다. 그는 이를 '참'과 '지시'를 대용형을 만드는 연산자로 다룸으로써 이행하고 그래서 "사실과 지시에 관한 모든 논리적인 의미적 이야기는 순수하게 조응적인 용어로 [설명된다](1994: 306)." 나의 견해는 이러한 변형의 가능성, 즉 사실(과 지시)에 대한 추론의 개념적 우월성에 공헌하지 않고 단지 추론적 직관이 사실에 대한 직관에서 파생된 것이 아니라는 생각에 공헌한다.

53) 나는 기본적인 추론을 무시한다. 그러나 기본적인 추론은 단지 특별한 종류의 추론일 뿐이다.

문장의 단언은 아무리 길고 얽혀 있어도 사실상 추론에 근거한 것으로 볼 수 있다. 사실 지금까지 다른 합리적인 설명은 제안되지 않았다.

이러한 반대 외에도 명백하게 추론적 설명을 반대하는 경우가 있다. 이것은 다음과 같은 원자 문장을 위한 진리 조건에 관한 진술문에 적합하지 않다.

(2) (M에서) V_M[John]∈V_M[달린다]인 경우 및 그 경우에 한하여 'John이 달린다.'는 참이다.[54)]

왜냐하면 명백하게 왼쪽에는 오른쪽에 있는 문장을 인가하거나 그러지 않는 문장이 없기 때문이다. 진리 조건을 읽는 객관주의자의 지지자가 가장 편안하게 느끼는 것은 이런 경우이다. 이러한 진술문은 'John이 달린다.'는 'John'이 ***지시하는 것***이 '달리다'가 ***지시하는 것***의 구성원(이 경우 한 무리의 개인들)인 모든 모형에서 ***참***이라는 직관에 근거하기 때문이다. 원자 문장의 진리 조건은 전체 구조의 기초이기 때문에 진리와 지시에 대한 (객관주의자의) 개념이 중대하게 보인다고 결론지을 수 있는 것은 명백하다. 더 복잡한 진리 조건은 우리의 의미적 직관과 대비하여 시험되어야 하는데 원자 진리 조건이 그러지 말아야 한다고 답하는 것은 사실상 적당하지 않다. 왜냐하면 원자 진리 조건은 단지 더 복잡한 진리 조건 진술문을 생성하도록 돕는 것이 요점인 이론적 도구이며 그래서 직관과의 관계에 관한 한 그 이론에 대한 비진리 조건적 진술문과 동등하기 때문이다. 명백히 원자 진리 조건에 관한 진술문은 전치사구에 의미

54) 다시 이것은 표준적인 Montague 의미론에서 'John이 달린다.'에 대한 진리 조건이 아니다. 그러나 실제 진리 조건은 (2)와 같은 공식으로 변형될 수 있는 사실에서 그 타당성을 도출한다.

가치를 부여하는 것과 동등하지 ***않다***. 우리는 원자 진리 조건에 관한 진술문의 타당성에 대하여 직관을 ***가지고*** 있다. 쟁점은 그러한 직관이 실제로 진리와 지시에 대한 객관주의자적 개념을 필요로 하는가 하는 것이다.

나는 그에 대한 답으로 (2)와 같은 문장의 직관적 의미를 만들어야 한다고 믿는다. 우리는 아마 여러 가지 중에서 지시에 관한 객관주의자적 개념이어야 하는 것은 아니지만 어떤 종류의 지시적 직관이 필요할 것이다. (2)를 수용하는 추론의 이면은 다음과 같은 것이다. 만약 'John'이 특정 대상에 적용되고 '달리다'가 특정 대상을 선택하고 'John'이 적용된 대상이 그 중에 있다면 이런 상황에서 우리는 'John이 달린다.'가 참이라고 말할 것이다. 그렇지 않은가? 이러한 추론에 무엇보다 현실 세계 자체는 필요하지 않기 때문에 어휘 항목을 ***현실*** 세계에 연결하는 객관적 관계는 필요하지 않다. 사실 진리는 평범한 진리나 현실 세계에서의 진리가 아니라 모형 속의 진리(truth-in-a-model)로서 MT 의미론에 들어간다. 어휘 항목과 그 실체 사이의 인과 관계는 틀림없다.[55] 확실히 (2)의 타당성은 모형 속의 진리와 모형 속의 지시(reference-in-a-model)가(그런 원자 진술문을 수용하는 데 근거가 되는 추론이 명백한 것처럼) 어쨌든 단순한 진리와 단순한 지시의 패턴으로 생각된다는 사실에서 비롯된다. 그 유추가 지지를 받을 수 있을지는 당연히 의심스럽고 (2)와 같은 진술문이 ***어떤*** 직관적 타당성을 가지고 있다는 것(그런 진술문은 이론적 역할에 의해서만 당위성을 지닌다)을 부정하는 데 이를 것이다.[56] 그러나 어쨌

---

55) 따라서 Chomsky가 형식 의미론의 지시 관계 *R*은 "단어와 실체, 또는 상상되거나 그렇지 않으면 생각되는 것으로서의 실체 사이"의 관계로 볼 수 없다고 주장하는 것은 옳다(1992: 223-224). 그러나 나는 그처럼 형식 의미론의 전반적인 타당성을 측정하는 데 있어서 어떤 종류의 지시적 직관의 관련성을 부정하는 데까지 가지 않을 것이다.

56) 그렇게 나는 Chomsky의 견해를 따른다.

든 두 번째로 (2)를 타당하게 하기 위해 우리는 어휘 항목이 ***객관적으로*** 하나의 개체나 부류("'고양이'는 고양이들을 지시한다!"의 반영)를 지시한다는 생각이 필요하지 않다. 우리의 지시 수행에 연결된 ***어떤*** 직관도 그럴 것이다. (2)와 같은 원자 진리 조건에서 포착한 중요한(그리고 비교적 논란이 되는) 생각은 술어에 대한 외연적 분석이며 술어가 집합론의 일원으로 정리될 수 있다는 생각이다. 만약 문제가 되는 것이 (2)의 ***직관적인*** 타당성이라면 ***어떻게*** 지시가 만들어지는지는 비교적 중요하지 않다. 이것은 (2)와 같은 진술문에 포함된 특정한 어휘 항목에 관련된 직관이 추론의 경우에 발생하는 것과 반대로 그 타당성을 결정하는 데 어떠한 역할을 하지 않는다는 사실에서 알 수 있다. 우리가 'S_1 그리고 S_2'의 진리 조건을 평가할 때 '그리고'의 구체적인 추론적 특징에 관한 우리의 직관은 중요하다. '오직', '필수적으로', 양화사 등도 유사하다. 원자의 경우는 그렇지 않다. 여기에서 우리가 John을 다루든 Paul을 다루든 달리든 운전하든 인간이 되든 차이가 없다. 오직 논리적 유형이 중요하다. 객관적 지시가 수반되면 개별 어휘 항목에 붙어 있는 특정 지시에 관한 직관은 차이가 있다고 상상할 수 있다.

요약하자면 MT 의미론은 의미에 관한 이론이 아니다. 그것은 문장 생성의 의미적 현상에 관한 이론이다. 그러한 현상은 문장 구성의 구조에 의미론적 작용을 부여하는 이론적 진술문에 명시적으로 그리고 유익하게 나타나 있다. 문장에 진리 조건을 부여하는 형식을 가진 진술문은 그것이 본질적으로 이론이 우리의 의미적 직관과 대비하여 확인되는 그러한 진술문이기 때문에 특별한 역할을 한다. 우리가 그 이론을 의미론이라고 부르는 유일한 이유는 그것이 진리 조건의 부여를 통해 의미적 직관에 닿아 있기 때문이다. 그러나 적절한 직관은 대응으로서의 진리를 수반하지 않는다. 그것은 추론적 직관, 즉 문장 사이의 추론적 관계에 관한 직관이다. 추론적이지 않은 직관은 원자 진리 조건 진술문을 측정하는 데 어떤 역할을 한다. 그러나 한번 술어에 대한 외연적 분석을 고수하면 우리의 지시 수행에서 비롯된 어떤 직관도 그러한 진술문을 확인하는 데 도움이 될 것이다.

MT 의미론의 자료가 추론적 직관이라는 점에서 그것은 추론 능력을 부분적으로 설명할 수 있는 이론이라고 여겨질 수 있다. 그 이론은 의미 공준의 “완성된” 체계와 함께 추론 능력(의 이상화)의 완성된 이론으로 여겨질 수 있다. ‘완성된’과 ‘이상화’는 모두 소금의 알갱이처럼 받아들여져야 한다. 왜냐하면 한편으로 우리는 두꺼운 사전도 단지 추론적으로 연관된 정보만을 선택하여 담고 있는 것을 보았고 다른 한편으로 (역시 우리가 본 것처럼) 이상화된 능력의 개념이 어휘 수준에서 어떤 의미를 만드는지 의심스럽기 때문이다. 그러나 이것은 다른 문제이다(2장을 보라.).

제5장 의미적 규범

일탈과 규범성

의미적 규범성에 대한 개념은 앞 장에서 자주 다루었다. 우리는 언어의 공공성에 대한 Wittgenstein의 개념이 규범성에 대한 가정에 근거하는 것을 보았다. 의미 가치는 단어의 사용에 대한 규범이다. 우리는 또한 개인의 능력에서 가능한 결점으로 여겨지는 것이 (의미적 ***표준***(즉, 다시 단어의 사용에 대한 규범) 또는 (규범의 역할을 하는) 사용의 이상화된 패턴에 대한 일탈로 설명될 수 있다는 것을 보았다. 사용에 대한 자신의 패턴을 버리고 그것을 다른 화자의 패턴으로 대체하는 존중이라는 행동적 현상 역시 규범적인 관점에서 특정 화자들이 의미적 표준을 더 잘 알고 있다거나 심지어 그들의 언어적 수행으로 표준을 ***실행한다고*** 전제하는 인식이라고 설명될 수 있다. Keil의 실험은 어린 화자에 비하여, 더 나이 많은 어린이와 성인 화자는 자연 종 단어의 적용에 대한 표준을 결정하는 특정 분야의 전문가 역할을 알고 그들을 존중할 준비가 되어 있다는 것을 보여 준다(그러한 태도가 직접적으로 그들 자신의 단어 사용에 영향을 주지는 않지만).

우리는 또한 의미적 규범이 객관주의 이론에서 중요한 위치를 점한다는 것을 알았다. Burge(1979)의 반개인주의 또는 사회적 외재주의에서 전문가의 단어 사용은 모든 화자를 위한 표준을 설정한다. 사실상 이것은 해당하는 단어를 어떻게 사용하든 그 개념을 결정한다. Putnam(1975c)의 이론에서 규범은 자연 종 및 그 외의 단어들과 특정 대상의 연결, 그리고 그러한 지시적 정의를 하는 의도적인 행위에 의해 설정된다. 일단 연결이 결정되면 ***특질***은 그 의미 가치를 맡는다. "무엇인가를 금으로 만드는 것은 그 전형적인 예와 동일한 특질을 갖는 것이다(Putnam, 1983b: 73)." 따라서 어떤 것이 그러한 특질을 가지고 있을 때에만 '금'이라고 불리는 것이다.

나는 Burge의 이론이 의미론적 일탈에 대한 우리의 직관과 상충한다는 것에 주목했다. Burge의 예에서, '관절염'은 관절뿐만 아니라 근육을 아프게 할 수 있다고 믿는 Bert는 그의 허벅지에 있는 관절염에 대하여 불평하지만 그럼에도 불구하고 관절염에 대한 전문가의 개념을 공유한다. 결과적으로 단어가 규범에서 벗어나게 사용되지도 않고 사용과 개념이 과격하게 분리되지도 않는다(즉, 한 사람은 단어 '*x*'에 대한 그의 사용이 규범에서 벗어나더라도 '*x*'에 대한 전문가의 개념을 공유할 수 있고, 공유해야만 한다.).[1] 이러한 측면에서 Putnam의 견해는 다른가? 언뜻 보면 그렇지 않은 것 같다. 우리는 이미 Putnam이 느릅나무와 너도밤나무를 구별하지 못하고, 그에 따라 누군가는 종종 너도밤나무를 '느릅나무'라고

1) 최근 Burge(1993)는 화자는 반드시 전문가의 개념을 충분히 공유해야만 한다는 필요 조건을 버렸다. "개인은 개념을 갖기 위해 관절염을 동물, 나무, 숫자와 구별하고 다른 질병과 구별할 수 있어야 한다(Burge, 1993: 325)." 따라서 의미론적 일탈은 말하자면 일탈이 충분히 크다면 성립한다. 만약 누군가 '관절염'을 플라스틱의 한 종류라고 믿는다면 그는 전문가의 개념을 공유하지 않는 것이고 관절염을 지칭할 수 없다.

부를 수 있다고 상상할 수 있음에도 불구하고 '느릅나무'라는 단어가, 그 자신이 사용한 것처럼 (너도밤나무가 아니라) 느릅나무들을 가리킨다고 믿는 것을 보았다. 반면 Putnam은 명시적으로 일탈을 고려하는 것으로 보인다. "외연은 많은 경우에 사회적으로 결정될지 모른다. 그러나 우리는 Jones가 *W*를 ***어떻게 사용하든*** Jones에 의해 발화된 단어 *W*의 토큰(token)에 표준의 외연을 부여하지 않는다. Jones는 *W*와 관련하여 언어적 노동 분화(linguistic division of labor)에서 그의 역할을 하기 위해 어떤 특별한 생각과 기술을 가지고 있어야 한다(Putnam, 1975c: 246)." 따라서 만약 그에게 그러한 생각과 기술이 부족하다면, 그러니까 본질적으로 만약 그에게 *W*와 관련된 고정관념이 없다면 Jones는 *W*를 규범에서 벗어나게 사용할 수 있다. Putnam 자신은 단어와 올바른 고정관념을 연결하기 때문에 어떻게든 '느릅나무'로 느릅나무들을 가리킨다. 만약 그가 느릅나무를 바다 포유류라고 생각했다면 그는 '느릅나무'로 느릅나무들을 가리키지 않았을 것이다. 일탈은 그것이 충분히 크다면 성립한다.

일탈의 경우들이 있다는 것을 인정하는 것은 일탈을 완전히 불가능하게 하는 것보다 확실히 낫다. 그럼에도 불구하고 그러한 견해는 완전히 타당하지는 않다. Putnam은 '느릅나무'를 사용함으로써 그가 느릅나무를 지칭한다고 말한다. ***하지만 여전히 그는 너도밤나무를 '느릅나무'라고 부르고*** 느릅나무 아래에서 친구들을 만나지만 너도밤나무 아래에서 그들을 기다린다. '느릅나무'에 관한 Putnam의 추론적 지식과 지시 능력은 더 능력 있는 화자들의 추론적 지식과 지시 능력과 더불어 폭넓게 수렴한다. 그러나 그것들은 ***완전히*** 표준적이지는 않다. 그는 종종 '느릅나무'로 느릅나무들을 지칭한다. 그러나 그는 동일하게 종종 다른 낙엽수를 지칭한다. 더 능력 있는 화자는 그보다 잘할 수도 있다. 그들은 더 일관성 있게

'느릅나무'로 느릅나무들[2])을 지칭할 것이다.

객관주의적 견해는 의미적 표준이 개인 화자의 사용에 침투하게 하여 일탈을 부정하는 경향이 있다. 개인 화자가 단어에 대하여 알고 있고, 할 수 있고, 실제 하는 것과 별개로 그가 사용하는 단어의 의미 가치는 어떤 외적 기관, 전문가(Burge)나 자연 그 자체(Putnam)에 의해 고정된다. ***그리고 화자가 사용하는 바로 그 내용은*** 그러한 객관적인 의미 가치의 관점에서 설명되어야 한다. 따라서 관절염에 대한 버트의 개념은 단지 전문가의 것이고 Putnam에 의해 사용된 것처럼 '느릅나무'는 느릅나무를 지칭한다. 개인의 능력과 의미적 규범 사이의 관계에 대한 이러한 견해는 극단적인 것으로 간주된다. 규범은 개인적 능력들(그것들이 ***너무*** 무질서한 것이 아니라면)의 내용을 구성한다. 반대쪽 극단은 Chomsky(1992, 1995)처럼 언어의 규범성을 부인하거나, Billgrami(1992)처럼 급진적으로 언어의 규범성을 경시하는 철학자들이 차지한다.

더욱 급진적인 견해는 Chomsky의 것이다. 그에게는 공공성이나 규범성이 어떤 역할을 하지 않는다. Chomsky는 Bert의 경우에 대하여 다음과 같은 의견을 가지고 있다. "Bert가 ***관절염***의 개념을 파악하지 않았다고 말하는 것은... 단순히 그의 사용법이 정확하게 우리가 우리를 치료하기 위해 기대는 사람들의 사용법과 다르다고 말하는 것이다.... 추정된 '공공 언어'에 대한 지시는 ***관절염***에 대한 '실제 내용'과 함께 우리 사이에 발생한 것에 더 이상 해결의 실마리를 던지지 않는다(Chomsky, 1992: 219)." 따라서 거기에는 다른 사용들만 있다. 다만 그들의 일부는 다른 것들보

2) 이러한 '느릅나무' 사건은 무엇을 지시하는가? (Peirce의 마지막 과학자가 느릅나무라고 받아들이는 것이 아니라) 우리 공동체의 더 능력 있는 화자가 느릅나무라고 받아들이는 것이다.

다 더 권위가 있을 수도 있다. 이 견해에서 의미론적 일탈은 외재주의에서만큼 불가능하다는 것을 주목하라. 외재주의에서는 벗어날 ***규범도 없기*** 때문에 어떠한 일탈도 있을 수 없다.

Chomsky에게 공공 언어는 없다. 오직 개인 화자들 간의 닮음만 있다. 'John이 집을 갈색으로 칠하고 있다.'와 같이 주어진 언어 표현이 Peter와 Tom에게도 ***같다고*** 말할 때 우리는 "우리가 그들의 순환계나 시각계가 같다, 즉 그것들이 당면한 목적을 위해 충분히 비슷하다고 말할 수 있다는" 의미에서 이와 같이 말하는 것이다(Chomsky, 1992: 219). 그러면 만약 공유된 구조가 없다면 어떻게 의사소통이 가능한가? Chomsky는 흥미롭게 아무도 음성적 수준에서 상응하는 질문을 제기하지 않았다는 것에 주목한다. 아무도 의사소통의 성공을 설명하기 위해 우리가 "공공 발음"을 공준해야 하지 않는지 의심하지 않는다. 아무튼 Chomsky의 답은 확실하다.

> Peter와 Marry의 성공적인 의사소통은 공공 언어에서 공유된 의미나 공공 발음의 존재를 필요로 하지 않는다.... Peter와 Marry의 신체적 유사성 외에 그들이 공유하는 공공 형태의 존재를 필요로 하지 않는 것처럼 (Chomsky, 1992: 215).
>
> Marry가 말하는 것을 들을 때 Peter는 그가 해결해야 하는 일련의 수식인 계수 M에 관하여 그녀가 그와 같다고 가정하며 진행할지도 모른다.[3)]

3) 이는 각각의 화자가 의미적으로 자신에게 투명하다고 전제하는 것처럼 보인다. 즉 다른 사람을 이해하는 것이 한 사람이 "해결"해야 할 무엇인가일 때 자기 자신과 관련해서는 그러한 문제가 일어날 수 없다. 이것은 언어를 수반하기 때문에 소위 "1인칭 권위("각 사람은 일반적으로 증거에 호소하거나 의존하지 않고 그가 생각하는 것을 안다[Davidson, 1991: 195])")보다 더 강한 가정이다. 이 생각은 단순히 내가 생각한 것뿐만 아니라 문장 S로 의미하는 것을 아는 것이다. 이 가정은 Wittgenstein의 사적 언어 논증의 결론과 모순되는 것처럼 보일 수 있으나 그렇지 않다. 이 가정에서 화자가 S로 의미하는 것에 대하여 수정하는 것은 가능하지 않은 것처럼 보이기 때문에 그 가정은 그 결론과 모순되는 것

때로 그 과업은 쉽고, 때로는 어렵고, 때로는 절망적이다(Chomsky, 1992: 215; Chomsky, 1995: 48).

따라서 Chomsky에게 동일한 언어를 말하는 것은 가깝거나 닮은 것과 같다. 그것은 그 실재가 "폭넓게 달라지는" 흥미에 의존하는 단계적인 관계이다.

Bilgrami의 견해는 Chomsky와 다르다. 무엇보다 우리가 (4장 각주 53에서) 본 것처럼 Bilgrami는 공공성의 형태에 찬성하는 것으로 나타난다. 사실 그의 외재주의적 선택은 본질적으로 언어의 공공성을 위한 기초를 제공하기 위한 필요에서 시작되었다(Bilgrami, 1992: 200). 게다가 그는 Burge의 강한 규범성을 부인하지만 그는 더 약한, 사실상 훨씬 더 약한 형태의 규범성을 위한 여지를 남긴다. 그의 관점에서 의미적 규범들은 의미 가치를 결정하지 않고 사용의 내용에 영향을 주지도 않는다. 오히려 그것들은 순조로운 의사소통이라는 목표에 의해 좌우되는 기술적 규칙이다. 의미적 규범을 준수하는 것은 단지 쉬운 의사소통을 위한 필수 조건이다. 만약 당신이 쉽게 이해받기를 원한다면 다른 사람처럼 말해라(Bilgrami, 1992: 111).

한편 Bilgrami는 "Platon 철학의 대용품" 같은 "용어의 사용을 좌우하는 규범이 있다는 바로 그 생각"을 부인한다(Bilgrami, 1992: 97). "당신은 Platon의 형상 부분을 지구로 가지고 와 그것을 '사회'라고 부를 것이다(Bilgrami, 1992: 92)." Chomsky처럼 Bilgrami는 규범성에 대한 생각이

처럼 보일 수 있다. 그녀는 단순히 그리고 무조건적으로 안다. 그러나 사적 언어 논증은 사적 의미 부여는 없다는 것과 공공 언어의 표현에 대한 각 화자의 이해는 공공의 확인을 받아야 하는 것은 아니라는 것을 보여 준다. 그녀가 S를 이해하는지는(즉, 그녀가 바르게 이해했는지는) 공적 통제를 받아야 한다. 그녀가 이해한 것은(그녀가 S에서 얻은 것은) Wittgenstein에 따르면 무의미하다.

단순히 필요 없는 것이라고 생각한다. 우리는 어떤 것을 설명하기 위해 의미적 규범을 참고해야 할 의무가 없다. Bert의 경우에서조차 Bilgrami는 "우리가... 그는 '관절염'이라는 ***그의 용어***를 매우 정확하게 사용한다고 말하는 것은 중요하지 않다."라고 말한다(Bilgrami, 1992: 97).

Bilgrami의 비평은 본질적으로 의미는 의미적 규범, 즉 Bert가 (단지 수정된 이후뿐 아니라) 처음부터 관절염에 대한 전문가의 개념을 공유했다는 생각에 의해 구성된다는 Burge의 생각을 겨냥한 것이다. 그는 Burge에 반하여 두 가지 논쟁을 한다. 먼저, Bert가 전문가를 존중하는 것은 그가 처음부터 전문가의 개념을 공유한 것이라고 보이지 않는다. 우리는 "내가 생각하기에 나는 허벅지에 관절염이 있어. 하지만..."과 같은 말, 즉 잘못된 의미(벗어난 의미)보다는 "실제" 관절염에 대한 잘못된 ***믿음***을 수정하는 것으로 Bert가 수정을 설명하도록 할 의무는 없다. 우리가 그러한 것을 말하는 것은 아무것도 증명하지 않는다. Bert는 "나는 '관절염'이 무엇 무엇을 의미한다고 생각했어. 하지만..."이라고 말했을지도 모른다. 그러므로 우리는 Bert가 전문가의 개념을 내내 가지고 있었다고 생각할 이유가 없다. ***결과적으로*** Bilgrami는 우리가 Bert의 교정되지 않은 행동을 '실수'라고 부를 이유가 없다고 말한다. "우리가 Burge를 따르고 Bert의 공동체가 '관절염'이라는 용어를 사용하는 방식에 유의하고, 그가 그 개념을 가지고 있다고 생각했을 때에만 그가 실수를 했다고 말할 수 있는 위치에 있을 수 있다(Bilgrami, 1992: 87)."

왜 우리는 Bert가 전문가의 개념을 가지고 있다고 생각할 때에만 그가 실수를 하고 있다고 말할 수 있는가? 그것은 반대로 그의 실수가 단지 전문가의 개념을 소유하지 않고, 사용하지 않은 것에 ***있는*** 것일 수 있다. 이것은 Bilgrami의 논리가 흐르는 방식이다. 만약 Bert가 전문가의 개념을 공유하지 않고 그 단어가 근육의 통증을 나타내는 것으로 관절염에 대하여 규범에서 벗어난 개념을 가지고 있다면, 그의 말은 사실일지도 모른다. 그가 실수를 하고 있다고 말할 이유가 없다. 반면, 만약 Bert가 전문가의 개념을 가지고 있고 그것을 사용한다면 '관절염'이라는 단어는 오직 관절의 통증만을 가리키며 '나는 허벅지에 관절염이 있어'라는 그의 말은 사실상 옳지 않다(사실 모순된다.).[4)]

그러나 Bilgrami는 단지 우리가 Bert의 수정이 잘못된 의미보다는 잘못된 믿음에 관련된 것이라고 설명할 의무는 없다고 주장하기 때문에 이 논의를 적절히 사용하지 못하는 것 같다. 그에 따르면 우리는 완전히 자유롭게 "Bert는 의사에 의해 수정되기 전에 어떤 개념을 가지고 있었다. 그리고 그 후에 다른 개념(그가 정보를 완전히 제공받았다면 이제 아마 의사의 개념과 동일한 개념)을 가지게 되었다."라고 말할 수 있다(Bilgrami, 1992: 80). 따라서 Bilgrami 자신의 견해에 의하면 만약 우리가 전문가의 개념이 Bert에게 있다고 생각한다면 우리는 단지 Bert에게

4) Bilgrami(1992, 37-38)는 Burge의 설명에서 쉽게 Bert가 모순을 가지고 있다고 생각한다고 제기한다. 반면 Burge는 우리가 그가 가지고 있다고 생각하는 잘못에 대하여 합당하지 않은 것이 없다고 주장한다. "관절염이 허벅지에 있을 수 있다는 믿음은... 그의 태도 내용에서 본인이 개념을 완전히 이해해야 한다고 가정될 때에만 엄격하게 생각되는 것처럼 보인다(Burge, 1979: 100)." 하지만 요점은 바로 Bert가 그러한 개념을 완전하게 이해하지 않았다는 것이다. 그러나 여기에서 쟁점은 '나는 허벅지에 관절염이 있어'라는 문장이다. 이 문장은 버트가 말했듯이(또는 누가 말했더라도) Bert의 허벅지가 괜찮아서가 아니라 관절염이 근육을 아프게 할 수 없기 때문에 거짓이다. 따라서 그는 모순되거나 비합리적이다. 물론 문제는 만약 그러한 귀속이 관련된 믿음, 즉 규범에서 벗어난 다른 개념에 반하여 전문가의 개념을 도출하는 믿음의 속성을 포함하지 않는다면 전문가의 개념이 버트에게 있다고 의미하는 것이다(Bilgrami, 1992: 42를 보라.). 나는 일반적으로 Bert가 말로 내용을 설명하는 것에 대한 그의 인식이나 능력을 넘어서는 개념을 가지고 있다는 것에 반대하지 않는다. Burge(1979: 102)가 한 사람의 심리적 내용이 그가 이해하는 것에 제한되어야 한다는 일반적인 생각에 반대하는 것은 확실히 옳다. 어떤 경우에도 한 사람의 지시 능력의 내용은 자신에게 투명하지 않다. 내가 반대하는 것은 화자가 화자의 분명한 믿음, 그리고 지시 수행과 상충하는 개념을 가지고 있다고 생각하는 것이다.

실수가 있다고 생각할 수 있다. 반면, Bilgrami가 Bert가 실수했다고 말하기를 원하지 않는 이유는 매우 확실하다. Chomsky처럼 그는 의미론적 일탈을 무시한다. 그에게 Bert의 사용은 잘못된 사용이 아니라 '관절염'의 다른 사용 중 하나일 뿐이다.

Bilgrami는 Burge에 대해 강한 이견을 갖는다. 명백히 우리는 단지 Bert가 전문가를 존중하는 행위를 하기 때문에 Bert에게 전문가의 개념이 있다고 생각할 의무가 없다. 반면, Bert에게 잘못된 것이 ***없고***(우리가 Burge가 가지고 있는 관절염의 개념에 대한 그의 견해를 수용하지 않는 한) 그가 실수를 하고 있다고 말할 이유가 없다는 Bilgrami의 주장은 그 자체로 매우 반직관적(counterintuitive)이다. 더 능력 있는 화자들은 단지 그들의 언어 수행을 Bert와 비교하는 것이 아니라 Bert를 ***교정할*** 이유를 찾을 것이다. 따라서 나는 (Burge에 대하여) 관절염에 대한 Bert의 개념은 전문가와 다르다고, ***그리고*** (Bilgrami에게 반하여) 그는 잘못된 믿음을 가지고 있다고 말하고 싶다. 더욱이 Burge와 Bilgrami에 대하여 나는 Bert의 '관절염'에 대한 사용이 (부분적으로) ***규범에서 벗어난다고*** 말하고 싶다. 나는 이 모두를 할 수 있는가? 수렴의 개념에 힘입어 나는 그럴 수 있다.

Bert의 믿음을 평가하는 것으로 시작하자. 믿음의 속성은 부분적으로 외연적 언어 행위에서 찾을 수 있다. 그러한 믿음은 Burge(1979: 89-92)가 매우 올바르게 지적한 것처럼, 달리할 이유가 없는 한, 글자 그대로 해석된다. Bert가 그의 허벅지 관절염에 대하여 불평할 때 바로 이 말을 사용하여 우리는 그의 말을 액면 그대로 이해한다. 우리는 보통 그가 혹시 '허벅지'로 목을, 혹은 '관절염'으로 염증을 의미했는지 의심하지 않는다. Bert의 말을 액면 그대로 이해한다는 것은 무엇인가? Chomsky가 말했듯이, 우리는 그 말을 우리의 말로 받아들여야 한다. 그러니까 그것들을 표준적 의미에서가 아니라 (곧 보겠지만, 우리가 표준에 책임이 있다고 여기는) 우리의 의미에서 받아들여야 한다. 개인의 능력 사이에 차이를 허용하기 때문에 우리는 Bert가 ***대체로*** 우리가 그 단어들로 의미하는 것을 의미한다고 생각하고, 그의 능력과 언어 행위가 우리의 것과 통합된다고 생각한다. 따라서 우리는 그 믿음을 공유하지는 않지만 그가 관절염이 허벅지를 아프게 할 수 있다는 믿음을 가지고 있다고 생각한다. 물론 우리는 우리의 말인 것처럼 읽는 Bert의 말을 통해 그 믿음을 식별한다. 우리는 버트가 우리와 통합되지만 아직 그가 우리와 공유하지 않는 믿음을 가지고 있다고 생각되는 (허벅지, 관절염 등의) 개념을 가지고 있다고 생각할 수 있는가? 물론 우리는 그럴 수 있다. 수렴하는 것이 동일한 것은 아니다. 관절염에 대한 수렴된 개념을 갖는다는 것은 (모든 믿음일 필요는 없고) 많은 믿음을 공유하는 것이다. 그리고 그 단어를 대체로 (정확하게 같은 현상일 필요는 없고 대체로) 같은 현상에 적용하는 것이다. 이것이 Burge의 사고실험의 조건이다.

Bert가 우리가 공유하지 않는 믿음을 가지고 있다고 생각하는 것이 일반적으로 그가 우리와 다른 개념을 가지고 있다고 생각하기에 충분한 것은 아니다. 설령 우리가 우리의 동료 John이 관절염 때문에 회의에 오지 않은 것에 대하여 Bert와 갖는 개념이 다르다 해도 그러한 차이로 우리가 Bert가 관절염에 대하여 다른 개념을 가지고 있다고 생각하지는 않을 것이다. 그럼에도 불구하고 이 경우에는, 우리가 가진 믿음의 차이가 충분히 현저하기 때문에 그렇게 생각한다. 따라서 Bert는 관절염에 대하여 수렴은 되지만, 현저하게 다른 개념을 가지고 있는 것이다(이는 고려해야 할 차이와 함께 우리가 동의하는 것도 많다는 것을 의미한다.).

이제 우리가 Bert가 가지고 있다고 생각했던 믿음은 단순히 우리가 공유하지 않는 믿음이 아니다. 그것은 우리가 잘못이라고 판단해야 할 이유가 있는 믿음이다. 우리가 그것을 잘못이라고 여기는 이유는 다양할 수 있다. 만약 우리가 의사라면 우리는 아마 그 영향에 대하여 논쟁할 것이다. 우리 대부분은 그것에 대하여 단지 우리가 직접 또는 간접적으로 믿을 만한 출처, 즉 전문가를 따라 그렇게 말해 왔던 것이다. 사실 그것은 우리가 단순히 관절염이 근육을 아프게 할 수 없다고 믿는 것이 아니다. 그것은 우리가 ***전문가들은 그렇게 생각하지 않는다고*** 믿는 것이다. 따라서 Bert의 개념은 단지 우리의 개념과 다른 것이 아니다. 우리가 아는 한 Bert의 개념은 전문가의 개념과 다르다. 그러나 전문가의 개념과 현저하게 다른 개념을 우리는 '규범에서 벗어난다.'라고 말하고 그 다름의 정도에 따라 더 벗어나거나 덜 벗어난다고 말한다.

Bilgrami는, 만약 우리가 Burge에게 찬성하고 그에게 전문가의 개념이 있다고 생각한다면, 단지 Bert가 틀렸다고 생각할 수 있다는 것을 보여줌으로써 자신의 급진적인 반규범주의적인 견해를 강화하기를 원했다. 그러나 우리는 Bert는 틀리다고, ***그리고*** 관절염에 대한 그의 개념은 (부분적으로) 규범에서 벗어난다고 말할 방법을 찾았다. 사실 그는 ***심하게*** 틀리기 ***때문에*** 규범에서 벗어난다.[5] 이것은 본질적으로 Bilgrami가 의미

---

5) 이 설명은 Wittgenstein의 『확실성에 관하여(*On Certainty*, 1974)』로 거슬러 올라갈 수 있고 Davidson(예를 들어 1974)이 반복적으로 주장했던 '확산은 수렴의 배경에 반해서만 확인될 수 있다.'라는 견해와 상충하지 않는다. 사실 그것은 그러한 견해를 두 가지 방법으로 거듭 주장한다. (1) 우리는 단지 그 믿음을 식별함으로써, 즉 다른 사정이 같다면 그 믿음의 표현에서 나타난 단어들이 (동일하지는 않지만) 수렴적으로 사용된다고 가정함으로써 우리가 어떤 믿음을 공유하지 않는다고 말할 수 있다. (2) 우리는 x에 대한 다른 사람의 개념을, 타인의 믿음의 일부에 근거하여 타인이 가지고 있는 다른 개념은 타인이 그러한 믿음을 가지고 있다고 생각함으로써 우리의 개념과 수렴한다는 가정 하에서만 x에 대한 우리의 개념과 다르다고 여긴다.

적 개념에 대하여 일반적으로 틀리다는 것을 확실히 보여 주지는 않는다. 그것은 의미적 규범성에 대한 *Burge*의 생각을 가정할 필요가 없이 단지 Bert의 '관절염'에 대한 사용에서 잘못을 찾을 수 있다는 것을 보여 준다. 나는 이제 그와 같은 규범성의 문제를 다루며, 객관주의자들이 가정한 매우 강한 개념보다는 약하지만, Bilgrami가 감당할 수 있다고 생각한 것보다는 더 강한, 그런 개념에 대한 여지가 있는지 알아보고자 한다.

규범성, 정확성, 그리고 의사소통

어떤 의미에서 객관주의는 의미적 규범의 구체화된 형태라고 볼 수 있다. 한 단어가 사용되어야 하는 것에 따른 규범은 모든 화자의 사용에서 그 단어가 ***실제 어떻게*** 사용되는지와는 별개로 그것이 가지고 있는 의미 가치로 바뀐다. Burge가 말하는 개념은 무엇인가? 예를 들어 단지 가정된 의미적 규범인가? '계약'이나 '관절염', '소파' 같은 단어를 사용해서 나는 결과적으로 대응하는 개념을 갖는다. 그래서 나는 사실상 그렇지 않음에도 불구하고(예를 들어 나는 팔걸이의자를 '소파'라고 부른다.) 예를 들어 계약, 관절염의 사례, 소파를 지시할 수 있다. 즉, 전문가에 의해 좌우되는 공공 언어의 단어를 사용함으로써 나는 사실 어떻게든 내가 말해야 할 것을 말할 수 있다.

그러나 만약 그것이 이렇게 단순하다면 객관주의적 이론은 궁극적으로 Platon 철학의 순진한 형태일 것이다. 그러나 지시의 객관주적 개념에서 구체화된 언어의 규범성은 사실 언어공동체에서 획득한 규범성의 종류와 다르다. 그것은 그보다는 오히려 그러한 규범성의 극단적인 이상화이다.

다른 쪽 극단에 있는, 규범성에 대한 여지가 없거나 매우 제한적인 여지를 가지고 있는(그리고 결과적으로 일탈에 대한 여지도 없는) 철학자들은 다양한 개인의 사용과 능력에 대하여 설명한다. 그러나 그들은 규범성에 대한 우리의 직관을 설명하는 데(또는 둘러대는 데) 문제를 가지고 있다. 어휘소의 모든 사용이 어떤 것은 더 권위 있고 어떤 것은 덜한 식으로 동일하지 않기 때문에 (주어진 영역과 어휘 일반 모두를 위한) 어휘사전과 백과사전, 그리고 전문가가 필요하다. 우리는 서로의 언어 사용을 항상 수정한다. 우리는 (Burge가[예를 들어, 1979: 83-84] 우리에게 강조한 것처럼) 각자 많은 단어의 의미를 "단지 부분적으로" 또는 "어느 정도까지는" 희미하거나 혼란스러운 방식으로 안다는 것을 인식하고 있다. 가능하다면, 의미적 수행에 대한 이론은 그러한 현상을 다루어야 한다. 게다가 우리는 언어의 공공성이라는 개념이 일반적으로 수용되는 Platon 철학과 일치하지 않을 정도로 규범성과 밀접한 관련이 있다는 것을 보았다. 해석된 언어가 공적이라고 말하는 것은 그것을 한 공동체의 화자들을 위해 묶은 것으로 간주되는 기호와 소리의 사용에 대한 한 묶음의 규범과 동일시하는 것이다.[6] 따라서 규범성이나 공공성은 없다. 이는 Chomsky는 환영할 만한 함축이지만, 다른 사람들은 그렇지 않을 것이다.

Bilgrami는 규범성에 반대하지만, 우리가 언어를 말하는 것과 ***정확하게*** 또는 규범에 따라 말하는 것 사이의 관련성을 느낀다는 것을 충분히 인식하고 있다. 그는 매우 제한적으로 그러한 직관에 찬성할 준비가 되어 있다. 그는 "다른 사람처럼 한다."라고 말하는 것(여기에서는 규범을 준수하는 것)이 의사소통을 ***더 순조롭게*** 만든다는 데 동의한다. 그러나 그

6) 공공성에 대한 외재주의적 이론은 순수한 공공성보다는 의미가 화자들에게 일정하다는 논의에 근거를 제공한다.

는 그것이 의사소통을 ***가능하게*** 한다는 것은 부정한다. 무엇보다 그는 의미와 정확성의 구조적인 연관성에 대한 주장을 용인할 인내심이 없다. "정확성의 전체 개념은 의미의 개념에 내재된 부담을 유발하지 않고 소통하려는 바람과 의도에 대하여 완전히 부차적이다(Bilgrami, 1992: 111)." 사실 의미적 규범은 있다. 그러나 (1) 그것을 관찰하는 것은 의사소통이 이루어지는 데 필요하지 않다. 그리고 (2) 수월하게 소통하려는 우리의 의도를 위한 것이 아니라면 그것들은 어떠한 역할도 수행하지 않을 것이다. 두 가지 주장(특히 두 번째)은 모두 적어도 Bilgrami가 그것들을 이해한다는 의미에서는 도전에 수용적이다.

의미적 규범의 준수가 의사소통에 반드시 필요한 것이 아니라는 것을 보여 주기 위해 Bilgrami는 Davidson의 소리의 예를 빌린다. "내가 '가바가이(gavagai)가 너무 시끄럽다.'라고 말하자, ('가바가이'의 소리를 들어 보지 못한) 내 친구가 라디오 소리를 낮추었다." 이는 "누군가가 어떤 규칙성과도 일치하지 않는 용어를 사용할 수 있고, 그럼에도 이해될 수 있다."라는 것을 보여 준다. 그러므로 "규범은 특정 용어에 붙어 있으며 그러한 규범은 특정한 경우에 사용의 정확성과 부정확성을 ***가늠한다***."라는 주장은 성공적인 의사소통을 설명하는 데 필요한 것보다 훨씬 더 강하다(Bilgrami, 1992: 112).

우리 모두는 '가바가이'와 라디오 같은 의사소통적 상황에 꽤 익숙하다. 명백하게, 화자는 때때로 부적절한 단어, 의미 없는 단어, 또는 단순히 특정한 단어가 빠진 문장을 사용하면서도 그가 의미하는 바를 그럭저럭 얻을 수 있다. 흥미로운 예가 벨기에의 만화 캐릭터인 슈트룸프(Schtroumpfs)의 언어에 의해 제공되었다. 많은 명사와 동사가 단일 소리인 '슈트룸프(영어 번역은 스머프이다.)'와 유사한 형태로 변형되었는데 그럼에도 불구하고 그들이 말하는 것의 대부분은 독자에게 완벽하게 이해되었다.[7] 또 다른 예는 '빈칸 채우기 시험(Cloze test)'라고 불리는 것이다. 이 시험은 본래 문어 텍스트의 이독성(readability)을 측정하기 위한 것이며, 이 시험의 특징은 정보를 숨기는 데 있는데, 예를 들어 텍스트의 n번째의 단어를 삭제하여 독자가 삭제된 단어를 복원하면서 그 빈칸을 채우도록 하는 것이다(Taylor, 1953).[8]

이러한 예가 보여 주는 것은 무엇인가? 그러한 예시에 대한 한 가지 자연스러운 해석은 언어적 맥락이, 부적절하고 이치에 맞지 않거나 빠진 단어의 자리에 어떠한 단어가 ***나타나야 하는지에*** 대한 충분한 정보를 제공했다는 것이다. 적절한 단어의 완전한 복원이 반드시 필요한 것은 아니라고 여겨진다. 중요한 것은 독자나 청자가 전체 문장에서 의도하는 의미 해석을 이해할 수 있도록 하는 데 충분하다는 점이다. 나는 그러한 예들이 '가바가이'가 라디오를 의미할 수 있고, "빈칸 채우기" 텍스트의 빈칸이나 '...'과 같은 것들이 이러저러한 것을 ***의미할*** 수 있음을 보여 준다고 말할 사람은 거의 없다고 믿는다. 빈칸은 주어진 문맥으로 쉽게 추측할 수 있는 ***어떤 단어***가 거기에 있어야 한다는 것을 의미한다. '가바가이'의 경우도 비슷하다. 이 예는 다른 단어와 마찬가지로 '가바가이'가 라

7) 슈트룸프의 언어에 대해서는 Eco(1979)를 보라.
8) 삭제되는 단어는 기계적으로 선택될 수도 있으며(예를 들어 5번째 단어마다), 질적인 기준에 따라 선택될 수도 있다. 이는 시험을 보는 대상에 따라 달라진다(물론, 과제의 어려움은 어떤 단어가 삭제되느냐에 달려 있다.). 과제는 텍스트의 이독성 또는 읽기 이해를 측정하기 위해 사용될 수 있다. 복구된 단어가 삭제된 단어와 정확히 일치하는지 또는 근접한 유의어인지 여부는 과제를 사용하여 이독성을 평가할 때는 차이가 없는 것처럼 보인다. 그러나 과제가 독자의 전반적인 언어 능력을 평가하기 위해 사용될 때는 결과가 매우 다를 것이다. 빈칸 채우기 시험에 대해서는 McKenna와 Bobinson(1980), Marello(1989)를 보라.

디오에 관한 문장에서 모조품(dummy)으로 사용될 수도 있음을 보여 준다. 그러한 문장은 심지어 가짜 단어를 담고 있더라도 이해될 수 있다.

따라서 그러한 예가 '가바가이'가 라디오를 의미할 수 있다거나 라디오를 의미하기 위해 사용될 수 있음을 보여 주는 것이라 말하는 것은 오판에 지나지 않을 것이다. 다른 한편으로는, ***모든*** 규범을 ***항상*** 주시할 필요는 없다는 의미에서, 의미적 규범의 준수가 의사소통을 위해 필수적이지 않다는 것을 쉽게 인정할 수 있다. "특정 용어에 적용"되는 규범이 없다거나, 그러한 규범이 "사용의 정확성 또는 부정확성을 평가"하지 않는다는 것은 아니다. 그러한 규범 위반 사례는 규범(규범은 물리적 법이 아니다)이 없다는 것을 의미하지는 않는다. 규범이 사용의 정확성을 평가하지 않는다고 말하는 것은 무슨 의미인가? 이것은 단순히 잘못된 것인데, 그것은 그러한 평가는 존재하지 않거나 정당화되지 않는다는 것을 의미하는 것처럼 보인다. 언어 사용은 관련된 규범을 따르지 않아도 정확할 수 있다. '가바가이'의 경우를 생각해 보자. 이 단어는 Bilgrami의 예에 근거했을 때, 어떠한 규범도 따르지 않으면서 사용되었지만, 그럼에도 불구하고 전달하고자 했던 의사소통적 목적을 달성하였다. 따라서 그 단어의 사용은 정확했거나 적어도 부정확하지는 않았다. 이러한 효과에도 불구하고 그것이 참으로 부정확하다고 주장하는 것은 순환적으로 보인다. (누군가는 정확성을 위해 규범을 따라야 한다고 말할 것이다.) 따라서 의사소통적 효과성을 넘어서는 정확성은 없다고 결론지을 수 있다. 예를 들어 단어 w를 c의 맥락에서 o일 경우에만 사용하는 것은 의사소통적으로 효과적이다. 그러나 단어 w를 (c의 맥락에서 o일 경우에) 사용하는 것이 의사소통적으로 효과적인지 여부가 c의 맥락에서 사용된 대부분 또는 모든 단어가 ***규범적으로*** 사용됐는지의 여부에 달려 있다는 것은 속임수를 쓴 주사위를 사용하는 것이다. 누구도 모든 단어를 어떠한 옛날 방식이나 가짜로 사용하면서 의사소통에 효과적인 문장을 만들 수는 없다.[9] 결론적으로 정확성에 대한 "화용적" 개념은 다른 개념에 기대고 있는 것이다. *w*는 *c*의 맥락에서 *o*일 경우에, *c*의 맥락에서 다른 단어가 정확하게(규범적이거나 수렴적으로) 사용되었을 경우에만 정확하게(즉, 효과적으로) 사용될 수 있다. Bilgrami는 이 지점을 인정하지 않는다. 그는 "우리의 언어 사용에 전반적으로 규칙성이나 안정성이 없다면 우리는 일반적으로 전혀 이해되지 못할 것이며, 언어공동체의 일원으로 간주되지도 않을 것이다(Bilgrami, 1992: 112)."라는 데 동의한다. 그런데 그가 왜 규범성이 개별 단어들에 영향을 주며, 규범성이 정확성과 부정확성의 판단을 고취한다는 점을 부정하는지는 명확하지 않다.

Bilgrami는 또한 규범성의 전체 ***요점***은 의사소통의 부드러움이라고 주장한다. 그는 만약 우리가 다른 사람들처럼 말하지 못한다면 의사소통이 가능하긴 하겠지만 훨씬 더 어려워질 것이라 주장한다. 그러므로 Bilgrami의 주장에 따라 기능하는, 즉 화자들이 공동체의 다른 구성원이 쉽게 이해할 수 있을 정도로만 의미적 규범과 기준을 따르는 언어공동체를 상상해 보자. 그 공동체에서 각각의 화자는 의미적 관점에서 ***두*** 개의 언어를 가지게 될 것이다. 하나는 다른 사람과 의사소통하는 데 사용하는 것이며, 다른 하나는 그러할 필요가 없는 언어로 단지 생각하거나, 스스로와 대화하거나, 자신을 위해 글을 쓸 데 사용하는 것이다. 그러한 공동체 안에서 의미적 규범의 기능은 예의범절의 기능과 비교될 수 있다.

9) 제스처나 특수한 상황 덕분에 그 의미를 얻는 경우가 있을 수 있다. 그러나 이 경우에 한 사람은 단어를 통해 의사소통을 하고 있지만 다른 한 사람은 ***단어라는 수단***을 통해 의사소통하고 있지 않다.

누군가가 아무개 공작의 저녁식사에 초대받은 경우에는 예의범절을 준수하지만, 반면에 그의 집에서는 그가 원한다면 손으로 음식을 먹을 수도 있다. 우리가 여기서 각각의 화자들이 ***몇몇*** 단어를 특이하게 사용하는 있을 법한 상황을 가정해서는 안 된다는 것에 주목하라. 아마도 우리들 각각은 자신이 발명한 단어 또는 기존의 단어를 특이한 의미로 사용하는 경우 등을 포함한 자신만의 작은 개인적 취향을 가지고 있을 것이다. (나는 확실히 그렇다.) 우리는 동사, 전치사, 부사 등이 포함된 ***전체 어휘***가 의미적으로 특이한 상황을 그려야만 한다. 그러한 상황은 모두가 서로 다른 제2언어를 가지고 있는 상황에 비교할 수 있다. 현실에서는 실제의 제2언어 사용과 소유는 제2언어 공동체의 말과 글에 의해 지원을 받으나, 우리가 상상한 상황에서는 그렇지 않다.

이제 우리가 가정한 세계는 완전히 비경제적인 상황이 될 것이다. 왜 하나로 충분함에도 두 개의 언어를 가지고 있는가? 왜 하나로 충분함에도 음소를 개별적인 2개의 의미 가치에 연결하는가? 왜 '고양이'라는 소리를 고양이(공적으로)를 가리킬 때와 백향목[10](개인적으로)을 가리킬 때 모두 사용하는가? 둘째, (내가 생각하기에는 이것이 더 위험하다.) 그러한 상황은 아마도 화자의 머릿속에 압도적인 기억 부담을 줄 것이다. 나는 비교적 균등한 언어공동체에 참여하는 것이 개인의 의미에 대한 기억력을 지원하는 인지 체계가 될 것이라는 데 대해서는 확신할 수 없다. 그러나 다른 사람들의 단어 사용을 통해 우리의 단어 사용 방식을 확인받는 것이 의미 기억력을 강화하고 그로 인해서 언어의 비소통적인 사용조차도 상대적으로 쉽게 만들어 준다고 생각하는 것은 자연스럽다. 반대로

10) 역자 주: 소나뭇과에 속하는 상록교목(출처: 두산백과).

Bilgrami의 이론에 따라 작동하는 공동체는 원칙적으로는 가능하다고 하더라도, 사실과는 다를 것이다. 진화가 그러한 공동체를 도태시켰을 것이기 때문이다.

이러한 점에서 누군가는 분명히 Bilgrami가 각각의 화자가 의사소통을 위해 사용하는 언어와 개인적인 두 번째 언어를 소유하기를 원하지 않았다고 주장할 것이다. 그가 말하고자 했던 것은 우리는 (다른 이유가 ***아니라***) 더 쉽게 이해되기 ***위해*** 다른 사람이 말하는 것처럼 말한다는 점이다. ***사실*** 우리는 의미적 규범을 의식적으로 인정하기 때문이 아니라, 또한 우리가 사용하는 단어의 의미 가치가 규범에 의해 결정되기 때문이 아니라, 단지 우리가 특정한 목표를 추구하기 때문에 공동체의 다른 사람들과 마찬가지로 말한다. 이러한 반대 의견에 대한 대답은 이 질문으로부터 시작한다. 우리가 그러한 목표를 추구하지 ***않으면*** 무슨 일이 일어나는가? 적어도 그러한 경우에는 의미적 규범이 어떠한 역할도 하지 않아야 한다. 그러나 만약 그러한 경우에도 화자가 계속 규범을 준수한다면, 즉 스스로에게 말하는 경우에도 고양이를 가리키기 위해 '고양이'를 사용하는 등의 행위를 한다면, ***항상*** 규범에 대한 준수를 유지함으로써 지배를 받는 의미 가치는 의사소통을 부드럽게 하는 목적과 관련이 있다. 규범성과 의사소통의 용이함 사이의 대립에 대한 요점은 의미 가치의 한결같음이 ***언어 사용***에 요구되지 않는다는 것을 보여 준 것이다. 만약 언어 사용이 의사소통이 문제가 되지 않을 경우에도 일관된 규범의 준수를 특징으로 한다는 것이 판명되면, 대립에는 아무 것도 남지 않는다.

몇 가지 사소한 논평이 덧붙여질 수 있다. 첫째, 우리는 언어를, 특히 어휘를 공동체의 다른 모든 사람들이 사용하는 ***의도***로 사용하는 것뿐만 아니라, 다른 모든 사람들처럼 사용한다는 ***가정*** 하에 사용한다. 그러한 가정은 오해일 수 있다. (그리고 이에 대해 우리는 어느 정도 확인할 수 있다.) 그렇기는 하지만 이러한 가정은 규범의 인류학적 역할이라 불릴 수 있는 것을 알려준다. 개인의 비정통적인 일상적 어휘 사용을 수용하면서 동시에 각 화자가 의사소통을 위해 어휘를 정상적으로 사용해야 하는 공동체는 우리의 공동체와는 상당히 다르다. 이러한 공동체는 뜨내기 노동자가 공작의 집에서 저녁식사를 할 때와 같이 비용이 많이 들고 까다로운 공동체로 인식될 수 있다.

규범성에 대한 인류학적 관련성은 또한 우리가 우리의 언어 사용이 더 쉽게 이해되지 못할 뿐 아니라 규범에서 벗어난 것으로 드러났을 때, 우리의 언어 사용을 정정할 준비가 되어 있다는 사실을 나타낸다. 우리는 언어가 규칙에 의해 지배를 받으며, 언어 사용에는 표준과 권위가 있다는 것을 인식하고 있다. 반복하건대 이것은 오해일 수 있지만, 그러한 오해를 공유하지 않은 공동체는 아마도 다르게 행동할 것이다. 이러한 공동체는 법이 습관에 따라서 또는 그렇게 하는 것이 옳은 것처럼 보이기 때문 등의 이유가 아니라 ***단지*** 처벌을 피하기 위해서만 지켜지는 공동체와 비슷하다. 이러한 공동체는 개인의 의사소통에 영향을 미치는 정도에 따라 각각의 경우에 각각 표준을 따를지 말지를 결정하는 공동체이며, 의사소통의 효과가 문제가 되지 않을 경우에는 절대로 표준을 따르지 않는 공동체이다. 이러한 공동체는 우리의 공동체와는 다르다는 것이 명백해 보인다.

규범 없는 규범성

사실, 의미적 규범성에 대한 생각은 극히 이상화된 의미적 규범의 상을 쉽게 만들 수 있다는 생각에 깊이 뿌리 박혀 있다. 이러한 상은 객관주의자의 규범주의에 대한 기초가 된다. 이러한 의미적 규범의 상에서 한 언어의 각 용어는 잘 결정된 표준, 그리고 용어의 의미와 같은 의미적 규범과 관련이 있다. Burge의 경우, 그러한 독특한 규범은 전문가에 의해 확정된다고 보았다(또는 어쨌든 비준되었다.). 형이상학자인 Putnam의 경우에는 표준이 선천적으로 설정되었으며, 여하튼 전문가에 의해 이용 가능하게 만들어졌다고 보았다.

이제 의미적 규범성에 대한 인식이 하나의 규범의 존재를 의미하는 것은 아니라는 점을 깨닫는 것이 중요하다. 표준과 권한, 위계가 있다고 해서 이것이 큰 사전(Big Dictionary)이나 Platon의 입법자(legislator) 같은 유일무이한 기준 또는 최고의 권한(Gärdenfor, 1993의 의미로는 "독재자")이 있다는 것을 의미하지는 않는다(*Cratylus:* 388 이하).[11] 사전 편찬자의 경험은 이러한 관점에서 유익하다. 사전은 확실히 사회적으로 수용된 의미적 표준의 좋은 예시이다. 의미적 불확실성과 충돌, 사회적으로 인정된 의미 표준의 부재와 같은 많은 경우에 호소력을 발휘하는 것은 사전이다. 그러나 사전은 종종 ***틀리며***, 잘못되었다.[12] 사전은 무엇이 잘못되었

11) 사실 Platon의 입법자는 전문가라기보다는 명명자(baptizer)이다. 여기서 나는 단어의 의미에 대한 유일한 최종 권한의 예로 Platon의 입법자를 소개하였다.

12) 가장 잘 알려진 이탈리아어 사전(아마 최고의 사전은 아니지만)은 '자연수'를 "양수인 정수"라고 정의하고 있다. 또 다른 높이 평가받는 이탈리아어 사전(마지막 판까지는)은 'stipulare(규정하다)'의 의미를 'redigere un contratto(계약을 맺다)'로, 양성자를 "주위에 있는 양 전기의 핵... 전자들이 모두 함께 원자를 형성한다."로(웹스터 Collegiate 10판에는 양성자가 "수소 원자의 핵과 동일한 기본 입자"라고 되어 있다.), '*Urania*'는 나비로(Urinia는 나방이다.), 'sperimental(실험적인)'은 'scienza sperimentale(실험

는가? 어떤 경우에는 더 좋은 사전에서도 그렇다. 그러나 반드시 그런 것은 아니다. 몇몇 실수는 한 언어의 최고의 사전에서도 흔히 나타나기도 한다. 사전은 각각의 경우에 더 우월한 것으로 여겨지는, 예를 들어 백과사전, 논문, 철저한 전문가와 같은 다른 권위의 관점에서는 잘못된 것일 수 있다. 그러나 이것 중 어떤 것도, 적어도 (기억, 능력, 앎의) 한계가 뚜렷한 인간 전문가는 최종적인 권위는 아니다. 그러한 한계를 잊어버리는 것은 혼란을 가져온다. 전문가는 Platon의 입법자가 아니며, 그와 동일시해서도 안 된다. 전문가는 우리가 아는 것보다 낙타에 대해 더 많이 안다. 입법자는 단어 '낙타'와 낙타에 적용되는 것에 대한 절대적인 능력을 가지고 있다. Burge의 전문가는 Platon의 입법자와는 반대로 어떠한 권위를 가지고 있지만, 절대적인 권위는 아니다. 실제 세계의 언어공동체에는 최종적인 의미적 권위가 없으며, 우리가 때때로 수행하는 최적화된 절차, 예를 들어 사전 편찬자의 체계적인 수행이 고유하고 절대적인 특정 결과를 가져올 것이라는 보장이 없다. Michael Dummett는 "언어의 역설적인 특징은 언어의 수행이 정확성의 기준에 종속되어야 하는 반면, 그 기준을 부과하는 절대적인 권위는 없다는 사실에 있다(1991: 85)."라고 말한다.

형식주의를 좋아하는 사람들은 아마도 다음과 같이 말할 것이다. 언어공동체에 대해 정의된 바와 같이 '단어 a에 x보다 더 권위 있게 되는' 관계가 비대칭적이고, 타동적이고, 연결되어 있다면,[13] 최소한 원칙적으로는 가장 최종적인 권위가 될 수밖에 없다. 그러나 원칙적으로도 그 관계

과학)', 'metodo sperimentale(실험적 방법)'와 같은 맥락에서 "경험에 기초한("실험에서" 대신)"으로 정의하고 있다. 이 외에도 이러한 예들은 무수히 많다.

13) 집합 A에 의해 정의된 관계 R은 모든 x에 대하여 $y \in A$이고, Rxy 또는 Ryx일 경우에만 성립한다.

는 연결될 필요가 없다. 여러 사람이 a에 대해 동등하게 유능할(한편, 이것이 그들이 반드시 a에 대해 ***동의해야*** 한다는 것을 함의하지는 않는다.) 수 있다고 생각할 수 있다. 더욱이 실제로 그러한 의미적 권위의 위계는 쉽게 재건될 수 있다. 최고의 이탈리아어 사전으로 여겨지는 사전에 정의된 수학적 단어를 확인하기 위해서는 어디를 가야 하는가? 수학자에게 가야 한다. 만약 그가 사전에 동의하지 않는다면? 나는 그의 대안적인 정의에 만족해야 하는가? 꼭 그럴 필요는 없다. 그 다음엔 무엇인가? 더 나은 수학자인가? 이것이 의미하는 바는 정확히 무엇인가?

나는 이러한 종류의 문제를 강조하고 싶지 않다. 그러나 내가 몇몇 사전 편찬 작업을 해 보니(Palazzi & Folena, 1992), 어휘 의미 능력의 최적화가 당연한 문제라는 생각에 조바심을 내는 경향이 있었다. 당연히, 많은 경우에 여러 의미적 권위(전문가, 백과사전 등)는 의미적 규범을 결정하는 것으로 수렴된다. 그러나 그러한 수렴은 종종 부분적이다. 그들은 경계에 있는 경우의 불확정성, 부분적인 상충을 배제하지 않는다. 가장 실용적인 목적을 위해 (예를 들어 "평균적 화자"의 필요에 의해) 그것은 충분하고도 남는다. 그러나 그들은 사회적 외재주의자가 말하는 종류의 규범을 골라내는 것과 거리가 멀다. 어떤 형태의 형이상학적인 외재주의에서처럼, 지시를 고정하는 방법으로 규범을 고정하는 것에 관해서는, 나는 그러한 사건들이 매우 드문 경우임을 강조해야만 한다. 아마도 오직 새로 발견된 종이나 몇몇 인공물(그리고 과거에는 종에 대한 ***과학적*** 이름)이 명명식과 같은 방법으로 소개되었다. 자연언어의 대부분의 단어에 대해 우리는 명명식을 경험하지도, 그것들을 상기하는 과정을 경험하지도 않는다. 우리는 단지 더 권위 있게 사용하거나, 덜 권위 있게 사용한다.

'누군가는 더 권위 있고, 누군가는 덜 권위 있다.'라는 자격은 중요한

데, 이것이 Bilgrami(그리고 Chomsky)에 대한 몇몇 불일치를 강조하기 때문이다. 그들은 전문가들(또는 실제 세계)이 어떻게 생각하는지와 상관없이 각각의 화자들의 언어 사용이 정확히 무엇인지 제대로 지적하고 있다. '관절염'이라는 소리를 사용하여 근육과 관련된 고통을 나타낼 수 있으며, 삼나무를 지칭하기 위해 '고양이'를 사용하는 것은 확실히 가능하다. 그러나 "*실제로는* '고양이'는 고양이만을 의미한다."라는 말은 의미적 규범을 지시의 불가사의한 관계, 즉 외재주의자처럼 잘 정의되어 있지 않은 것으로 보았던 의미적 규범으로 바꾼다. 반면에 ***수렴으로의 경향은*** 참으로 우리의 언어 사용에 뿌리를 두고 있다. 언어는 규범-지배적 체계***로 사용된다.*** 이것은 언어의 실제적 사용과 각각의 개별 화자들에 의한 개별 단어의 사용을 정하는 경향이 있다. 우리는 우리가 단어를 잘 사용한다고 생각하지만, 반드시 전문가가 '고양이'를 사용하는 방식으로 '고양이'를 사용할 필요는 없다. 본질적으로 우리는 우리의 단어 사용이 전문가의 것과 다르다는 것을 알게 되면 우리의 방식을 바꿀 준비가 되어 있다.[14)]

따라서 언어의 규범성은 능력에는 위계가 있으며, 개별 화자들에 의해 위계가 암묵적으로, 때로는 명시적으로 인식된다는 사실로 축소되지 않는다. Brandom에 따르면 그러한 인식은 결정을 맡기는 우리의 성향을 결정할 뿐만 아니라 또한 ***약속***을 수행하는 수단으로서의 우리의 언어 사용을 강조한다(1994, 특히 3장 1절). 화자가 '느릅나무'라는 단어를 사용할 때, 그는 대체로 자신이 사용하는 표현에 대한 일반적인 사용 기준에 근

14) Dummett(1978), 특히 425쪽을 보라. (단어 '느릅나무'를 사용하는 사람은) 그가 말한 것이 무엇이든 지시에 의해, 그 중에서도 나무가 다른 화자, 특히 사전 편찬자나 식물학자와 같이 이러한 문제에 대해 권위 있는 사람에 의해 느릅나무로 인식되거나 그렇지 않은 것으로 인식되는 방식에 대해 참 또는 거짓으로 판단되어야 한다고 생각한다.

거하여 자신이 주장하는 바를 의도한다. 만약 그가 그러지 않는다면, 그는 반드시 "내 의의로서의 '느릅나무'"라는 자질을 소개함으로써 그것을 분명히 해야 한다. 그는 아마도 실제로 전문가의 개념을 공유하지 않을 수도 있다(즉, 그의 능력이 전문가의 능력과 같지 않을 수 있다.). 그러나 그는 전문가의 개념에 기초하여 평가받는 것을 받아들인다. 따라서 만약 누군가가 '모든 백조는 하얗다'라고 말한다면, 그녀는 그녀의 말이 모두에게 '백조'와 '하얗다'(또한 '모든')의 기준 의의에 대한 기초에 근거하여 평가받는 것을 의도한 것이다. 어떤 면에서 이러한 원칙이 우리의 언어 사용에 활발하게 영향을 미치지 못하도록 하는 그러한 원칙은 *없다*. 사람은 일반적으로 의미적으로 권위 있는 화자가 주장하는 내용을 받아들인다. 그러한 의의가 자신이 의도한 의의와 일치하는지 또는 심지어 그의 언어 습관에 대한 정확한 조사를 통해 결정된 의의인지와도 상관없다.

이 모든 것을 감안할 때, 어떤 면에서도 의미에서 과장된 것처럼 보이는 표준은 없다. 그러나 이것은 사실이 아니다. 일반적으로 단어를 사용하기 위한 표준인 지식과 기능에 대한 유일무이하고 잘 정의된 집합은 없다(*만약* 단어를 유능하게 사용하려는 모든 사람은 그러한 지식과 기능을 *반드시* 소유해야 한다는 의미에서라면). 그에 대해서는 이 책의 전반에서 논의되었다.

약한 규범성과 사적 언어 논증(private-language argument)

누군가는 객관주의자의 주장보다 강력하지만 Bilgrami의 주장보다는 약한 나의 의미적 규범성의 개념이 Wittgenstein의 사적 언어 논증에 대한 필요성을 충족하기에 충분한지 궁금해 할 수 있다. 사적 언어 논증은 더 나아가기 위해 사용의 정확성의 개념을 필요로 할 뿐만 아니라, ***올바르게 보이는*** 것과 ***올바른*** 사용 사이의 구별을 필요로 한다. 규범성에 대한 나의 관점은 둘 사이에 공간을 만드는 권위(최종적인 권위는 아닐지라도)와 표준(절대적인 표준은 아닐지라도)이 있다는 관점을 따른다. 누군가는 단어의 사용은 더 능력 있는 화자의 사용을 준수하는 것이라 믿을 것이지만, 그러나 사실 이는 그렇지 않다. 여기서 정확성은 일반적으로 유능하다고 간주되는 화자들의 언어 사용으로 수렴되는 것으로 해석된다. 물론 ***절대적인*** 정확성은 아니다. 그러한 것은 없는데, 이는 그것에 따르는 절대적인 표준도, 그러한 표준을 예증하고 집행하는 절대적인 권위도 없기 때문이다. 더군다나 그러한 논쟁은 절대적인 정확성을 필요로 하지 않는다.

그러나 이것이 전적으로 논점을 비켜 간다는 것에 반대할 수도 있다. 이 논점은 개인적 능력이 논쟁의 결론과 양립할 수 있도록 정의되었는지의 여부이다. 어떤 의미에서든 개인의 능력은 ***사적***인가? 물론 현재의 관점에서는 근본적으로 언어의 표준을 준수하지 않고 사용에 기반을 둔 능력을 가진 화자는 언어를 사용하고 있어도, 그녀의 언어 사용은 다른 화자에 의해 이해되기가 어렵다. 그러나 그녀의 일탈은 다음 관점에 완전히 열려 있다는 것에 주목해야 한다. 그녀가 다른 화자의 언어 사용(혹은 표준)에서 얼마나 벗어나 있는지는 지시 능력과 추론 능력을 포함한 언어 수행 능력을 통해서 분명해질 것이다. Wittgenstein의 사적 언어와 관련된 문제는 표현이 올바르게 사용되는지 여부에 대한 평가가 열려 있지 않도록 설정되어야 한다는 것이다. 왜냐하면 그들의 의미는 내면의 상태에 대한 사적 덧붙임의 결과로 여겨지기 때문이다. 사적 언어에서 화자가 사용한 표현의 "실제" 의미는 가설에 따르면, 대중들에게 숨겨져 있다. 반대로, 나는 언어적 수행이 능력을 반영하지 않는다고 가정하는 것은 이치에 맞지 않는다는 관점에서 개인의 능력에 대한 개념을 소개했다. 사실, 어떤 사람의 능력은 그 사람으로 하여금 그녀가 그것을 사용하는 방식으로 언어를 사용할 수 있도록 만들어 주는 지식과 능력(구별 능력)의 복합체이다. 결론적으로 능력은 정의에 의해 사용 시 명시된다(혀의 미끄러짐, 때때로 기억의 실패에 의해 사용이 어느 정도의 영향을 받을 수 있는 범위를 제외하고는). 그러므로 어떤 사람이 *w*를 통해 그녀의 *w*의 사용이 공개적으로 그녀에게 의미한 바가 아닌 다른 것을 우연히 의미한 것은 아닐까 의문을 가지는 것은 말이 되지 않는다.

그러나 누군가는 이상한 화자는 "참여하지 않는다."라고 가정하라고 주장할지도 모른다. 말하자면 그녀는 그녀 스스로 능력의 사회적 위계에 대한 책임이 없다고 가정해야 한다는 것이다. 그녀는 여전히 현재의 관점에서 언어를 말하고 있지 않는가? 그리고 그것은 그녀의 사적 언어가 아닌가? 답은 그녀가 참여하지 않는 것은 전혀 관련이 없다는 것이다. 다른 화자가 그녀의 언어 사용을 평가하여 그녀의 언어 사용을 이상한 것으로 간주하지 못하도록 하는 것은 할 수 없다. 정확성의 개념은 그녀의 언어 사용에 여전히 적용될 수 있으며, 심지어 그녀가 결정을 맡기는 것을 거부할 때도 그렇다. 만약 그녀가 자신의 방식대로 또는 자신의 표준에 정확하게 말하고 있다고 주장한다면, ***이러한*** 응답은 사적 언어 논증에 해당한다. 다른 화자는 그녀가 해당 언어를 말하는 것으로 간주할 이유가 전혀 없고, 그들은 그녀 ***자신*** 역시 그렇게 주장할 이유가 없다고 주장할 것이다. Fodor의 잘 기능하는 기계와 같이 그녀가 자신을 보고, 다른 사람들에게 그녀를 볼 것을 요구한다면 어떨까? 이것은 참으로

반론의 여지가 없는 방어이다. 그러나 그녀의 행동은 Wittgenstein의 입장에서 보면 언어를 말하는 것으로 간주되지 않을 것이다. 그러한 행동에 적용될 권리가 우리의 언어적 수행에 관습적으로 적용되는 권리와 개념적으로 유사하지 않기 때문이다(Fodor의 기계의 경우 "올바르게 되는 것"은 대안을 인정하지 않는다, Marconi, 1995b를 보라.).

제6장 지시적으로 유능한 시스템

나는 카메라에 무엇이 부착되는가에 대한 이론을 원한다.
B. C. Smith(1991: 275)[1)]

Wittgenstein의 개념에는 이해의 *기준*이 되는 수행이 있다. 예를 들어, 만약 어떤 사람이 텍스트를 요약할 수 있다면, 우리는 그가 텍스트를 이해했다고 말한다. 반대로 만약 그가 텍스트를 요약하지 못한다면, 우리는 그가 이해했는지를 의심하게 된다. 만약 어떤 사람이 텍스트가 나타내는 주제와 관련된 질문에 답할 수 있고, 그 질문이 텍스트에 포함된 정보에 기반을 둔 것일 경우 우리는 그가 텍스트를 이해했다고 말한다. 반대로 만약 그가 질문에 답하지 못하면 그의 이해에 의심을 제기하는 것이 합

---

1) 이 논평은 "인간 지식의 총합"을 표상하려 한 Lenat와 Feigenbaum(1991)의 야심적인 인공지능 프로젝트에 대한 발언의 일부이다(Smith, 1991: 252). Smith는 여기서 전통적인 틀 기반 시스템인 Lenat와 Feigenbaum의 시스템에 대해 "오른쪽과 왼쪽의 차이에 대해 절대로 이해하지 못할 것이다."라고 하며 논쟁한다. "카메라 부착하기(즉, 시스템에 어떤 형태의 인공적인 지각 작용을 부여하는 것)"가 특정 문제를 해결하리라 생각할 수 있다. 그러나 그러한 해결책은 Lenat와 Feigenbaum의 프로그램의 범위를 벗어날 것이다. 더욱이 이것이 해결책으로 보이기 위해서는 많은 것들이 명확해져야 한다. "이미지를 개념적 표상과 어떻게 통합할 것인가?, 상상적 이미지가 어떻게 작용할 것인가? 이 모든 것이 '내부의' 센서와 이펙터의 존재와 어떻게 연결되는가?, 이것이 어떻게 작동되는가?" 카메라는 "매우 거대한 빙산의 일각일 뿐이다."

당하다. 또한 만약 어떤 사람이 텍스트를 다른 언어로 정확하게 번역할 수 있으면 우리는 그가 텍스트를 이해했다고 말한다. 그러나 만약 그가 다른 언어를 알고 있으면서도 텍스트를 정확하게 번역하지 못한다면, 우리는 그가 텍스트를 이해하지 못했다고 말하는 경향이 있다. 이것들은 모두 우리가 누군가가 자연언어 텍스트를 이해한다고 말하는 "전형적인" 경우이다. Wittgenstein은 '이해', '이해하기'와 같은 단어 사용은 그러한 수행이나 그것을 수행할 수 있는 능력과 얽혀 있다고 말할 것이다. 이해는 요약, 질문에 답하기, 번역과 똑같지 않다. 그러나 우리는 그러한 수행을 어떻게 평가하는지 배움으로써 이해에 대한 개념을 어떻게 적용하는지 배울 수 있을 것이다.

자연언어 이해 시스템의 무능력

오늘날 우리는 위에서 언급한 과제를 서로 다른 수준으로 수행할 수 있는 인공적인 시스템을 가지고 있다.[2] 그러한 시스템은 '자연언어 이해 시스템'이라 불리는데, 이는 그러한 시스템이 위와 같은 수행 중 하나 혹은 그 이상을 할 수 있기 때문이다.[3] 그러나 그러한 시스템이 우리가 일반적으로 인간이 언어를 이해한다고 말할 때 수행하는 것을 할 수 있다

2) 최근의 조사 결과를 보려면 Gazdar(1993)을 보라.

3) Turing 테스트가 부인된 이래로 그러한 수행이 이루어지는 방식, 즉 프로그램의 구조와 시스템이 접근하는 데이터의 종류가 강조되는 경향이 있다. 여기서 나는 그러한 특징이 시스템이 정당하게 언어를 이해한다고 말할 수 있는 것과 무관하다고 암시하는 것도 아니고, Turing 테스트의 일부 버전을 개념적 의미로 복원하려는 것도 아니다. 단지 이러한 종류의 수행을 할 수 있는 경우에만 자연언어 이해 시스템을 다루고 있다는 것이라고 볼 것을 제안한다.

는 사실에도 불구하고 많은 사람들은 시스템이 자연언어를 실제로 이해하지는 못한다고 말한다.

물론, 현재의 시스템은 그러한 과제를 수행하는 데 있어 인간만큼 잘하지 못한다. 인공적인 시스템의 번역은 종종 서툴고, 요약은 지능적이지 못하고, 답할 수 있는 질문은 비교적 적다. 더욱이 현존하는 시스템은 그러한 과제 중 (대개) 오직 하나 또는 두 개만 수행할 수 있다. 반대로 인간은 번역기이면서 질문-응답 장치이며, 자동 요약기이다. 마지막으로 각각의 시스템이 가공할 수 있는 텍스트의 범위는 매우 제한적이며, 특히 어휘적으로 그러하다. 그러한 한계를 극복하기 위해서는 단지 거대한 어휘 데이터베이스를 구축하거나 하나의 큰 시스템에 복합적인 시스템을 통합하는 것 이상의 것이 요구된다. 우리는 화용적 능력과 맥락적 지식을 위한 비유적 언어 사용으로부터 문제(그중 몇몇은 현재까지 명확히 공식화되지도 못하였다.)를 풀 필요가 있다.

그러나 나는 본질적으로 그것이 자연언어 이해 시스템이 실제로 자연언어를 이해하지 못하는 어려움 때문은 아니라고 추측한다. 이를 깨닫기 위해 우리가 표준적인 유형의 매우 정교한 "이해" 시스템을 구축하는 데 성공했다고 상상해 보자. 그러한 시스템은 알맞은 통사 분석기와 거대한 어휘 데이터베이스, 완전히 분석적인 의미 표상으로 구성된 의미 번역기를 가지고 있을 것이다. 그리고 그 의미 표상들은 시스템이 충분히 유능하거나 심지어 매우 능력 있는 화자로 간주될 수 있는 모든 추론을 수행할 수 있을 정도로 명시적이다. 시스템은 '거실에 네 마리의 코끼리가 있다'라는 문장을 통해 거실에 네 마리의 큰 동물이 있고, 집에 네 마리의 코끼리가 있고, 거실에 짝수 마리의 코끼리가 있고, 거실에 키 큰 포유류(더 정확하게는 장비류[長鼻類, proboscidean])가 있다고 추론할 수 있다. 시스템은 심지어 거실의 가구가 심하게 더렵혀질 것이라 추론할 수도 있다. 요컨대, 시스템의 이러한 추론 능력은 가장 높은 수준을 충족할 것이다.

왜 우리는 그러한 시스템조차 시스템이 처리할 수 있는 언어를 실제로 이해하는 것은 아니라고 말하는가? 이 질문에 대해 Searle의 “중국어 방” 사고실험에 기반을 둔 전통적인 답이 있다. Searle에 따르면, 우리가 시스템이 언어를 이해하지 못한다고 말하는 (그리고 말해야 하는) 이유는 시스템이 한낱 기호-조작자이기 때문이다. 시스템은 기호가 무엇을 ***의미하는지*** 모른다. Searle의 사고실험에 대해 모르는 독자를 위해 이를 간단히 소개하자면 다음과 같다(Searle, 1980; 1982를 보라.). 당신이 두 개의 창문이 있는 방에 갇혔다고 상상해 보라. 창문 하나를 통해 당신은 글자처럼 보이는 일련의 표식을 건네받는다. 그 표식은 사실 중국어 글자인데, 당신은 중국어를 전혀 모르기 때문에 그 표식은 수많은 의미 없는 구불구불한 선일 뿐이다. 그런데 당신은 또한 첫 번째 창문을 통해 들어오는 표식을, 똑같이 당신이 이해할 수 없는 다른 표식과 일치시켜서 다른 창문을 통해 전달하라는 지시(지시는 영어로 받으며, 따라서 알아들을 수 있다.)를 받게 된다. 얼마 후 당신은 지시에 따르는 것에 매우 익숙해지고, 당신의 표식 일치시키기는 매우 빨라진다. 그러나 당신은 여전히 일이 어떻게 진행되고 있는지 이해하지 못한다. 이제 처음의 표식 세트는 (중국어로 된) 질문이고, 지시는 질문을 (당신이 다른 창문을 통해 전달했던 표식인) 적절한 답과 일치시키는 것임이 밝혀졌다. 당신은 중국어를 몰랐고, 표식 일치시키기에 익숙해지면서도 중국어를 알지 못했다. 당신은 실제로 부여받은 규칙에 따라 표식들을 매우 빠른 속도로 다룰 수 있지만, 여전히 그 표식들을 이해하지 못한다. Searle에게는 컴퓨터가 수행하는 자연언어 이해 시스템이 정확히 당신의 상황과 일치한다. 시스템은 질문-응답이나 다른 언어 수행을 열심히 모방하기 위한 규칙에 따라 기호(기호는 모양을 통해 구별된다.)를 잘 다룰 수 있다. 그러나 방에 갇힌 당신이 중국어를 이해하지 못하는 것처럼 시스템은 시스템이 다루는 기호를 이해하지 못한다.

Searle의 견해에서 볼 때, 이상적인 시스템에 대한 나의 설명은 부정확할 것이다.[4] 내가 그러한 시스템은 추론을 수행할 수 있고, 확실히 시스템이 추론적으로 매우 유능하다고 말했기 때문이다. 만약 이것이 특정 기호가 입력될 때마다 기호의 특정 열을 대량으로 생산해 내는 시스템의 기능만을 포함하는 것으로 해석될 경우 Searle은 반대 의견이 없을 것이다. 그러나 만약 이것이 심각하게 받아들여진다면, 즉 시스템이 우리의 추론 능력이라 이름 불리는, ***우리의*** 언어 능력의 일부를 ***공유한다고*** 주장하는 것으로 해석된다면, Searle은 그런 경우는 없다고 말할 것이다. 엄격하게 말해, 우리의 예에서의 추론이 단어 '코끼리'가 나타난 문장과 관련이 있다고 말하는 것도 정확하지 않을 것이다. 자연언어 이해 시스템은 확실히 실질적으로 영어 단어 '코끼리'와 일치하는 기호를 포함하는 기호들의 열을 처리할 수 있다. 그러나 그러한 기호는 시스템에는 의미가 없다. 강조하자면 그 기호는 코끼리를 의미하지 않는다(즉, 영어 단어 '코끼리'가 의미하는 바를 의미하지 않는다.). 결론이 무엇이든지 간에 시스템이 추론할 수 있는 것은 코끼리가 아니다. 그것들은 시스템에는 의미가 없고, (시스템의 사용자인) 우리가 코끼리에 관한 것이라 해석하는 기호의 열이다.

나는 Searle의 시각을 전부 논의하지는 않을 것이다. 여기서 나는 단지

---

4) 사실 Searle의 관점은 심지어 더 강하다. "(기호 조작자는) 심지어 ***기호*** 조작 처리자도 아니다. 왜냐하면 그 기호가 아무 것도 기호화하지 않기 때문이다(1980: 422)."

Searle의 시각에서 본질적으로 잘못된 것 한 가지와 본질적으로 옳은 것 한 가지를 지적할 것이다. 본질적으로 잘못된 것은 Searle이 마치 의미에 대한 "진정한" 지식이 기호를 조작하는 능력 이외의 것으로 명백히 정해져 있는 것이라 보고 능력(competence)과 기호를 조작할 수 있는 능력(ability)을 대립시켰다는 점이다. 사실 중국어 방 사고실험은 우리로 하여금 누군가가 진정한 이해를 달성하지 않고도 모든 종류의 기호 조작에 영향을 줄 수 있다고 ***느끼도록*** 의도하고 있다. 그러나 우리가 만약 중국어 방에 있는 사람의 처리 능력이 언어 능력에 미치지 못한다는 것을 인정하더라도 그 능력은 여전히 ***어떤 종류의*** 조작을 할 수 있는 능력이다. 그러한 조작의 부적당함을 지적하는 것은 확실히 언어 능력과 특정한 기호와 소리를 이용할 수 있는 능력 사이의 관계를 믿지 않을 이유로 충분치 않다. 꽤 몇 년 전에 Putnam은 "언어를 이해하는 것은 언어를 사용할 수 있는 것이라는 점을 따르는 평가는... 현재 학계에 있는 유일한 평가이다(1979: 199)."라고 말했다. 오늘날에는 다른 관점이 더 선호된다. 그러한 관점 중 일부에 따르면, 언어를 이해하는 것은 정신적 표상의 시스템에 언어를 그려 넣을 수 있게 있게 되는 것이다.[5] 우리가 '언어를 사용할 수 있음.'이라고 말하는 것은 기껏해야 진정한 이해가 이루어진 '증상'일 따름이다. 그러나 그것은 언어를 사용할 수 있는 진정한 이해의 '증상' 정도이며 이해에 필수적이지도 충분하지도 않다. 그러한 대안적인 평가가 사용의 관점에서 정말로 모순되는지는 확실치 않다. 확실히 언어를 사용하는 능력을 보여 주는 것은 이해와 관련이 있다. 나는 자연적인 것이든

5) Fodor(1975)와 Johnson-Laird(1983)는 이러한 견해의 (매우 다른) 예이다. 물론 전자는 Putnam이 "지시와 이해(Reference and Understanding, 1979)"를 썼을 때 이미 "현장에서 통용되었다."

인공적인 것이든 ***우리가*** 가진 능력에 필적하는 수준의 언어 사용 능력을 실제로 보여 주었던 어떤 시스템도 이해 능력이 ***심각하게*** 부정될 것이라는 점에 의문을 품는다. 사실은 우리가 그러한 유일한 시스템이라는 점이다. 다른 모든 시스템은 근본적으로 ***언어 사용자*** 또는 기호 조작자로서 부적당하며, 다른 의미(예를 들어, 인지주의자의 의미에서)에서 언어를 "정말로" 이해하는지와는 관계가 없다. 따라서 이해를 기호 조작 능력과 동실시하는 것을 통렬하게 비난할 필요는 없다. 왜냐하면 그러한 동일시의 관점에서조차 인공적인 시스템(심지어 우리가 상상할 수 있는 이상적인 시스템도)이 보이는 능력이 부적당한 것이 분명하기 때문이다. 진짜 문제는 의미에 대한 지식이 기호 조작 처리[6]로 "축소"될 수 있는가가 아니라, 어떤 종류의 기호 조작 능력을 의미에 대한 지식 또는 언어 이해로 볼 수 있는가이다.

Searle이 상상한 중국어 방에 있는 사람이 실행해야 하는 통사적 변환을 수행하는 능력을 의미 능력으로 볼 수 ***없다는*** 그의 주장은 상당히 옳다. 사실 중국어 방에 있는 사람은 규칙에 따라 언어적 표현을 다른 언어적 표현과 연결하고 있다.[7] 그러한 연결을 만들어 내는 능력을 의미 능력으로 보기에는 충분치 않다는 점은 1장에서 명확히 밝혔다. 의미 없는 언어 기호를 다른 해석되지 않은 기호(그것이 무엇이든 간에)에 연결한다고 해서 의미 있게 되지는 않는다.[8] 그러므로 Searle의 논쟁은 구조주의

6) 역자 주: 기호 조작 처리(symbol manipulation)는 목록 처리 언어의 용어로, 데이터를 기호로써 처리하는 것을 말한다(출처: TTA정보통신용어사전).

7) 그가 심지어 그것들이 언어적 표현이라는 것을 모른다는 사실은 어떠한 차이도 만들지 않는다. 만약 그가 그것들이 언어적 표현임을 들었다고 해서 그것들을 더 잘 이해하지는 못할 것이다.

8) 그러나 1장의 각주 39에서 나는 이것이 추론적 연결이 정보적으로 비었다는 것을 함의하는 것으로 이해돼서는 안 된다는 점을 명확히 하였다. 나는 어느 정도의 추론 능력을 보이는 컴퓨터 프로그램이 진정한 이해의 한 ***요소***조차 가지고 있지 않다는 Searle(1980:

의 특정 형태로부터 초기의 인공지능의 아이디어에 이르는 관점, 순수한 언어 내적 연결과 그러한 연결을 추적하고 재추적할 수 있는 능력과 밀접한 관계를 맺는 의미 능력을 지지하는 여러 관점을 반박하기에 효과적이다.

그러나 Searle은 시스템이 본질적으로 어떤 프로그램이든지 상관없이, 아무리 정교해 보이더라도 기호 조작자, 즉 Searle의 다소 편협한 용어로는, "통사" 장치로 남아 있는 한 시스템의 능력을 향상시키기 위해 할 수 있는 일이 아무 것도 없으며, 기호는 어떤 종류의 통사적 처리를 받더라도 절대 의미를 획득하지 못한다고 믿는다. 왜냐하면 이것은 Searle의 통사적 처리와 이해에 대한 ***일반적인*** 반대이기 때문이다. 따라서 '왜 인공 시스템이 언어를 진정으로 이해하지 못하는가?'라는 질문에 대한 Searle의 대답은 간단히 말해 '왜냐하면, 모든 컴퓨터 프로그램처럼 시스템은 단지 기호 조작자이기 때문'이다. Searle의 반대에 내가 확신하지 못하기 때문에 (내가 인공 시스템의 처리 능력이 매우 부적당하는 것을 인지함에도 불구하고) '***우리는*** 할 수 있지만 인공 시스템은 할 수 없는 것은 정확히 무엇인가'라는 질문으로 돌아가 보자.

몇몇 철학자는 인공 시스템이 문장이 다루는 ***진리 조건***을 알지 못한다고 말할 것이다. 이러한 관점에서는 인공 시스템은 진리 조건을 이해하지 못한다. 그러나 우리는 최소한 어떤 의미에서는 '진리 조건을 아는 것'은 문제가 되지 않음을 보았다(4장 191-204쪽). 만약 문장의 진리 조건을 아는 것이 영어와 같은 특정 언어의 진리 조건(의미 공준을 갖춘 언어의 표준적인 모형-이론적 평가에 의해 제공되는)에 대한 적당한 진술을 하

418)의 주장에 동의하지 않는다.

는 것이라 본다면, 인공 시스템은 많이 아는 것으로 간주되어야 한다. 그러한 진술을 이해함으로써 (인공 시스템은 알지 못하고, 하지 못하지만) 우리가 아는 것이나 할 수 있는 것이 있는가? 한편으로는 만약 우리가 (모형-이론적 개념에서의) 영어의 모든 문장의 진리 조건을 안다면, 우리는 모든 적절한 추론을 그려낼 수 있으며, 인공 시스템도 그렇게 할 수 있을 것이다. 다른 한편으로는 그러한 진리 조건을 숙달하더라도 '책, 책상, 위에(on)'와 같은 단어가 어떻게 적용되는지 알지 못할 것이며, 우리도 또한 그럴 것이다. 우리는 모형-이론적 의미 시스템이 구조적 능력을 열심히 모방하며 추론 능력을 표현함을 보았다.

그러나 인공 시스템이 각각의 상황 σ에 대해 σ에서 문장이 참인지 거짓인지를 정하지 못한다는 관점에서 문장의 진리 조건을 알지 못한다고 말하는 것 또한 옳지 않을 것이다. 만약 상황 σ가 언어로 묘사된다면 인공 시스템은 확실히 σ에서 문장이 참인지 거짓인지를 알아낼 수 있기 때문이다. 이것은 정확히 텍스트의 주제와 관련된 질문에 대답할 수 있는 (우리가 고려하고 있는 시스템과 같은) 시스템이 하는 일이다. 그러한 시스템은 시스템이 처리한 텍스트에 의해 묘사된 상황에서 (질문에 대응하는) 특정한 문장이 참인지 거짓인지를 결정할 수 있다. 우리가 한계가 없다고 가정했기 때문에, 우리는 인공 시스템이, 인공 시스템이 해석할 수 있는 언어로 묘사될 수 있는 어떠한 상황에서도 주어진 문장이 참인지 거짓인지를 확실히 결정할 수 있다고 결론 내렸다.

반면에 인공 시스템은 언어를 통해 주어지지 않은 상황에서는 문장이 참인지 거짓인지를 결정하지 못한다. 예를 들어, 인공 시스템은 "실제 세계"가 언어적 묘사를 통해 주어짐에도 불구하고 실제 세계에서 문장이 참인지 거짓인지 결정하지 못하며, 문장을 검증하지도 못한다. 만약 당신이 인공 시스템을 방에 두고 '이 방에 최소한 네 개의 좌석이 있다.'라는 문장을 평가하기를 요구하면, 인공 시스템은 하지 못할 것이다.

인공 시스템의 무능력은 단어의 지시에 초점을 맞춤으로써 강조될 수 있다. 인공 시스템이 '코끼리'의 지시를 안다는 관점이 있다. 인공 시스템은 이 단어가 코끼리를 가리킴을 알며, 즉 이 단어가 큰 포유류, 장비류를 가리키며, 아프리카나 인도(또는 동물원)에 살고 있다는 것 등등을 안다. 따라서 시스템이 이러한 것을 알기 때문에 시스템의 앎에 대한 결론을 코끼리가 아니라 홍학에 대한 것이라고 말하는 것은 부정확할 것이다. 인공 시스템은 (포유류, 장비류 등등의 특성을 지닌) 코끼리를, 새이며 섭금류(涉禽類)[9]이고 흰색 또는 분홍색(코끼리처럼 회색이 아니라) 등의 특징을 지닌 홍학과 매우 잘 구별할 수 있다. 반면에 인공 시스템은 코끼리에 대한 문장을 ***검증하지*** 못하는 것과 같이 실제 세계나 사진에서 코끼리를 ***인식하지*** 못한다. 그러한 인식 능력이 결여되었기 때문에 인공 시스템은 지시적으로 무능하다. 자연언어 이해 시스템이 은유적으로만 가능한 것이라는 우리의 느낌을 뒷받침하는 것이 바로 그런 무능함이라고 생각한다. 왜냐하면, 그들은 사실 자연언어를 이해하지 못하기 때문이다. 만약 이 책에 제시된 견해가 심지어 올바른 방향에서 떨어져 있더라도, 지시적으로 무능한 시스템은 의미적으로 유능한 것으로 간주될 수 없다.

9) 역자 주: 다리, 목, 부리가 모두 길어서 물속에 있는 물고기나 벌레 따위를 잡아먹는 새를 통틀어 이르는 말. 두루미, 백로, 해오라기 따위가 있다(출처: 표준국어대사전).

어떤 인식 능력이 관련되는가?

진짜 유능한 인공 시스템, 즉 진짜로 자연언어를 이해할 수 있는 시스템을 갖기 위해 우리는 지시적으로 유능한 시스템, 즉 실제 세계에 단어를 적용하는 것이 가능한 시스템을 개발해야 한다. 우리는 Wilks에 의해 이것이 인식 능력의 단계를 포함하고 있음을 보았다(3장 120-123쪽). 그러나 우리는 (최소) 두 가지 점에서 더 정확해져야 한다. 무엇보다 인식 능력의 어느 정도가 추론 능력으로 간주되는가? *어느* 정도의 인식 능력이 지시 능력의 *필수* 조건이라는 것을 우리가 확정했다고 가정해 보자. *어느* 정도의 인식 능력이 지시 능력의 *충분한* 조건인가? 둘째, 의미 능력을 지시물을 인식하고 문장을 검증할 수 있는 능력을 연결과 연결하는 관점은 검증주의의 감독에 열려 있는데, 검증주의는 문장의 의미를 아는 것은 그것을 검증할 수 있는 것이라고 말하는, 의심스러운 이론이다. 따라서 두 번째 질문은 지시 능력이 인식 능력과 검증 능력을 포함한다는 관점은 검증주의를 수반하는가이다.

첫 번째 질문과 관련하여 우리는 이미 몇 가지 사회문화적 요인이 의미 능력에 중요한 것으로 간주되는 인식 능력의 종류와 양을 결정하는 데 관련이 있음을 보았다(3장 121-123쪽을 보라.). 우리는 또한 섬세한 인식 능력을 지시 능력에서 제외할 원칙적인 이유는 없으며, 반대로 어설픈 능력과 정교한 능력의 차이는, 거시적인 기준에 속하는 순수하게 지각적인 인식 절차와 복잡한 실험과 인공적인 도구를 사용하는 인식 절차 사이의 차이와도 일치하지 않는다는 것을 보았다(4장 161-164쪽을 보라.). 예를 들어 훈련받은 내과 의사의 특징적인 능력은, 그 훈련이 극도로 정교하고 복잡한 훈련에 기반하고 있더라도, 인공적인 도구의 사용을 반드시 포함하지 않는다는 것이다. 결론은 어떤 인식 능력이든지 지시 능력에 포함될 수 있으며, 능력이 중요하거나 또는 심지어 중요하다고 사회적으로 인정된다는 의미에서 중요하게 생각되는 능력은 일반적으로 예측될 수는 없지만, 각각의 경우가 조사되어야만 한다는 것이다.

그러나 거시적인 인식 기준과 관련하여 무언가가 더 언급되어야 한다. 분명히 '고양이', '물', '금'과 같은 단어에 대한 일반적인 화자의 적용은 매우 거시적인 인식 기준에 바탕을 두며, DNA나 화학적 또는 분광 분석에 근거하지 않는다. 그러나 그러한 거시적인 인식 기준에 종종 눈에 띄게 오류가 있다는 것이 지적되었다. 거시적인 기준은 우리로 하여금 과산화수소를 물로, 황철광을 황금으로, 플라스틱으로 된 가짜 나무를 나무로 인식하게 하며, 심지어 특정한 상황에서는 도자기로 만든 고양이를 고양이로 인식하게 한다. 물론 '고양이'라는 단어가 도자기로 만든 고양이를 가리키지 않으며, '황금'이라는 단어가 황철광을 가리키지 않으며, 화자 역시 그렇다는 것을 안다. 심리적인 연구(예컨대 Keil, 1986; Neisser, 1987b)는 성인과 심지어 아주 어린 화자들도 종종 피상적이고 지각적인 기준이, 많은 단어의 적용을 이끌기에는 불충분하다는 것을 꽤 잘 알고 있다고 강조해 왔다. 누군가는 진정한 지시 능력은 거시적인 기준을 적용하는 능력으로 축소될 수 없다는 결론에 이르게 될 것이다. 지시 능력이 거시적인 인식 능력과 대조적으로 정의되는 방법에는 최소한 두 가지가 있다.

첫째, 누군가는 일반적인 화자의 지시 능력이 전문가의 능력에 기생한다고 주장하면서, Putnam의 언어적 노동 분화에 대해 비판할 수 있다. ***진정한*** 지시 능력은 전문가의 특권이다. 말하자면 '황금'이나 '고릴라'에 대한 나의 능력은 피상적인 식별 기준을 적용할 수 있는 능력과 더 적절한 식별을 위한 지식으로 구성된다. 이러한 주장과 관련된 문제는 이러한 주장이 스스로는 무능력하다고 생각하지 않는(그렇게 생각해서도 안 되는) 화자를 무능하게 만든다는 것이다. 3장에서 언급된 바다소의 친구를 예로 들어 보자. 그녀는 바다소를 인식하는 데 매우 숙련되어 있으나, 다른 바다 포유류와 바다소를 구별하는 데 있어 그녀보다 더 잘하는 사람(특정 동물학자)이 있다는 것을 생각하지 못할 것이다. 또는 매우 날카로운 안목을 가지고 1미터가 얼마 만큼인지 정확히 아는 어떤 사람(그는 매우 정확한 정도로 길이를 가늠할 수 있다.)을 예로 들어 보자. 그는 아마도 측정학자가 있다는 사실은 무시할 것이다. 또는 우리 주변의 대부분의 사람처럼 놋쇠에 대해 평균적인 인식 능력을 가지고 있으나 금속공학자가 있다는 사실을 모르는 어떤 화자를 고려해 보자. 현재의 기준으로는 이러한 모든 사람들이 지시적으로 무능력한 것으로 간주되어야 한다. 또는 어쨌든 우리 사회의 전문적인 분화에 대해 아는 다른 화자보다는 덜 유능한 것으로 간주되어야 한다.

둘째, 모호하긴 하지만 더 그럴 듯한 주장은 단어를 적용하는 능력, 즉 지시 능력은 실제로 특히 *추론* 능력을 포함한 여러 요소의 상호 작용에 기초한다는 것을 암시한다. 예를 들어, '소'라는 단어에 대한 우리의 적용은 애초에 거시적인 기준에 기댄 것이다. 그러나 만약 어떤 것이 소처럼 보이는데 알을 낳을 수 있거나 물속에서 숨 쉴 수 있거나 표범보다 더 빨리 달릴 수 있다면 우리는 그것을 '소'라고 부르길 망설일 것이다. 우리가 소는 그러한 것을 하지 못한다는 것을 *알기* 때문이다. 비슷하게 그것이 파충류의 해부학적 특징을 가지고 있거나 혹은 그러한 해부학적 특징을 전혀 가지고 있지 않고 무수한 배선을 가진 것으로 판명될 수도 있다. 이러한 주장은 다음의 몇 가지 사실을 강조한다는 점에서 틀림없이 옳다.

(1) 거시적인 기준은 심지어 일반적인 능력에서조차 무효가 될 수 있다(심지어 그렇게 전문적이지 않은 화자도 대개 많은 단어에 있어 그러한 기준이 전체적으로 신뢰할 만하지 않다는 점을 안다.). (2) 추론 능력은 많은 지시 수행에 일정 역할을 한다.[10] 그러나 이러한 사례들은 식별 확인을 위해 제공된 *후보*의 필수적인 부담이 거시적 기준에 기초한 우리의 인식 과정에 의해 수행된다는 것을 보여 준다. *언어* 능력과 관련 있는 것으로 여겨지는 명확한 선은 존재하지 않는 것처럼 보인다. 따라서 다음의 경우를 상상해 보라. 손상된 어휘 능력에 대한 테스트는 종종 사진 인식에 기반을 두고 있다. 예를 들어, 피험자에게 일반적인 인공물이나 동물에 대한 사진이 제시되고, 피험자는 그것을 명명하기를 요청받는다. 피험자에게 고양이의 사진이 제시되고, 피험자가 그에 대한 반응으로 '고양이'라고 말했다고 가정해 보라. 그런 다음 실험자가 피험자에게 그녀에게 제공된 것은 사실은 매우 솜씨 있게 도자기로 만들어진 고양이의 사진이었으며, 따라서 피험자의 반응이 잘못되었다고(도자기로 만들어진 고양이는 고양이가 아니기 때문에) 알려줬다고 가정해 보라. 피험자는 자신이 무엇에 대해 평가받고 있는지 궁금해 할 것이며, 자신의 *언어적* 역량이 위태로워졌음을 알면 놀랄 것이다. 피험자는 아마도 언어적 관점에서는 자신의 수행에 잘못된 것이 없다고 이의를 제기할 것이다. 피험자는 '고양이'와 같은 단어에 대해 유능하다고 간주되는 일반적인 화자에게서 예상되는 종류의 능력을 자신이 충분히 소유하고 있다고 생각할 것이다.

이에 대한 교훈은 다음과 같다. 일반적으로 의미 능력은 일반적인 환경에서 피상적인 인식 과정을 적용할 수 있는 능력을 가지고 있는 화자

---

10) 능력의 두 측면이 서로를 지지한다는 점은 3장 116-119쪽에서 이미 지적되었다.

에게 인정된다. 그 이유는 일반적인 환경에서의 대부분의 경우 그러한 과정은 실제로 믿을 만하기 때문이다. 그러한 기준이 항상 믿을 만한 것은 아니며, 심지어 일반적인 화자도 그러한 과정이 가끔은 믿을 만하지 않다는 것을 알지만, 그러한 과정을 수행할 능력이 있는 지시 능력의 근간을 확인하지 못할 이유는 없다. 만약 지시 능력이 누군가로 하여금 모든 상황에서 적용되며 예외가 존재하지 않는 기준을 단어에 적용하게 하는 것이라면, 누구도, 심지어 전문가조차 무능력하다고 판명되어야 한다. 그러나 피상적인 과정을 수행하는 능력 이상의 것을 요구하는 것은 잘못된 생각이다. 첫째, 그러한 과정은 대부분의 화자를 무능력하게 만들기 때문이며, 둘째 그러한 과정은 대부분의 경우와 일반적인 환경에서의 피상적인 과정의 적절성을 무시하기 때문이다.[11)]

결론은 다음과 같다. 추론 능력의 경우에, 어느 정도의 인식 능력이 지시 능력으로 간주될 수 있는지에 대하여 선험적으로 제시하는 것은 불가능하다. 사회적 또는 자연적 요인에 따라 언어 능력에 관련되거나 필수적이라고 간주되는 인식 능력의 양과 성격은 단어의 부류에 따라 다를 수 있으며, 심지어 같은 부류에서의 단어별로도 다르다('감기'와 '적혈구빈혈증'을 비교해 보라.) 일반적인 화자와 마찬가지로 지시적으로 유능한 인공적인 시스템은 다른 경우에서의 다른 능력을 배워야 할 것이다. 그러나 많은 일반적인 단어의 경우, 인식 능력은 지시 능력의 중요한 핵심을 구성하는 것으로 보이는 피상적인 자질들에 기반을 두고 있다.

11) 현재의 설명은 Rescher의 "철학적 표준주의"에 강하게 연동되어 있다. 평범한 개념은 일반적으로, 그리고 대부분의 경우에서 본질적으로 세계와 세계가 작동하는 방식에 맞춰져 있다(Rescher, 1994). 본문에 제시된 생각과 유사한 연구로 의미성(meaningfulness)의 경험주의적 기준에 대한 Rescher(1994: 74-76)의 "표준주의" 분석을 보라.

검증주의

이제는 검증주의의 책임이다. 무엇보다 의미 능력을 문장을 검증하는 능력과 ***동일시하는*** 것은 나의 의도가 아니라는 것에 주목해야 한다. 질문은 기껏해야 검증 능력이 이해와 관계가 있는가 하는 것이다. 나는 다음과 같은 제한적인 의미에서 그렇다고 믿는다. '고양이'나 '노랗다' 혹은 '걷다'와 같은 단어에 관한 한 (일반적인 상황에서) 그 단어들이 포함된 단순한 문장을 검증하지 못하는 것은 의미적 무능의 증거로 여겨질 수 있다. 이는 물론 '비록'이나 '여덟', '기능'과 같은 단어에도 동일하게 적용된다는 의미는 아니다.[12] 이는 또한 인식(과 검증) 능력이 의미 능력의 ***충분***조건이라는 의미도 아니다. 검증주의에 대한 한 가지 표준적 이의는 Fodor(1981: 216)의 예를 빌려 '신은 존재한다.', '양전자는 쿼크로 이루어져 있다.', 'Aristoteles는 양파를 좋아했다.'와 같은 문장처럼 우리가 어떻게 검증할지 모르면서도 이해하는 것 같은 문장이 많다는 사실에 근거한다. 이러한 반대는 내가 옹호해 왔던 견해에 부적절하다. 나는 한 문장을 이해하는 것이 그 문장을 어떻게 검증할지 아는 것이거나 알기를 요구한다고 생각하지 않는다. 한 문장을 이해하는 것은 구조적 능력과 어휘 능력으로부터 도출되는 복잡한 과정이다. 어휘 능력은 결국 부분적으로 추론적이고 부분적으로 지시적이다. ***어떤*** 문장에서는 그 문장을 검증하는 능력이 앞에서 밝힌 측면에서 언어 능력의 필요조건이다. 그러나 많은 문장들을 확인하는 과정이 "실제 세계"나 "경험" 또는 지각을 직접적으로 수반하지는 않는다. '양전자는 쿼크로 이루어져 있다.'나 '아리스토텔레스

---

12) 따라서 나는 확실히 "모든 비논리적 개념은 감각 개념으로 환원된다."라고 생각하는 것은 아니다(Fodor, 1981: 213).

는 양파를 좋아했다.'는 지각적 입력과 직접적으로 관련되어서 확인되지 않을 것이다. 이것은 또한 그러한 문장들이 단지 실제 세계에 관한 것(하지만 실제로 말하자면 우리의 데이터베이스에 관한 것)에서만 ***나타난다는*** 의미는 아니다. 실제 세계에 관련된다는 것은 지각적 입력에의 호소에 의해 검증될 수 있는 것으로 확실하게 환원되지 않는 복잡하고 희미한 개념이다. Fodor(1981: 219)가 말한, 실제 세계에 관한 것은 하나의 명제란 이론적이고 지각적인 우리의 지식의 여러 층을 통과하는 매우 우회적인 여정 때문에 세계에 관한 것을 말한다는 것을 의미하는 전체론적 개념이라는 것이 옳을지도 모른다. 따라서 이해하는 것과 검증의 관계는 다음과 같다. (1) 실제 세계에 관한 것이라고 보이는 모든 문장이 지각으로 검증되어야 하는 것은 아니다. (2) 검증이 반드시 지각에 의한 검증이어야 할 필요는 없다. (3) 이해하는 것은 어떤 의미에서든 검증의 방법과 같은 것도 아니고 검증의 방법적 가능성을 요구하는 것도 아니다. (4) 그러나 어떤 문장들은 그 문장들을 검증하는 능력이 이해하는 데 필요조건이다.

이러한 제한에도 불구하고 한 문장을 검증하는 능력이 기껏해야 이해의 한 ***증상***이라는 것에 대해서는 여전히 반대할 수 있다. 이것은 필요조건이 될 수 없다. 그 논의는 다음과 같다. 이해가 되는 대부분의 경우는 ***부재중에*** 이해가 된 경우이다. 대부분의 경우에 우리가 이해하는 글과 말(일간 신문, 소설, 자신의 업적에 대한 친구들의 이야기)은 우리가 이해하는 순간에 우리의 눈앞에 펼쳐졌던 광경에 관한 것이 아니다. 그러한 경우에 검증은 단순히 불가능하다. 그러나 ***실재 중에*** 이해가 되는 경우도 있다. 예를 들면 기계와 제어 장치를 보면서 가전제품의 설명서를 읽는 것, '당신 앞에 있는 책을 들어 28쪽의 첫 번째 줄을 읽으세요.'와 같은 명령을 따르는 것, 자신의 건강 상태에 대하여 우리에게 이야기하는 사람의 말을 듣는 것 등이 있다. 그러나 그러한 경우는 빈번하긴 하지만 가장 빈번한 것은 아니다. 자연언어의 이해를 설명하는 것은 본질적으로 ***부재중에*** 일어나는 이해에 대한 설명이다. 검증은 단순히 이루어지는 것이 아니다.

게다가 Johnson-Laird(1983: 246)는 그럴듯하게 주장했다. 허구적 담화를 이해하는 것은 본질적으로 현실적 담화를 이해하는 것과 다르다. 그 차이는 다른 측면에서와 마찬가지로 매우 중요한데 언어 처리의 관점에서 보면 무의미하다. 더욱이 ***부재중의*** 이해는 ***실재 중의*** 이해와 본질적으로 다를 수 없다.[13] 따라서 ***실재 중에*** 이해하는 경우에도 검증의 가능성이 결정적일 수는 없다.

그러나 그 주장은 현 상태로는 한 문장을 검증하는 위치에 있는 것과 그것을 검증할 수 없는 것 사이의 차이를 (명확하게) 구분하지 못한다. 바로 지금 나는 '다음 방에 여섯 명의 사람들이 앉아 있다.'라는 문장을 검증할 위치에 있지 않다. 그러나 나는 그 문장을 검증할 수 없다거나 그 문장을 어떻게 검증해야 할지 모르겠다고 말하는 것은 명백히 적당하지 않다. ***부재중의*** 이해의 가장 명확한 경우는 이런 유형인 것 같다. 무엇이 주장되든 그것을 검증할 위치에 있지는 않지만 어떻게 검증해야 하는지는 알고 있는 경우들이다(물론 대개는 그러고 싶어하지 않는다.). 동일한 목적이 문장을 검증하는 ***능력***과 문장을 검증할 ***가능성*** 사이의 구분에 의해 달성될 것이다. 나는 객관적인 가능성 없이 그 능력을 가지고 있을지

---

13) 만약 부재중의 이해가 실재 중의 이해와 질적으로 다르다면 대체로 청자가 참여하지 않는 허구적 담화를 이해하는 것은 대부분의 경우에 청자가 참여하고 있는 상태에서 발생하는 비허구적 담화를 이해하는 것과 다를 것이다.

도 모른다. 또는 그 반대일 수도 있다. ***부재중의*** 이해의 경우에서 우리에게 결여된 것은 검증의 가능성이다. 그러나 이것이 우리가 검증 능력을 가지고 있는지 또는 그것이 이해에 작용하는 역할에 대하여 증명하는 것은 없다.

그러나 만약 (그것이 중요할 때) 중요한 것이 실제적인 검증이 아니라 검증하는 능력이라면 왜 우리는 실제 검증을 수행할 인공적인 시스템을 원해야 하는가? 답은 간단하다. 그 장치가 요구되는 능력을 보유하고 있지 않다는 것을 효과적으로 보여 주는 방법뿐이다. 우리가 실제 검증의 문제에 직면할 때까지 우리는 (한 문장이나 텍스트 전체의) 의미 표상을 구축하는 장치를 가지려 할 것이다. 그리고 그 장치는 단순히 해석에 필요한 다소 형식적인 언어의 공식일 뿐이다. 우리가 진실된 의미 능력을 인정할 수 있는 장치를 구축하는 유일한 방법은 자연언어 문장을 실제로 검증할 수 있는 장치를 구축하는 것이다. 물론 이해는 ***실재 중의*** 이해조차 실제적인 검증에 있거나, 실제적인 검증을 요구하지 않는다. 그러나 이해에 있어서 실제적 검증보다 더 나은 증거는 없다.

이미지의 안정성과 Kant의 도식론

인공적인 시스템으로 돌아가 그것이 지시적으로 유능하려면 무엇이 요구되는지 살펴보자. 무엇보다 그 시스템은 지각할 수 있어야 한다. 특히 우리처럼 실제 세계를 볼 수 있어야 한다(Harnad, 1989: 15). 인공적인 장치에 있어서 지시 능력의 시작은 인공적인 시지각에서 찾을 수 있다.

나는 가능한 오해를 피해야 한다. 그것을 불식하려는 Wittgenstein

(1953)의 시도와 더 최근에는 Putnam(1981)의 비판이 있었지만 인식과 의미 능력의 관계에 대하여 계속 돌아오는 순진한 설명이 있다. 이 순진한 견해에서 의미 능력의 일부는 단어와 관련하여 개, 탁자, 달리는 사람의 이미지와 같이 저장된 심리적 이미지에 의해 표상된다. 이러한 이미지 덕분에 우리는 '개', '탁자', '달리다'와 같은 실제 세계의 단어를 적용할 수 있다. 이는 인식(특히 시각적 인식)의 결과와 우리의 이미지를 비교함으로써 이루어진다. 이 설명은 우리가 본 것(1장 48-59쪽)처럼 비록 원형 이론이 인가한 것은 아니지만 때때로 원형 이론을 근거로 삼기도 한다. 이제 요점은 우리에게 심리적 이미지가 부족하다는 것이 아니다. 우리가 그런 종류의 것을 가지고 있다고 믿는 데에는 훌륭한 이유가 있다.[14] 요점은 그 순진한 설명에서 실제 세계나 인지된 장면과 관련하여 이미지를 사용하는 것은 설명되지 않았다는 것이다. Putnam에 따르면 "사람은 당신이 원하는 이미지의 어떤 체계는 가지고 있으나 상황에 적합한 방식으로 문장을 사용하는 능력은 가지지 못할 수 있다. ... 왜냐하면 만약 특정 방식으로 행동하는 능력을 수반하지 않는다면 이미지는 단지 그림일 뿐이고 그림에 따라 행동하는 것 자체는 사람이 가지고 있을 수도 있고 그러지 않을 수도 있는 능력이기 때문이다(Putnam, 1981: 19)." 다시 말해 그 순진한 설명에서 모든 설명적인 부담은 이미지와 인지된 장면 사이의 비교의 관계로 수행된다. 그리고 관계(혹은 절차 혹은 그 무엇이든) 자체는 설명되지 않는다. 이것은 (얼마간의) 개인의 단어들에 첨부한 매우 구조화된 "그림"인 Marr의 모형에 의존하는 Jackendoff(1992)와 같은 언어와 지각의 연결에 대한 세련된 설명에도 불구하고 부분적으로 사실이다.

14) Tye(1991)에서 심리적 이미지에 대한 훌륭한 조사를 볼 수 있다.

4장(147-149쪽)에서 우리는 3D 모형이 시각의 결과와 그것을 연결하는 절차를 포함하지 않는다는 것을 보았다. 다른 그림들처럼 3D 모형도 단지 거기에 있을 뿐이다.

어떤 사람은 왜 이 경우에 "우리를 사로잡는" 그림(Wittgenstein, 1953: 5절)이 그토록 강렬한지 궁금해 한다. 아마도 그는 사전에서 단어와 단어를 설명하기 위한 그림 사이의 연결 양상에 근거하여 언어와 지각 사이의 정신적 연결을 생각하는 경향이 있을 것이다. 당신에게는 '고래'라는 단어에 대하여 '고래'의 "정의"를 포함하여 모든 종류의 정보를 담고 있는 상응하는 기재 사항이 있다. 그리고 당신에게는 고래의 그림(선으로 된 그림이나 어쩌면 사진)이 있다. 그리고 그 생각은 기재 사항이 담고 있는 언어적 설명보다는 그 그림 덕분에 그 단어가 지각적 내용을 획득하고 그래서 당신은 고래를 인식할 수 있을 것이다. 또한 당신은 고래를 찾으라고 했을 때 무엇을 찾아야 할지 알 것이고, 당신은 수족관에서 고래를 세는 데 어떤 종류의 실수를 하지 않을 것이다. 이 모든 것은 사실 '고래'라는 단어와 고래의 그림 사이의 연결이 어떻게든 단어를 지각의 결과에 적용하는 능력으로 이어지거나 그 그림이 지각의 결과와의 연결에 대한 지침을 담고 있기 때문이 아니라 우리가 그러한 그림을 어떻게 사용해야 할지 알기 때문에 (어느 정도까지는) 사실이다. 이에 따라 ('개', '고양이', '고래', '팔걸이의자', '차' 등) 단어 목록과 각 단어에 대하여 (개, 고양이 등등의) 디지털화된 그림을 가지고 있는 인공적인 시스템을 상상해 보자. 나아가 그 시스템은 광신호를 작동하여 Marr의 2½-D 스케치까지 할 수 있는 인공적인 시지각을 가지고 있다고 상상해 보자. 여전히 그 시스템이 그 그림을 2½-D 스케치로 된 목록과 연결하는 처리 과정을 가지고 있지 않다면 지각된 장면에 개가 있는지 없는지 결정하지 못할 수도 있다. 도해가 있는 사전에는 그러한 처리 과정이 없지만 ***우리는*** 있다. 사전에 있는 그림은 사전에 있는 단어와 관련된 지시 능력을 강화하거나 심지어 생성한다. 이는 우리가 그림(또는 어느 정도 관습적 목적에 의해 우리의 문화에서 관습적으로 사용되는 종류의 그림)을 해석하고 시각적 처리의 결과와 연결할 수 있기 때문에 가능하다. 도해가 있는 사전들은 이러한 일반적인 능력을 ***전제하고*** 있으나 그것을 생성하지는 않는다.

흥미롭게도 Kant는 언어와 지각의 접촉면이 본질적으로 절차적이어야 한다는 것을 일부 현대의 이론가들보다 더욱 명확하게 보았다.[15] 이러한 통찰은 ***순수이성비판***에서 도식론에 대한 그의 원칙에 내재되어 있다. 그 원칙은 많은 다른 문제들을 동시에 해결하기 위한 것으로[16] 어렵고 때때로 혼란스럽다. Kant의 발표에서 중요한 것은 어떻게 경험적인 것을 전혀 포함하지 않는 순수한 개념이 현상에 적용될 수 있는지를 설명하는 문제이다. 예를 들어 우리는 어떻게 자연에서 인과 관계를 ***인식할*** 수 있는가? 우리는 "한편으로는 범주와 동일하고 다른 한편으로는 외양과 동일한 것 그리고 그에 따라 전자의 후자에 대한 적용을 가능하게 하는 어떤 제삼자"인 매개를 공준해야 한다(Kant, 1929[1781]: B 177, A 138). 그러한 매개가 ***스키마***이다. 그것들이 생산적인 상상력에 의해 만들어졌다고 해도 스키마는 이미지가 아니다. 그것은 방법이거나 Kant가 말한 것처럼 이미지를 개념에 연결하는 "보편적인 절차(Kant, 1929[1781]: B

15) 이 단락에서 나는 언어-지각 쌍과 Kant의 개념-직관 쌍 사이를 왔다갔다 할 것이다. 내가 Kant를 "언어학적 전환"의 선구자로 만들려는 것은 아니다. 또한 그 차이가 무의미하다고 말하고 싶은 것도 아니다. 나는 단지 두 문제의 공통 구조를 밝히려는 것뿐이다.

16) 일부를 언급하면 "포섭"의 문제 즉 우리가 직관적으로 개념의 예시들을 어떻게 인식하는가 하는 문제, 어떻게 이미지가 개념(우리가 '심리적 모형화[mental modeling]의 문제'라고 부르는 것)을 나타낼 수 있는가 하는 문제, 마지막 문제의 특히 중요한 경우로서 어떻게 직관에 의한 구성이 수학적 증명에 요구되는 보편성을 가질 수 있는가 하는 문제, 그리고 (개의 개념과 같은) 경험적 개념을 구성하는 문제이다.

179-180, A 140)"이다[17]. 따라서 스키마는 본질적으로 절차적이다. 그것은 그림이 아니라 그림의 생성을 위한 방법이다.

이것이 왜 그러한가에 대한 Kant의 논의는 순수한 직관에 적용하기 위해 수학적 개념에 귀속시키는 것과 '개'의 개념(Kant의 예시)과 같은 경험적 개념에 귀속시키는 것, 이 두 종류의 스키마를 동일하게 다루고자 하는 그의 필요에 의해 복잡해진다. 여기에서 나는 주로 경험적 개념의 경우에 개념과 경험의 관계에 대하여 Kant가 말해야 하는 것에 관심이 있기 때문에 복잡성을 무시할 것이다.[18] 절차로서의 스키마에 대한 Kant의 이성은 수학적 예시에 대한 그의 논의에서 가장 명확하게 나타난다. 본질적 이성은 보편성이 결여된 이미지이다. 따라서 그 이미지들은 이미지가 대리하려고 하는 개념에 의해 계속해서 넘친다. Kant가 제공하는 가장 명확한 예는 유서 깊은 논의를 재개한다.[19]

17) Kant에 의하면 말 그대로 스키마는 그러한 보편적인 절차의 표상[Vorstellung]이다. 스키마 자체가 무언가(방법이나 절차)의 그림을 의미하는 것이라고 받아들여져서는 안 된다. '스키마[Vorstellung]'는 심리적 개념에 대하여 Kant가 일반적으로 사용하는 용어이다(Kant, 1929: B 376, A 320). 그래서 Kant는 스키마가 우리가 장면을 분석하는 방법이 인공적인 시스템에 "표상된다."라고 말할 수 있는 것과 같은 의미에서 보편적 절차의 표상이라고 말하는 것일지도 모른다. 그리고 그러한 방법의 정의는 시스템이 가진 능력의 일부를 의미한다.

18) 사실 여기에는 (내가 역시 무시하고자 하는) 그 이상의 복잡성이 있다. 수학적 개념과 경험적 개념을 포함하는 "지각할 수 있는 개념"에 대한 스키마는 "이해의 순수한 개념"에 대한 스키마, 즉 "무엇이든지 어떤 이미지로도 결코 나타낼 수 없는" 범주와 구별되어야 한다(Kant, 1929: B 181, A 142). Ferrarin(1995)에서 수학적 도식론에 대한 훌륭한 설명을 볼 수 있다.

19) Locke(1975[1690]: 4장 7절 9항)는 삼각형에 대한 일반적인 생각을 만족시키는 어려움을 다음과 같이 지적하였다. "그것은 사선도 아니고 직사각형도 아니다. 등변이나 이등변도 아니고 부등변 삼각형도 아니다. 그러나 이들 모두이며 또 동시에 아무것도 아니다." Berkeley(1948-1957[1710]: 서문)는 오히려 그것을 생각과 추상적 관념에 대한 Locke의 이론을 훼손하는 것으로 보았다.

> 어떤 이미지도 일반적인 삼각형의 개념에 부합하지 않는다. 직각이든 둔각이든, 예각이든 *모든 삼각형에 유효한* 개념의 보편성을 획득하지 못한다. 그것은 언제나 이 영역의 한 부분에만 제한될 것이다(Kant, 1929: B 180, A 141).

다른 예는 숫자와 관련된 것이다.

> 만약 5개의 점이 서로 나란히 놓이면..., 나는 숫자 5의 이미지를 떠올린다. 그러나 반면에 만약 내가 일반적으로 하나의 숫자를 생각한다면, 그것이 5든지 100이든지, 이 생각은 오히려, 예를 들어 1,000과 같은 '다수'의 개념이 이미지 자체보다는 특정 개념에 일치하는 이미지에서 표상될 수 있는 방법의 표상이다. 1,000과 같은 이러한 숫자와 관련하여 이미지는 조사되거나 개념과 비교될 수 없기 때문이다.

여기에서 문제는 특정 숫자의 이미지라고 생각될 수 있는 것이 *어떤* 숫자의 이미지라고도 생각되지 않는다는 것이다.[20] 앞의 경우에서 문제는 삼각형에 속하는 어떤 특정한 것의 이미지라고 생각되는 것이 삼각형의 개념적 이미지라고 생각될 수 없다는 것이다. 두 경우에 모두 이미지들은 그것들이 상징적으로 표상하고자 의도하는 개념을 상징적으로 표상하는 데 분명히 부적합하다. 각각의 개별적인 이미지는 그것이 표상하고자 하는 개념에 부족하다. 오직 절차에만 필요한 보편성을 부여할 수 있다. (삼각형의 개념과 같은) 순수한 개념과 직관 사이에서 매개로 작용할 수

---

20) 여기에서 Kant는 또한 그가 17세기의 논의에서 이어받은, 우리는 1,000개의 면을 가진 다면체(Locke, 1975[1690])나 그의 예시 1,000과 같이 우리의 상상력을 능가하는 것처럼 보이는 실체에 대하여 심리적으로 어떻게 작동하는가 하는 문제를 해결하려고 시도하고 있다. 그의 해법은 그러나 설득적이지 않다. 만약 우리가 정말 1,000과 상응하는 이미지를 받아들일 수 없는데 스키마는 그것을 처리해야만 한다면 스키마는 "개념에 대한 이미지를 제공하는" 방법(의 표상)으로서 어떻게 정의될 수 있는가?

있는 것은 우리가 직관에서 삼각형들(이나 더 낫게는 삼각의 이미지들)의 이미지를 구축하는 일반적 절차이다. Kant에 따르면 이것은 경험적 개념의 경우에 틀림없이 진실이다.

> "개"의 개념은 나의 상상력이 경험과 같은 어떤 단일하고 명확한 모습이나 내가 *구체적으로* 표상할 수 있는 어떤 가능한 이미지에 대한 제한 없이 네 발 달린 짐승의 모습을 일반적인 방법으로 그릴 수 있다는 것에 따라 실제로 표상하는 *규칙을 의미한다[bedeutet eine Regel]*(Kant, 1929: B 180, A 141).

여기에서도 개념은 일반적으로 경험의 대상과 그것의 이미지를 능가한다. 그러므로 우리는 반드시 경험적 개념을 "어떤 특정한 보편적인 개념에 따라 항상 상상력의 스키마와 직접적인 관계에 있는 것으로, 우리의 직관을 결정하는 규칙으로" 생각해야 한다(Kant, 1929: B 180, A 141). 경험적 개념들은 직관을 "결정하는" 방법과 관련됨으로써 직관에 적용된다.[21]

---

21) "개에 대한 의미를 형성하는 순수하게 선험적인 개념이나 스키마는 없다"라고 Ferrarin (1995: 159)이 지적했듯이 여기에는 명백한 어려움이 있다. 경험적인 개념의 경우에 스키마는 순수한 개념과 직관 사이에 매개로 생각될 수 없는 것처럼 보인다. 이는 도식이 그렇게 매개할 수 있는 순수한 개념은 없기 때문이다. 그러나 나는 경험적 개념과 관련하여 "스키마는... 방법이 아니다"라고, 그리고 "생산적인 상상력의 과제는 이 경우에 지각할 수 있는 대상을 어떠한 선험적인 생성의 결과 없이 조형적인 이미지로 변환하는 것에 한정된다."라고 결론짓는 것은 해설적으로도, 그리고 이론적으로도 모두 틀렸다고 믿는다(Ferrarin, 1995: 159). 이것은 앞의 인용에서 Kant가 개에 대한 스키마를 개의 이미지를 생성하는 규칙과 경험적 직관으로 개를 인식하는 규칙으로 받아들이기 때문에 Kant를 잘못 읽은 것이다. 따라서 개에 대한 스키마는 수학적 개념에 대한 스키마에 못지않은 방법이거나 과정이다. 그리고 그것은 또한 우선 지각할 수 있는 대상이 어떤 인식 과정의 작용에 의해 직관으로 인식되는 것이 아니라면 어떻게 구성될 수 있는지가 전혀 명확하지 않기 때문에 이론적인 관점에서 틀리다. 사실상 개에 대한 스키마가 상상력으로 생성될 수 있는 개에 대한 순수한 개념은 없다. 그러나 개에 대한 스키마는 이미지를 생성하는 데 있어서 그리고 경험적 사례의 인식에 있어서 모두 선험적인 방법으로 기능해야 한다.

그래서 Kant는 이미지는 보편성이 없기 때문에 개념과 직관을 매개할 수 없다고 강조한다. 우리가 개를 인지할 수 있는 것은 개의 ***이미지*** 때문이 아니다. 특정한 개가 특정한 이미지에 맞지 않는다면 어떻게 할 것인가? 이는 확실히 왜 언어와 지각 사이의 상호작용이 사실상 절차적인가 하는 이유의 일부이다. 그러나 무엇인가에 ***꼭 맞는*** 이미지로 지정된 것이 아니라면 지각에 꼭 맞는 이미지는 없기(자신의 복사본조차 지각에 맞지 않기) 때문에 그것이 유일한 이유는 아니다. 이미지는 자신에 대한 적용을 포함하지 않는다. 나는 Kant가 이러한 측면의 문제를 보지 않았다고 믿는다. 그가 비록 또한 경험적 개념을 설명하려고 의도했지만 그는 수학적 개념과 ***순수한*** 직관적 구성 사이의 매개로서 수학적 스키마에 집중하고 있었다. 순수한 직관에서 점 5개는 숫자 5의 이미지로 간주될지도 모른다. 이러한 ***경험적*** 직관(즉 5의 개념을 다섯 개의 대상에 적용하는 데 매개로서 작용하거나, 다시 말해 인지한 대상을 세는 데 역할을 하는 것)에 꼭 맞는 이미지에 대한 쟁점은 단순히 떠오르지 않는다.

사실 그러나 양쪽 측면의 문제는 공통의 뿌리를 가지고 있다. 이미지는 실체이지 규칙이 아니다. 따라서 이미지는 어떤 것을 다른 어떤 것에 연결할 수 없다(특히 이미지는 그 자신을 인식의 결과에 연결하거나 자신을 본보기로 하는 다른 이미지를 생성할 수 없다.). 반면 이미지는 ***개별적인*** 실체이다(다른 종류의 실체는 없다.). 결과적으로 이미지는 대부분의 같은 종류의 다른 이미지와 (어떤 면에서) 다르거나 "동일한 개념에 속한다." 그러므로 특히 다른 이미지가 다른 어떤 것에 "꼭 맞기" 위해 이미지가 그것과 정확하게 같아야 한다면 같은 종류의 다른 이미지에 꼭 맞는 그런 이미지는 없다. 이러한 두 가지 어려움 중에 전자가 더욱 기본적이다. 왜냐하면 다시 말해 아무리 이미지가 다른 것과 정확하게 같다고 해도 여전히 비교의 방법에 있어 정확하게 그것과 같은 것으로 ***판명될*** 수 있는 방법이 요구될 것이다.

인공적인 시지각과 인공적인 능력

Rosenfeld(1988)에서 묘사된 인공적인 시지각 시스템은 문자 그대로의 '이미지', 심지어 디지털화된 이미지도 포함하지 않는다. 시스템이 인식할 수 있는 사물(예를 들어 탁자 또는 입방체)의 부류는 모양의 부류를 통해 분별되는데, 이는 관계형 구조로 해석된다. 즉, 노드가 사물의 부분을 나타내고 호(arcs)가 부분 간의 관계를 나타내는 라벨이 붙은 그래프이다. 노드에는 이상적인 속성값 또는 그러한 값의 제약 조건으로 구성된 세트의 라벨이 붙어 있다. 반면 호에는 관곗값 또는 그러한 값의 제약으로 구성된 세트의 라벨이 붙어 있다. 예를 들어, 탁자는 노드가 탁자의 부분(상판, 다리)을 가리키고, 호가 두 부분의 관계를 가리키는 관계형 구조에 의해 표현되는 모양의 부류로 식별된다. 노드와 호의 라벨은 절댓값이 아니라 가능한 값에 대한 제약 조건이다. 장면에서 탁자를 인식하는 문제는 "장면 그래프의 부분 그래프를 발견하는 것, 즉 사물 그래프에 근접하거나 사물 그래프에 의해 정의된 제약 조건을 만족하는 부분 그래프를 찾는 것(Rosenfeld, 1988: 286)"이다. 장면 그래프는 일련의 처리 단계들의 결과이다. 첫 번째 단계에서는 센서에 의해 제공된 이미지가 디지털화된다. 즉, "이미지 면의 불연속 격자 점에서 밝기 또는 색상값을 나타내는(Rosenfeld, 1988: 266)" 숫자 배열 또는 그러한 점의 주변에 있는 평균값으로 전환된다(배열의 요소를 '픽셀'이라 부른다.). 두 번째 단계(분할)에서는 픽셀이 밝기, 또는 동일한 지역의 패턴(예를 들어, 수직 획)에 속하는 등의 몇 가지 기준에 의해 분류된다. 세 번째 단계(재분할)에서는 직선 획, 곡선, 각 등과 같은 이미지의 부분이 명시적으로 인식되고 분류된다. 네 번째 단계에서는 그러한 국지적 패턴의 속성과 관계가 식별된다. 이들은 둘 다 기하학적 속성이며 관계이다. 예를 들어, 주어진 국지적 패턴을 통한 회색의 레벨, 두 패턴 사이의 색상 관계 등이다. 장면 그래프의 노드들은 그것들의 값을 가진 국지적 패턴이다. 장면에서 탁자를 인식하는 것은 우리가 보았듯이, 탁자 그래프와 관련된 제약 조건을 만족하는 장면 그래프의 하위 그래프를 찾는 것이다. 실제로는 인식은 몇 가지 요인에 의해 복잡해진다. 다른 밝기 조건에서 인식을 변함없게 만드는 것은 어렵고, 3차원의 시지각은 많은 추가적인 문제를 야기한다. 이 뒤에서 나는 다른 것에 초점을 맞추기 위해 이러한 종류의 문제(물론 그것들은 전혀 하찮지 않지만)는 무시할 것이다.

나의 시각에서 '탁자'라는 단어에 관한 인공적인 시스템의 지시 능력의 내용은 탁자의 부류와 관련이 있는 관계형 구조, 장면을 분석하는 데 사용하는 매칭 알고리즘으로 설명된다.[22] 만약 시스템이 이러한 종류의 능력을 부여받고, 최소한의 구조적 의미 능력과 추론 능력이 주어진다면, '탁자 위에 꽃병이 있다.', '그 탁자 위에 꽃병이 있다.', '그 탁자 앞에 작

---

22) 잠시 동안이라도 우리의 지시 능력이 정확히 같은 선상에 있어야 한다고 결론을 내려선 안 된다. 예를 들어 나는 우리가 소유하고 있다고 주장한, 우라늄을 동물 및 식물과 구별할 수 있는 능력과 같은 ***부분적*** 지시 능력의 어떠한 형태도 시스템 덕분이라고 생각하지 않는다. 시스템에 관한 한, 지시 능력은 전부 또는 전혀의 문제이다. 시스템은 '우라늄'이라는 단어와 관련된 지시 알고리즘을 ***가지고*** 있거나, 가지지 않을 수 있는데, 만약 가지고 있지 않다면, 그 단어와 관련된 직접적인 지시 능력은 단지 무(無)이다(자연적으로 시스템은 분류에 대한 과학적 표준의 관점에서는 불완전한 지시 알고리즘을 가질 수 있지만, 그것은 또 다른 문제이다.).

은 의자 두 개가 있다.' 등과 같은 문장을 검증할 수 있을 것이다.

검증은 다음과 같이 이루어질 것이다.[23] '탁자 위에 꽃병이 있다.'라는 문장은 전통적인 자연언어 처리의 대상이 되며, 의미적 표현의 화두이다. 그러한 표현은 최소한 다음을 만족시킬 것이다.

1. 전형적으로 1차 논리식에 의해 표현된 논리적 구조. 이 경우에는 $(\exists x)(\exists y)$(꽃병(x) & 탁자(y) & 위에(x, y))에 대응한다.
2. 개별 단어에 붙어 있는 추론적 정보의 특정한 양(꽃병의 기능, '탁자'와 '가구' 사이의 하위 관계에 대한 지식, 두 사물의 종류에 대한 전형적인 맥락에 대한 정보 등). 이 단계에서 어휘적 모호성('위에'의 모호성을 포함하여)은 시스템의 추론적 및 구조적 능력에 근거하여 해결될 수 있는 정도의 수준까지 해소되어야 한다. 남아 있는 모호성은 포인터, 지표와 함께 각 개별 단어들과 관련이 있는 가능한 다른 "의미(즉, 추론적 하위 망)"의 형태로 기록될 것이며, 의미들 사이의 상호 연관을 가리킬 것이다.
3. 구조적 묘사에 대한 포인터, 즉 시스템의 모양에 대한 부류에서 단어와 연합된 관계형 구조. 물론 그러한 정보는 모든 단어에 유효하지 않으며, 시각적 맥락, 즉 특징적인 모양을 가지고 있는 단어에만 유효하다.

(시스템의 시각적 모듈에 의해 처리되었다고 내가 상상한) 장면에서 문장을 검증하는 것은 이와 같은 의미적 표현에 기초를 두고 있다. 한 예(Meini & Paternoster, 1996)로 시스템은 첫 번째로 사물의 인식을 수행하는데, 즉 이것은 '꽃병'과 '탁자'와 관련이 있는 구조적인 묘사를 이용하여 장면의 그래프에서 하나 또는 그 이상의 꽃병과 탁자를 위치시키려고 노력하는 것이다. 이것이 성공했다고 가정해 보자. 더 나아가 오직 한 개의

23) 여기서 나는 Meini와 Paternoster(1996)에 제시된 자연언어 처리와 시각 처리가 통합된 시스템의 모듈에 대한 묘사에 의존하고 있다.

꽃병과 탁자만이 인식되었다고 가정해 보자(다중 인식으로 인한 복잡한 결과가 어떻게 처리되는지 아는 것은 쉽다.). 그렇다면 시스템은 해당 장면의 하위 그래프 사이의 공간 관계가 '위에'에 의해 기술될 수 있는지, '위에(의 선택된 의미)'와 연관된 공간 제약 조건에 의존하는지 여부를 결정하기 위해 작동할 것이다. 성공적인 사례에서 시스템은 문장이 장면에서 검증된 것이라 생각할 것이다. 알고리즘은 위에 나온 1로 주어진 문장의 논리적 형식에 의해 결정됨에 주목하라. 누군가는 시스템이 문장의 진리 조건을 검증 조건으로 읽고 있다고 말할 수 있다. 위에서 언급한 2에 기록된 추론 정보는 검증 과정의 어느 단계에서든 실패할 경우에 사용된다. 따라서 꽃으로 채워져 있어 모양을 식별할 수 없는 꽃병이 장면에 있다고 가정해 보자. 꽃병이 전형적으로 꽃을 담기 위해 사용된다는 것을 안다면, 시스템은 꽃 또는 꽃으로 채워진 꽃병이나 또는 둘 다를 식별하려고 노력할 것이다.

이러한 경우의 전부 또는 대부분은 유리한 사례를 제외하고는 실제로 수행하기가 매우 어렵다는 것은 의심할 여지가 없다. 그러나 명백한 복잡성을 보기 전에 의미 능력이 합리적으로 (자연언어 처리와 인공적인 시지각을 결합한) 시스템에 속한다고 보는 제안에 대한 원칙적 반대가 있는지를 살펴보자.

로봇의 대답

고전적인 반대는 Searl이 '로봇의 대답'이라 이름 붙인 것에 대한 그의 답이다. Searle은 스스로 중국어 방 사고실험에서의 가능한 대답 중 하나인 로봇의 대답을 공식화하고, 실험하고, 결과적으로 일축하였다. 이는 다음과 같다.

> 우리가 로봇 내부에 컴퓨터를 넣고 이 컴퓨터가 단순히 공식적인 기호를 입력으로 가져와서 공식적인 기호를 출력으로 내보내지 않고, 실제로 로봇이 인식하는 것, 걷는 것, 당신이 생각하는 어떠한 것과 같은 방식으로 로봇을 실제로 작동시킨다고 가정해 보자. 예를 들어 로봇은 “볼” 수 있도록 해 주는 텔레비전 카메라가 달려 있고 “행동”할 수 있도록 해 주는 팔과 다리를 가지고 있고, 이러한 모든 것이 컴퓨터의 “뇌”에 의해 제어된다. 이러한 로봇은 진정한 이해와는 다른 정신적 상태를 가질 것이다(Searle, 1980: 420).

따라서 로봇의 대답은 나의 현재 주장과 일치한다. 컴퓨터 로봇이 언어를 진짜로 이해할 수 있는지 그 이유를 분명히 밝히지는 않았지만, 인공적인 지각(과 행동)은 지시 능력을 시스템(물론 완전한 시스템)에 부여한다는 점에서 차이를 만들어 낼 것이라는 것을 분명히 암시한다.

로봇의 대답에 대한 Searle의 답은 본질적으로 중국어 방 사고실험이 여전히 적용된다는 것이다. 내가 그 방에 있고, 중국어 기호와 그것들의 조작에 대한 규칙을 받았다고 가정해 보자. 더 나아가 다음을 가정해 보자.

> 나는 알지 못하는, 몇몇의 중국어 기호가 로봇에 부착된 텔레비전 카메라를 통해 나에게 제시된다. 내가 제시하는 다른 중국어 기호는 로봇 내부의 모터가 로봇의 다리나 팔을 움직이게 하는 역할을 한다. 나는 다른 사실에 대해서는 전혀 모른다. 나는 로봇의 “지각” 기관을 통해 “정보”를 받는다. 그리고 나는 이러한 사실을 알지 못한 채 모터 기관에 “지시”를 내린다. 나는 로봇의 호문클루스[24]이다. 그러나... 나는 기호 조작의 규칙을 제

24) 역자 주: 인간이 새로운 생명을 창조하기 위해 만든 병 안의 정령. 라틴어로 '작은 사람'을 뜻한다(출처: 다케루베 노부아키 저, 박수정 역, 판타지의 주인공들, 도서출판 들녘, 2000).

외하고는 어떠한 것도 이해하지 못한다. ... 로봇은 어떠한 의도적인 상태도 가지지 않는다. ... 그리고 더 나아가 프로그램을 예를 들어 설명하는 것을 통해 나는 관련 있는 유형에 대한 의도적인 상태도 가지지 않는다 (Searle, 1980: 420).

여기에 몇 가지 혼란이 있다. 누가 로봇 내부의 컴퓨터와 동등한 것으로 가정되어 있는가? 방 안에 있는 나인가? 아니면 방 안에 있는 나와 로봇인가? 방 안에 있는 나인 것 같지만, 방의 일부는 사실 나에게 알려지지 않은 로봇이다. 따라서 다음의 상황을 가정해 보자. Searle의 요점은 (방 안에 있는) 나에게는 카메라를 통해 보이는 이미지들이 단지 또 다른 중국어로 된 낙서의 묶음이라는 것이다. 따라서 방송된 장면과 다른 지각적 내용은 컴퓨터에게는 단지 더 많은 기호들일 뿐이다. 예를 들어 감지된 요소들에 단어를 붙이는 규칙들은 다른 모든 것과 마찬가지로 기호를 조작하기 위한 규칙일 뿐이다. 로봇 안에 있는 컴퓨터는 여전히 해석되지 않은 기호와 조작을 위한 규칙만 알고 있다. 그것은 장면을 보지 못하고 단어를 장면의 요소에 붙이지 못한다. 그것은 단지 기호 (Searle이 여기에서 서둘렀지만, 사실대로 말하면, 기호는 다른 종류의 것이다.)를 입력하고, 그 기호를 통사 규칙에 따라 조작한다. 이와 비슷하게 Searle은 나의 통합된 시스템이 단지 또 다른 기호 조작자일 뿐이라고 말할 것이다. 장면의 분석을 위한 절차에 대한 포인터, 사물 그래프, 장면 그래프, 이러한 것들은 단지 의미 없는 기호들이다.

분명한 대답은 ***우리가 소유한*** 인지적 구조 및 수행과 동등한 서술을 줄 수 없다는 것인가? “만약 누군가가 여전히 컴퓨터에 감각 변환기를 더한 것을 단순한 통사 장치로 여긴다면, ***우리*** 역시 단지 통사 장치에 불과하다. 왜냐하면 빛은 단지 망막에서 코드를 생성할 뿐이며, 소리는 단지 달팽이관에서 코드를 생산할 뿐이기 때문이다(Harnad, 1989)." 예를 들어, 만약 어휘 단위들이 그러한 "코드"와 연결되어 있는 것에서가 아니라면, 어휘 단위의 지시적 의미는 어디에서 온다고 예상해야 하는가? Searle의 대답은 뇌의 "인과적 힘"에 호소하고 있다. 다른 모든 지향적 속성과 마찬가지로, 지시적 의미는 뇌에 의해 만들어진다(어떻게 만들어지는지 우리는 모르지만). 그러나 그러한 대답이 완전히 설명적 힘을 결여하고 있기 때문에 이러한 주장은 중국어 방 사고실험의 결론을 반복하는 것 이상으로 해석되어서는 안 된다. 지시적 의미는 이것이 어디서 왔는지와는 별개로 기호를 다른 기호와 연결하는 것에서는 도출되지 ***못한다***.

따라서 궁극적으로 방송된 장면과 다른 지각적인 내용을 단지 중국어로 된 낙서로 묘사하는 것이 옳은지에 모든 것이 달려 있다. 왜 그것들이 그렇게 기술되어야 하는가? 왜 우리는 방에 있는 사람이 우리가 TV를 보듯이 ***이미지***를 보고 있다고 말하지 못하는가?[25] 그 이유는 Searle이 ***시스템***(컴퓨터)이 시각적 입력을 시각적으로 식별하지 못한다고 믿기 때문이다. 그가 그렇게 믿는 이유는 컴퓨터에게는 언어적 자료, 시각적 자료, 그 외 컴퓨터가 처리할 수 있는 어떠한 종류의 자료 사이에 아무런 차이도 없기 때문이다. 다시 말해 그것들 모두는 단지 기호일 뿐이다. 시각적 입력이 언어적 입력(이것은 인공적인 시지각 모듈과 실제 장면과의 통합을 통해 생산된다.)과 다른 기인을 가지고 있다는 사실은 입력 그 자체에는 어떠한 관련된 차이도 만들지 않으며, 컴퓨터의 관점에서는 특수하게 의도된 내용을 첨가하지도 않는다.

---

25) 물론 컴퓨터가 우리가 이미지를 경험하는 것과 같은 방식으로 이미지 보기를 경험하느냐의 질문(즉, 컴퓨터에게 TV를 본다는 것은 "어떤 느낌일까"라는 질문)은 별개의 화두이다. Harnad(1989: 14-15)를 보라.

왜 그것들이 *우리*에게는 차이를 만들며, 그러한 시각적 입력을 식별하도록 하는가? 특정한 채널을 통해 들어오는 ***특정 종류의*** 입력을 제외하고, 우리는 어떻게 시각적 입력을 시각적으로 식별할 수 있는가? 시스템도 가지고 있다고 간주되는 것은 정보이다. 예를 들어 시스템은 물론 장면 그래프와 단어를 구분할 수 있다. 그것들은 다른 형태의 기호이며, 서로 다른 채널을 통해 가져온 기호를 가지고 있다. 특정 종류의 과정에 의해 (인식 가능하게) 생성된 것을 제외한 *시각적* 입력은 무엇인가? Searle은 이에 대해 그것은 *우리가* 시각적으로 경험하는 종류의 입력이라고 대답할 것이다. 그러한 대답은 인간의 경험을 넘어서는 일반화 가능한 것으로서 시지각의 개념을 고려하지 않는 선험적 결정에 달려 있는 것으로 보인다. 이것은 *새가* 하는 것이 비행인지 결정하는 것과 같다(그들이 새의 생물학적인 복제품이지 않는 한). 나는 우리가 정말로 시지각의 경우에 있어 그러한 결정을 하려고 하는 경향이 있는지 의심스럽다. 예를 들어, 누군가가 인공적인 시지각에 대해 말할 때 다른 누군가는 그가 '시지각'을 비유적으로 사용하고 있다고 생각하지 않는다. 그러나 어쨌든 Wittgenstein(1958: 57-58)이 지적한 바와 같이 누군가는 그러한 결정에 대해 실제로 *논쟁하지* 않는다.

인공적인 능력의 한계

이제 즉각적인 복잡성에 대해 지시적으로 유능한 시스템으로 돌아가 보자. 우리가 설계한 종류의 시스템은 본질적으로 모양을 인식하는 시스템이다. 그러나 누군가 어휘를 적용하려 할 때, 어휘의 일부는 다양한 방식으로 또 다양한 이유로 모양 인식에 의해 전적으로 통제되는 부분이 강하게 제한되어 있다. 여기서 나는 실제로 지시적 능력의 개념을 명료하게 표현하려고 할 때 직면해야만 하는 몇 가지 문제점을 암시할 것이다.

첫째, 일반적인 말이다. 누군가는 모든 단어에 대해 외부적인 생김새(시각적 외향이 아니라)가 기껏해야 적용을 위한 필수 조건이라 말하고 싶은 유혹을 느낄 수 있다. 어떤 것이 *고양이*처럼 보이지만 (더 정확한 분석을 통해 보면) 고양이가 아닐 수 있다. 두 사람이 단지 싸우는 척만 할 수도 있다. 그럼에도 불구하고 그들의 가장은 어떠한 관찰자라도 속일 것이다. 어떤 사물은 물에 뜨는 것처럼 보이지만 실제로는 아래에 받침이 있거나 위에 매달려 있을 수 있다 등등이다. 그러나 그러한 일반화는 실패할 것이며, 오해될 소지가 있다. 우선 이것은 실패할 것인데, 매우 일반적이지 않는 상황을 제외하고는 외부적인 생김새가 우리를 속이지 않는 사물들이 있기 때문이다. 숟가락처럼 보이는 것은 숟가락*이다.* 이것이 숟가락으로 *사용되지* 않을 수도 있지만, 그것은 다른 문제이다. 만약 이것이 우리와 우리의 식습관을 염탐하는 살아 있는 생물체임이 밝혀지더라도 여전히 '숟가락("화성에서 온 악마 숟가락")'이라 불릴 자격이 있다. 이와 비슷하게 가짜 고양이와 가짜 권총이 있을 수 있지만, 가짜 의자는 없다. 판지로 만들어져 너무 약하기 때문에 누구도 실제로 앉을 수 없는 의자조차 '의자'라고 불릴 자격이 있다(영화 산업에 종사하는 세트 디자이너 등에 의해 이것은 실제로 의자라고 불린다.). 둘째, 이러한 일반화에는 오해의 소지가 있다. 이것은 우리로 하여금 다른 역할의 적용에서 외부적인 생김새가 하는 매우 다른 역할을 혼동하게 만들 것이다. 이것이 정확히 내가 초점을 맞추고 싶은 부분이다. 그러므로 이어질 예에서 나는 가짜, 가장, 외향과 실제에 괴리가 있는 다른 형태와 관계된 인식의 어려움은 무시할 것이다. 우리는 어쨌든 우리보다 더 똑똑한, 지시적으로 유능한 인공 시스템을 원하는 것은 아니기 때문이다.

물리적인 물체를 지정하는 데 사용되더라도(이러한 점에서 '그럼에도 불구하고', '수반하다'와 같은 단어와는 다르다.) 외부적 생김새에 근거하여 적용하지 않는 단어들이 있다. 우리는 *x*가 ***삼촌***이거나 *y*가 ***계약***이거나 *x*가 *z*의 ***소유자***임을 보거나 인식하지 않는다. 누군가는 *x*를 남자로 보며, 남자는 삼촌이 되기 위해 반드시 필요한 것이다. 그러나 삼촌인 남자들은 어떠한 점에서도 특별하게 보이지 않는다. 그들은 매우 어리거나 매우 늙었고, 마르거나 뚱뚱하며, 키가 크거나 작을 것이다. 정교한 생물학적 시험도 쓸데없을 것이다. '삼촌'에 대한 우리의 지시 능력은 '남자'에 대한 우리의 능력을 감소시킨다. 어떤 사람은 누군가가 남자이고 그가 삼촌임을 ***알*** 수 있다. 그러므로 그러한 단어에 대한 우리의 지시 능력이 없다고 말하는 것은 잘못일 것이다. 그러나 엄격한 인식 능력은 그러한 단어에 있어 매우 제한된 역할만을 한다. 그러한 단어를 적용하기 위해 우리가 설계한 종류의 시스템은 그 추론 능력뿐만 아니라 적절하게 '사실적 지식'이라고 불릴 수 있는 것에도 충분히 의존해야 할 것이다.

만약 '삼촌', '소유자'와 같은 단어가 한 극단을 대표한다면, 반대의 극단은 '블록', '의자', '연필', '캔' 등과 같이 외향이 크기나 색상에 있어 매우 다양하지만, 높은 정도의 기하학적인 불변성을 가진 사물에 적용되는 단어에 의해 대표된다. 거의 모든 의자는 그림 6.1.과 매우 닮았다(여기서 '그림 6.1과 매우 닮았다.'라는 말은 약간의 노력으로 기하학적으로 정확한 의미를 가질 수 있다.). 여전히 이러한 부류에 있어서도 누군가는 기하학적 불변성에도 불구하고 다른 재료가 중대한 시각적 차이를 만들어 내는 경우와 전체적인 시각적 불변성의 경우를 구분하고 싶어 할 것이다. 비록 기하학적 구조는 두 경우가 같지만 루이 16세 의자의 시각적 외향은 철제 또는 플라스틱 사무용 의자와는 다소 다르다. 반대로, 모든 연필은 매우 비슷하게 생겼다.

그림 6.1. 의자의 생김새

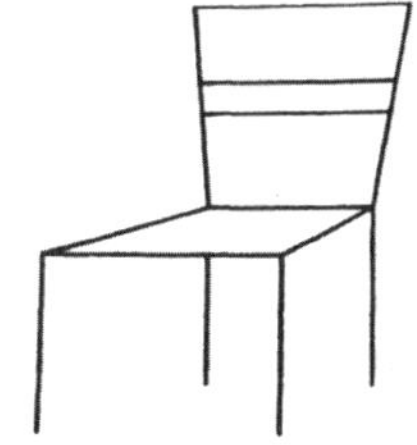

그림 6.2. 전형적인 천문대

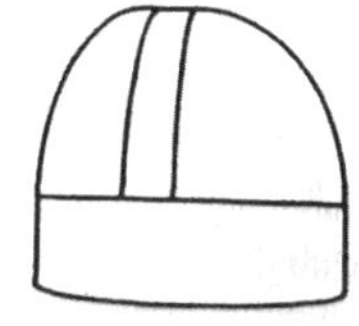

우리는 'x처럼 생겼다'가 적절한 정도에 따라 구성된 것으로 생각할 수 있는 연속체를 찾을 수 있다. '천문대, 극장, 식당'과 같은 단어를 생각해보자. 이러한 단어는 매우 다양한 모양을 가진 사물에 적용된다. 그러나 이 단어들은 지시 능력의 일부를 이루는 지식인 고정관념의 관점에서는 관련을 맺는다. 따라서 그림 6.2.와 별로 닮지 않은 천문대가 있기는 하지만, 전형적인 천문대는 그림 6.2.처럼 생겼다. 많은 동사는 이러한 관점에서 '천문대'라는 명사와 비슷하다. 비록 ***다이빙하거나*** 무언가를 ***옮기는*** 데 시각적으로 구별되는 방법이 있을 수 있지만, 다이빙 또는 옮기는 방법의 시각적 고정관념이 있다(이는 지시 능력의 일부를 이루는 지식이다.).

연속체를 더 따라가면 우리는 하나가 아닌 여러 개의 전형적인 양상이 관련을 맺는 단어를 찾을 수 있다. '장난감, 무기, 의류'와 같은 "상위 개념"을 위한 단어이다. 사전에서는 이러한 단어들이 종종 '열거형 삽화(Hupka, 1989: 711)'라 불리는 것에 의해 삽화로 표현된다. 이것은 서로 다른 종류의 장난감, 무기, 의류를 보여 주는 표이다. 분명하게 '장난감처럼 생겼다.'라는 말은 의미가 없지는 않지만 이는 '의자처럼 생겼다.'보다 덜 적절하다. 아마도 장난감의 특징적인 측면이라는 것은 없을 것이다. 그러나 전형적인 장난감(인형, 공, 꼭두각시, 장난감 차 등)은 있으며, 이러한 것 각각은 특징적인 측면을 가지고 있다. 그러므로 '장난감' 또는 '무기'에 대한 능력이 장난감이나 무기의 개념적 기능에 대한 지식을 감소시킨다는 점에서 완전히 추론적이라고 말하는 것은 잘못일 것이다. '장난감'에 대한 지시적 능력은 '공', '인형', 그리고 추론적으로 '장난감'과 연결되는 다른 단어에 대한 지시 능력에 필수적으로 의존하기 때문에 간접적이라고 말하는 것이 더 적절할 것이다.

이러한 상위어는 지시적으로 유능한 시스템의 구성에 대해 일반적 문제를 야기한다. 우리가 주어진 장면에서 '탁자 위에 장난감이 있다'와 같은 간단한 문장을 검증할 수 있는 시스템을 원한다고 가정해 보자. 직관적으로 누군가는 그 문장을 검증하기 위해 인간인 우리는 아래와 같은 과정을 따른다고 생각할 것이다. 첫째, 우리는 탁자 위를 본다. 둘째, 우리는 탁자 위에 있는 사물들이 무엇인지 식별한다. 셋째, 우리는 그 사물들 중 장난감이라고 묘사될 수 있는 것이 있는지 없는지 결정한다. 우리가 장난감 유형의 목록에서 시작하여 그러한 사물이 탁자 위에 있는지 여부를 결정한다는 것은 받아들이기 어렵다. 그러나 이것이 우리가 설계한 시스템의 유일한 절차일 것이다. '탁자 위에 장난감이 있다.'라는 문장을 검증하기 위해 시스템은 '장난감'의 추론적 의미로부터 만들어진 한정적 목록에서 최소한 하나의 문장을 검증해야 한다. 즉, 시스템은 '탁자 위에 인형이 있다.' 또는 '탁자 위에 공이 있다.' 등등을 검증해야 한다. 내가 아는 한 오늘날의 시지각 시스템은 (특정한 조건에서) 사물로부터 시작하여 장면에서 사물을 인식할 수는 있지만, 장면으로부터 시작하여서는 사물을 인식할 수 없다(Rosenfeld, 1988: 287-288). 시스템은 사물의 정의에서 시작하여 주어진 사물이 장면에 있는지 그리고 어디에 위치해 있는지 결정할 수 있다("하향식 인식"). 그러나 시스템은 장면 분석에서 시작하여 어떤 사물이 제시되었는지는 결정하지 못한다("상향식 인식"). 이러한 종류의 문제를 해결하기 위해서는 시스템이 기존과는 다른 구조를 가져야 한다.[26]

계속해서 연속체를 더 따라가면 우리는 '도구'와 같이 자연적으로 하위 부류가 비교적 제한적인 수(또는 무기나 의류 등의 하위 부류보다 적은 수)가 아니며, 매우 다양한 크기와 모양을 가진 매우 넓은 사물에 적용되는 단어와 마주치게 된다. 이러한 단어는 종종 순수하게 기능적인 의미를 지니고 있다고 일컬어진다. 도구는 (주로) "모든 수동 조작 도구"로[27], 즉 어떤 목적을 가지고 손으로 조작할 수 있는 모든 사물이다. 그러므로 "도구처럼 생긴" 것은 있을 수가 없다. 그럼에도 불구하고 전형적인 도구(망치, 드라이버, 가위 등등)가 있다. 즉 도구의 부류에서 "좋은 보기"인 도구의 하위 부류가 있으며(원형 이론의 관점에서), 이러한 부류의 일원들은 특징적인 측면을 가지고 있다. 이러한 모든 것은 '도구'와 관련되는

26) 현재 연구자들이 상향식 분류 과제를 위해 신경망(neural nets)을 사용하려고 노력하고 있다(Harnad, 1993을 보라.).

27) 축약된 옥스퍼드 영어 사전에 의해 인용된 Johnson의 사전에서 재인용.

우리의 능력의 일부이다. 따라서 '도구'조차 완전하게 추론적인 의미만을 가지고 있지 않다. '삼촌'과 같은 단어에서의 차이는 명확해져야 한다. '삼촌(또는 '소유자')'이라는 부류의 좋은 보기는 없다.

우리들 대부분이 지시적으로 꽤나 유능한 단어들이 있다. 이 단어들은 특징적인 측면을 지닌 사물에 적용되며, (대부분) 시각적 정보를 근거로 적용된다. 그럼에도 불구하고 이러한 단어들은 우리가 설계한 것과 같은 인공적인 시스템에는 문제를 제공한다. 관련된 특징적인 측면에서 3D 모델은 적용을 결정하기에 분명히 불충분하다. '상자'라는 단어를 생각해 보자. '상자'와 관련된 문제는 단순히 프리즘 같은 상자, 원통형의 상자, 입방체 상자 등이 있다는 것이 아니라 상자가 되기 위해서는 필수적으로 용기가 되어야 한다는 것이다. 크기가 25 x 10 x 5cm인 단단한 나무로 된 평행육면체는 상자가 아니다. 그것의 기저와 평행한 홈을 가지고 있는 똑같은 크기의 평행육면체 역시 상자가 아니다. 어떤 사물이 상자로 인식되느냐 아니냐는 많은 요소에 의존하는데, 이들 요소 중 대부분은 단순한 모양 인식자가 아니다. 이러한 관점에서 '책상, 공('구체'의 반대로), 그릇, 손잡이, 안테나' 등과 같은 많은 일반적인 단어가 '상자'와 비슷하다. 이러한 단어의 적용을 지배하는 요소들 중 두 개는 쉽게 꼽을 수 있다. 하나는 3D 모델에 포착되지 않는 특징적인 측면을 가진 사물에 적용된다. 따라서 그릇은 원반과는 다른 전형적인 측면을 가지고 있지만, 그릇의 3D 모델은 원반의 3D 모델과 같다. 이 관점에서 그러한 단어에 의해 제기된 문제는 우리의 모양 인식자가 거칠기 때문에 발생한다. 사용되는 것으로 (현실적으로) 추측할 수 있는 지시적 절차는 올바른 세분성을 가지고 있지 않다. 따라서 이것은 기술적 어려움으로 보일 수 있다. 다른 한편으로 철제 막대기는 그것이 어디에 있는가, 수행할 것으로 예상되는 기능은 무엇인가 등의 ***맥락적*** 요인에 근거하여 손잡이로 인식된다. 이제 기능 또는 가능한 기능은 기능에 대한 ***시각적 단서***가 있기는 하지만 ***볼*** 수 있는 것이 아니다. 즉, 기능 또는 가능한 기능은 사물 그 자체의 특정 시각적 특징과 사물이 위치한 장소, 그리고 사물의 예상되는 기능 사이의 안정적인 연결이다. 식사를 위하여 탁자에 놓인 원반은 아마도 그릇일 것이다. 지붕에 있는 얇은 철제 막대기는 아마도 안테나일 것이다. 아이들 방에 있는 구체는 아마도 공일 것이다. 이것은 문장의 의미 표상에 포함된 추론적 연결이 관련되는 부분이다. 이것들은 적용이 부분적으로 그러한 시각적 힌트에 지배를 받는 경우에 적용을 결정하는 데 사용될 수 있다. 그러나 나는 많은 경우에 인공적인 인식자에게는 그것이 순전히 시각적 요인에 의존하는 경우에도 사물의 맥락을 식별하는 것이 극도로 어렵다는 것을 언급하고 싶다. 저녁식사를 위한 테이블 세팅, 또는 Wittgenstein(1953, 12장)의 기관차 선실, 아이들의 방에 대한 인식을 생각해 보자.

많은 동작 동사가 강한 지시적 구성 요소를 가지고 있다. 그러한 동사들에 대한 능력은 전형적인 외향, 즉 지형을 갖는 상황과 활동을 시각적으로 식별할 것을 요구한다. 몇몇 경우('두드리다', '차다'와 같은)에서 원형적인 장면은 아마 고유할 것이며, 다른 경우('뛰어오르다', '수영하다', '뛰다'와 같은)에 시각적 원형은 제한적이지만 다양할 것이다. 그러나 가장 단순한 경우에서조차 그러한 단어를 적용하는 능력은 복잡한 상황에서의 움직임에 대한 복잡한 패턴을 인식할 수 있는 능력을 요구한다. 오늘날의 인공적인 시지각 시스템에게는 그러한 능력은 분명히 도달할 수 없는 영역이다. 따라서 인공적인 시스템에 현실적으로 기인할 수 없는 보통의 화자의 추론적 능력의 상당 부분이 존재한다. 이것은 어떤 의미에서는 "기술적인" 문제이며 근본적인 문제는 아니지만, 그 크기가 너무 커서 ***단지*** 기술적 문제(즉 현재의 기술 발전 속도에서 5년 안에 풀 수 있는 문제)로 제시하기에는 망설여진다.

그러한 제한에도 불구하고, 최소한이라도 우리가 설계한 인공적인 시스템이 지시적으로 유능한가? 그러므로 ***의미적***으로 유능한가? 나의 본능적인 대답이 긍정적인 경향이 있음에도 불구하고 이 경우는 양의 차이가 질의 차이가 되는 경우 중 하나이다. 많은 사람이 시스템의 능력이 너무 형편없어서 우리가 지시적으로 유능하다고 말할 수 있는 지시 능력을 넘어서지 못한다고 말할 것이다. 따라서 나는 이 관점을 더 이상 고집하지는 않을 것이다. 내가 확립한 것은 인공적인 시스템의 지시 능력을 향상시키기 위해 무엇이 필요한가에 대한 반성이 어휘의 의미적 다양성과 인간의 의미 능력의 구조 모두에 많은 빛을 줄 수 있다는 것이다.

참고문헌

Allen, J. 1987. Natural Language Understanding. Menlo Park: Benjamin/Cummings.

Armstrong, S. L., L. R. Gleitman, and H. Gletiman. 1983. "What some Concepts Might Not Be." Cognition 13:263-308.

Barr, A., and E. A. Feigenbaum. 1981. The Handbook of Artificial Intelligence. London: Pitman.

Barsalou, L. 1987. "The Instability of Graded Structure: Implications for the Nature of Concepst." In Neisser 1987a. 101-140.

Berkeley, G. 1984-1957. A Treatise Concerning the Principles of Human Knowledge. In The Works of George Berkeley. Edinburgh-London: Nelson. First published in 1710.

Bierwish, M., and F. Kiefer. 1970. "Remarks on Definitions in Natural Language." In F. Kiefer (ed.), Studies in Syntax and Semantics, 55-79. Dordrecht, Holland: Reidel.

Bilgrami, A. 1992. Meaning and Belief. Oxford: Blakwell.

Block, N. 1986. "An Advertisement for a Semantics for Psychology." In P. A. French, T. E. Uehling, And H. K. Wettstein (eds.), Studies in the Philosophy of Mind, Midwest Studies in Philosophy, no. 10, 615-678. Minneapolis: University of Minnesota Press.

Bonomi, A. 1987. "Linguistica e logica." In A. Bonomi, Le immagini dei nomi, 48-72. Milan, Italy: Garzanti. First published in C. Segre (ed.), Intorno alla linguistica. Milan, Italy: Feltrinelli, 1983.

Brachman, R. 1979. "On the Epistemological Status of Semantic Networks." In N. V. Findler (ed.), Associative Networks. New York: Academic Press.

Brachman, R., and J. Schmolze. 1985. "An Overview of the KL-ONE Knowledge Representation System." Cognitive Science 9:171-216.

Brachman, R., E. Fikes, and H. Levesque. 1983. "KRYPTON: A Functional Approach to Knowledge Representation." Fairchild Laboratory for Artificial

Intelligence Research, Palo Alto, Calif., technical report no. 16.

Brandom, R. B. 1994. Making it Explicit. Cambridge: Harvard University Press.

Brennen, T., D. David, I. Fluchaire, and J. Pellat. 1996, "Naming Faces and Objects without Comprehension: A Case Study." Cognitive Neuropsychology 13:93–110.

Burge, T. 1979. "Individualism and the Mental." In P. A. French, T. E. Uehling , and H. K. Wettstein (eds,), Studies in Metaphysics, Midwest in Philosophy, no. 4, 73–121. Minneapolis: University of Minnesota Press.

Burge, T. 1993. "Concepts, Definition, and Meaning." Metaphilosophy 24:309–325.

Caramazza, A., A. E. Hillis, B. C. Rapp, and C. Romani. 1990. "The Multiple Semantics Hypothesis: Multiple Confusions?" Cognitive Neuropsychology 7:161–189.

Carnap, R. 1937. Logical syntax of Language. London: Routledge and Kegan Paul. First published in Revue internationale de philosophie 4 (1950): 20–40.

Carnap, R. 1956b. Meaning and Necessity. Enlarged edition. Chicago: University of Chicago Press. First published in 1947.

Carnap, R. 1956c. "Meaning Postulates." In Carnap 1956b, 222–229. First published in Philosophical Studies 3 (1952): 62–73.

Casalegno, P. 1997. Filosofia del linguaggio. Firenze, Italy: La Nuova Italia Scientifica.

Chierchia, G. 1992. "Logica e linguistica: Il contributo di montague." In M. Santambrogio (ed.), Introduzione alla filosofia analitica del linguaggio. Reome/Bari, Italy: Laterza.

Chomsky, N. 1986. Knowledge of Language. New York: Praeger.

Chomsky, N. 1992. "Explaining Language Use." Philosophical Topics 20:205–231.

Chomsky, N. 1995. "Language and Nature." Mind 104:1–61.

Church, A. 1951a. "A Formulation of the Logic of Sense and Denotation." In P. Henle, H. M. Kallen, and S. K. Langer (eds.), Structure, Method, and Meaning, 3–24. New York: Liberal Arts Press.

Church, A. 1951b. "The Need for Abstract Entities in Semantic Analysis." Proceedings of the American Academy of Arts and Sciences 80:100–112.

Davidson, D. 1974. "On the Very Idea of a Conceptual Scheme." Proceedings and Addresses of the American Philosophical Association 14. Later in D. Davidson, Inquiries into Truth and Interpretation, 183–198. Oxford:

Clarendon Press, 1984.

Davidson, D. 1986. "A Nice Derangement of Epitaphs." In R. E. Grandy (ed.), Philosophical Grounds of Rationality, 157–174. Oxford: Oxford University Press. Later in E. Lepore (ed.), Truth and Interpretation: Perspectives on the Philosophy of Donald Davidson, 433–446. Oxford: Blackwell, 1986.

Davidson, D. 1991. "Epistemology Externalized." Dialectica 45:191–202.

Devitt, M., and K. Sterelny. 1987. Language and Reality: An Introduction to the Philosophy of Language. Oxford: Blackwell.

Dowty, D. 1980. Word Meaning and Montague Grammar. Dordrecht, Holland: Reidel.

Dummett, M. 1976. "What Is a Theory of Meaning? (Ⅱ)." In G. Evans and J. Mcdowell (eds.), Truth and Meaning. Oxford: Clarendon Press.

Dummett, M. 1978. "The Social Character of Meaning." In M. Dummett, Truth and Other Enigmas, 420–430. Cambridge: Harvard University Press. First published in 1974.

Dummett, M. 1986. "A Nice Derangement of Epitaphs: Some Comments on Davidson and Hacking." In E. Lepore (ed.), Truth and Interpretation: Perspectives on the Philosophy of Donald Davidson, 459–476. Oxford: Blackwell.

Dummett, M. 1991. The Logical Basis of Metaphysics. London: Duckworth.

Eco, U. 1979. "Schtroumpf und Drang." Alfabeta. Later Published in U. Eco, setteanni di desiderio. Mian, Italy: Bompiani, 1983.

Evans, G., and J. Mcdowell (eds.). 1976. Truth and Meaning. Oxford: Oxford University Press.

Ferrarin, A. 1995. "Construction and Mathematical Schematism: Kant on the Exhibition of a Concept in Intuition." Kant-Studien 86:131–174.

Field, H. 1977. "Logic, Meaning, and Conceptual Role." Journal of Philosophy 74: 379–409.

Field, H. 1978. "Mental Representation." Erkenntnis 13:9–61.

Fordor, J. 1975. The Language of Thought. Hassocks: Harvester.

Fordor, J. 1990. A Theory of Content and Other Essays. Cambridge: MIT Press.

Fordor, J., and E. Lepore. 1992. Holism: A Shopper's Guide. Oxford: Blackwell.

Frege, G. 1879. Begriffsschrift. Halle, Germany: Nebert.

Frege, G. 1956. "The Though: A Logical Inquiry." Mind 61:298–311. First published as "Der Geganke: Eine logische Untersuchung" in Beiträge zur Philosophie der deutshen Idealsimus 1(1918), no. 2:58–77.

Frege, G. 1964. The Basic Laws of Arithmetic. Translated by M. Furth. Berkeley: University of California Press. First published as Grundgezetze der Arithmetik in 1893.

Frege, G. 1976. Wissenschaftliche Briefwechesl. Edited by G. Gabriel, H. Hermes, F. Kambartel, C. Thiel, and A. Veraart. Hamburg, Germany: Meiner.

Frege, G. 1979. Posthumous Writings. Oxford: Blackwell.

Frege, G. 1980a. Translations from the Philosophical Writings of Gottlob Frege. Edited by P. Geach and M. Black. 3rd Edition. Oxford: Blackwell.

Frege, G. 1980b. "On sense and Reference." In Frege 1980a. First published as "Über Sinn und Bedeutung" in 1892.

Frixione, M. 1994. Logica, significato e intelligenza artificiale. Milan, Italy: F. Angeli.

Gärdenfors, P. 1993. "The Emergence of Meaning." Linguistics and Philosophy 16:285–309.

Gazdar, G. 1993. "The Handling of Natural Language." In D. Broadbent (eds.), The Simulation of human Intelligence, 151–177. Oxford: Blackwell.

Grice, H. P. 1978. "Further Notes on Logic and Conversation." In P. Cole (ed), Pragmatics, Syntax and Semantics, no. 9, 113–127. New York: Academic Press.

Grice, H. P. 1989. Studies in the Way of words. Cambridge: Harvard University Press.

Grice, H. P., and P. F. Strawson. 1970. "In Defense of a Dogma." In J. F. Harris Jr. and R. H. severens (eds.), Analyticity, 56–74. Chicago: Quadrangle Books. First published in Philosophical Review 65 (1956).

Hahn, L. E., and P. A. Schilpp. 1986. The Philosophy of W. V. Quine. La Salle, Ill.: Open Court.

Haiman, J. 1980. "Dictionaries and Encyclopedias." Lingua 50:329–357.

Harman, G. 1975. "Meaning and Semantics." In M. Munitz and P. Unger (eds.), Semantics and Philosophy, 1–16. New York: NYU Press.

Harman, G. 1987. "(Nonsolipsistic) Conceptual Role Semantics." In E. Lepore and B. Loewer (eds.), New Directions in Semantics, 55–81. London: Academic Press.

Harnad, S. 1989. "Minds, Machines, and Searle." Journal of Theoretical and Experimental Artificial Intelligence 1:5–25.

Harnad, S. 1990. "The Symbol-Grounding Problem." Physica D 42:335-346.

Hardad, S. 1993. "Grounding Symbolic Capacity in Robotic Capacity." In L. Steels and R. Brooks (eds.), The "Artificial Life" Route to "Artificial Intelligence": Building Situated Embodied Agents, New Haven: Erlbaum.

Hart, J., and B. Gordon, 1992. "Neural Subsystems for Object Knowledge." Nature 359:60-64.

Hausmann, F. J., O. Reichmann, H. E. Wiegand, and L. Zgusta (eds.). 1989. Wörterbücher: Ein internationales Handbuch der Lexikographie. Berlin: De Gruyter.

Horn, L. R. 1969. "A Presuppositional Analysis of 'Only' and 'Even'." In Papers form the Fifth Regional Meeting of the Chicago Linguistic Society, 98-107. Chicago: Department of Linguistics, University of Chicago.

Horwich, P. 1992. "Chomsky versus Quine on the Analytic-Synthetic Distinction." Aristotelian Society Proceedings 92:95-108.

Hupka, W. 1989. "Die Bebilderung und sonstiger Formen der Veranschaulichung im allgemeinen einsprachigen Wörterbuch." In Hausmann et al. 1989, 1:704-726.

Israel, D. J. 1983. "Interpreting Network Formalism." Computers and Mathmatics with Applications 9:1-13.

Jackendoff, R. 1983. Semantics and Cognition. Cambridge: MIT Press.

Jackendoff, R. 1990. Semantics Structures. Cambridge: MIT Press.

Jackendoff, R. 1992. Language of the Mind. Cambridge: MIT Press.

Jacob, P. 1993. "Is the Alternative between Meaning Atomism and Meaning Holism Exhaustive?" Paper given at the First European Society for Analytic Philosophy Conference, Aix-en-Provence, France.

Johnson-Laird, P. 1983. Mental Models. Cambridge: Cambridge University Press.

Johnson-Laird, P. 1986. "How is Meaning Mentally Represented?" In U. Eco, M. Santambrogio, and P. Violi (eds.), Meaning and Mental Representations, 99-118. Milan, Italy: Bompiani.

Kant, I. 1929. Critique of Pure Reason. Translated by N. Kemp Smith. London: Macmillan and Co. First published as Kritik der reinen Vernunft, 1st ed., 1781; 2nd ed., 1787.

Kaplan, D. 1970. "What is Russell's Theory of Descriptions?" In W. Yourgrau (ed.), Physics, Logic, and History. New York: Plenum Press.

Katz, J. J. 1972. Semantic Theory. New York: Harper and Row.

Katz, J. J. 1987. "Common Sense in Semantics." In E. Lepore and B. Loewer (eds.), New Directions in Semantics, 55–81. London: Academic Press.

Katz, J. J., and J. Fodor. 1963. "The Structure of a Semantic Theory." Language 39:170–210.

Katz, J. J., and A. Ellis. 1987. "A Cognitive Neuropsychological Case Study of Anomia." Brain 110:613–629.

Kay, J., and A. Ellis. 1987. "A Cognitive Neuropsychological Case Study of Anomia." *Brain* 110:613–629.

Keil, F. C. 1986. "The Acquisition of Natural Kind and Antifact Terms." In W. Demopoulos and A. Marras (eds.), Language Learning and Concept Acquistion, 133–153. Norwood, N. J.: Ablex.

Keil, F. C. 1987. "Conceptual Development and Category Structure." In Neisser 1987a, 175–200.

Kripke, S. 1972. *Naming and Necessity*. In G. Harman and D. Davidson (eds.), *Semantics of Natural Language*. Dordrecht, Holland: Reidel.

Lakoff. G. 1987. Women, Fire, and Dangerous Things. Chicago: University of Chicago Press.

Lehmann, F. (ed.). 1992. Semantic Networks. Special issue of Computers and Mathematics with Applications 23:2–9.

Lenat, D. B., and E. A. Feigenbaum. 1991. "On the Thresholds of Knowledge." Artificial Intelligence 47:185–250.

Lewis, C. I. 1943–1944. "The Modes of Meaning." Philosophy and Phenomenological Research 4:236–249. Later published in Linsky 1952.

Lewis, D. 1970. "General Semantics." Synthese 22:18–77.

Linsky, L. (ed.). 1952. Semantics and the Philosophy of Language. Urbana, Ill.: University of Illinois Press.

Loar, B. 1981. Mind and Meaning. Cambridge University Press.

Locke, J. 1975. An Essay Concerning Human Understanding. Oxford: Clarendon. First published in 1960.

Malt, B. C. 1990. "Features and Beliefs in the Mental Representation of Categories." Journal of Memory and Language 29:289–315.

Marconi, D. 1987. "Two Aspects of Lexical Competence." Lingua a Stile 22:385–395.

Marconi, D. 1989. "Rappresentare il significato lessicale." In Viale, R. (ed.), Mente

umana, mente artificiale, 76–83. Milan, Italy: Feltrinelli.
Marconi, D. 1991. "Understanding and Reference." Sémiotiques 1:9–25.
Marconi, D. 1995a. "On the Structure of Lexical Competence." Aristotelian Society Proceedings 95:131–150.
Marconi, D. 1995b. "Fodor and Wittgenstein on Private Language." In R. Egidi (ed.), Wittgenstein: Mind and Language, 107–115. Dordrecht, Holland: Kluwer.
Marello, C. (ed.). 1989. Alla ricerca della parola nascosta. Firenze, Italy: La Nuova Italia.
Marr, D. 1982. Vision. New York: Freeman and Co.
McCarthy, R. A., and E. K. Warrington. 1986. "Visual Associate Agnosia: A Clinicoanatomical Study of Single Case." Journal of Neurology, Neurosurgery, and Psychiatry 49:1233–1240.
McCarthy, R. A., and E. K. Warrington. 1988. "Evidence for Modality-Specific Meaning Systems in the Brain." Nature 334:428–430.
McGinn, C. 1981. "The Mechanism of Reference." Synthese 49:157–186.
McGinn, C. 1982. "The Structure of Content." In A. Woodfield (ed.), Though and Object. Oxford: Clarendon Press.
McKenna, M., and R. Robinson. 1980. An Introduction to the Cloze Procedure: An Annotated Bibliography. Newark, N.J.: International Reading Association.
McKevitt, P. (ed.). 1996. Integration of Natural Language and Vision Processing, Vol. 3, Computational Models and Systems. Dordrecht, Holland: Kluwer. Forthcoming.
Meini, C., and A. Paternoster. 1996. "Understanding Language Through Vision." In McKevitt 1996.
Miceli, C., L, Giustolisi, and A. Caramazza. 1991. "The Interaction of Lexical and Non-lexical Processing Mechanisms: Evidence from Anomia." Cortex 27:57–80.
Minsky, M. 1975. "A Framework for Representing Knowledge." In P. Winston (ed.), The Psychology of Computer Vision, 211–277. New York: McGraw Hill.
Montague, R. 1974a. "English as a Formal Language." In Montague 1974b. First published in 1970.
Montague, R. 1974b. Formal Philosophy: Selected Papers of Richard Montague. Edited by R. H. Thomson. New Haven: Yale University Press.
Montague, R. 1974c. "The Proper Treatment of Quantification in Ordinary English."

In Montague 1974b. First published in 1973.

Moravcsik, J. 1981. "How Do Words Get Their Meaning?" Journal of Philosophy 78:5–24.

Neisser, U. (ed.). 1987a. Concepts and Conceptual Developments: Ecological and Intellectual Factors in Categorization. Cambridge: Cambridge University Press.

Neisser, U. 1987b. "From Direct Perception to Conceptual Structure." In Neisser 1987a, 11–23.

Osherson, D. N., and E. E. Smith. 1981. "On the Adequacy of Prototype Theory as a Theory of Concepts." Cognition 9:35–58.

Palazzi, F., and G. Folena. 1992. Dizionario della lingua italian, With the collaboration of C. Marello, D. Marconi, and M. Cortelazzo. Torino, Italy: Loescher.

Partee, B. 1981. "Montague Grammar, Mental Representations, and Reality." In S. Oehman and S. Kanger (eds.), Philosophy and Grammar, 59–78. Dordrecht, Holland: Reidel.

Pears, D. 1979. "The Relation between Wittgenstein's Picture Theory of Propositions and Rusell's Theory of Judgment.

" In C. G. Luckhardt (ed.), Wittgenstein: Sources and Perspectives, 190–212. Ithaca: Cornell University Press.

Peirce, C. S. 1934–1948. Collected Papers. Cambridge: Harvard University Press.

Perry, J. 1977. "Frege on Demonstratives." Philosophical Review 86:474–497.

Perry, J. 1994. "Fodor and Lepore on Holism." Philosophical Studies 73:123–138.

Pustejovsky, J. 1991. "The Generative Lexicon." Computational Linguistics 17: 409–441.

Putnam, H. 1975a. "The Analytic and the Synthetic." In Philosophical Papers, vol. 2, Mind, Language, and Reality, 33–69. Cambridge: Cambridge University Press.

Putnam, H. 1975b. "Is Semantics Possible?" In Philosophical Papers, vol. 2, Mind, Language, and Reality, 139–152. Cambridge: Cambridge University Press. First published in 1970.

Putnam, H. 1975c. "The Meaning of 'Meaning'." In Philosophical Papers, vol. 2, Mind, Language, and Reality, 215–271. Cambridge: Cambridge University Press.

Putnam, H. 1979. "Reference and Understanding." In A. Margalit (ed.), Meaning and Use, 199–217. Dordrecht, Holland: Reidel.

Putnam, H. 1981. "Brains in a Vat." In Reason, Truth, and History, 1–21. Cambridge: Cambridge University Press.

Putnam, H. 1983a. "Models and Reality." In Philosophical Papers, vol. 3, Realism and Reason, 1–25. Cambridge: Cambridge University Press. First published in Journal od Symbolic Logic 46 (1980): 464–482.

Putnam, H. 1983b. "Reference and Truth." In Philosophical Papers, vol. 3, Realism and Reason, 69–86. Cambridge: Cambridge University Press.

Putnam, H. 1983c. "Two Dogmas' Revisited." In Philosophical Papers, vol. 3, Realism and Reason, 87–97. Cambridge: Cambridge University Press. First published in 1976.

Putnam, H. 1992. Renewing Philosophy. Cambridge: Harvard University Press.

Quillian, M. R. 1968. "Semantic Memory." In M. Minsky (ed.), Semantic Information Processing. Cambridge: MIT Press.

Quine, W. V. O. 1952. "Notes on Existence and Necessity." In Linsky 1952, 75–91. First published in Journal of Philosophy, 1943.

Quine, W. V. O. 1953. "Two Dogmas of Empiricism." In W. V. O. Quine, From a Logical Point of View. Cambridge: Harvard University Press. First published in Journal of Philosophy Review, 1951.

Quine, W. V. O. 1969. Ontological Relativity and Other Essays. New York: Columbia University Press.

Quine, W. V. O. 1970. Philosophy of Logic. Englewood, N.J.: Prentice-Hall.

Quine, W. V. O. 1973. The Roots of Reference. La Salle, Ill.: Open Court.

Quine, W. V. O. 1986. Replies. In Hahn and Schilpp 1986.

Quine, W. V. O. 1991. "Two Dogmas in Retrospect." Canadian Journal of Philosophy 21:265–274.

Récanati, F. 1993. Direct Reference. Oxford: Blackwell.

Reiter, R., and G. Crisculo. 1980. "Some Representaional Issues in Default Reasoning." Technical report 80–7, Dept. of Computer Science, University of British Columbia.

Rescher, N. 1994. Philosophical Standardsim. Pittsburgh: University of Pittsburgh Press.

Rey, G. 1983. "Concepts and Stereotypes." Cognition 15:237–262.

Riddoch, M. J., and G. W. Humphreys. 1987a. "Visual Object Processing in Optic Aphasia: A Case of Semantic Access Agnosia." Cognitive Neuropsychology 4:131–185.

Riddoch, M. J., and G. W. Humphreys. 1987b. "A Case of Integrative Visual Agnosia." Brain 110:1431–1462.

Rich, E. 1983. Artificial Intelligence. New York: McGraw–Hill.

Rorty, R. 1979. Philosophy and the Mirror of Nature. Princeton: Princeton University Press.

Rosch, E. 1973. "On the Internal Structure of Perceptual and Semantic University Press.

Rosch, E. 1975a. "Cognitive Representation of Semantic Categories." Journal of Experimental Psychology: General 104:192–233.

Rosch, E. 1975b. "Universals and Cultural Specifics in Human Categorization." In R. Brislin, S. Bochner, and W. Lonner (eds.), Cross–Cultural Perspectives on Learning, 177–205. New York: Sage/Halsted.

Rosch, E. 1978. "Principles of Categorization." In E. Rosch and B. B. Lloyed (eds.), Cognition and Categorization. Hillsdale: Erlbaum.

Rosch, E. 1987. "Wittgenstein and Categorization Research in Cognitive Psychology." In M. Chapman and R. A. Dixon (eds.), Meaning and the Growth of Understanding. Berlin: Springer.

Rosch, E., C. B. Mervis, W. D. Gray, D. M. Johnson, and P. Boyes–Braem. 1976. "Basic Objects in Natural Categories." Cognitive Psychology 8:382–439.

Rosenfeld, A. 1988. "Computer Vision." In Advances in Computers, 27:265–308. New York: Academic Press.

Russell, B. 1950. An Inquiry into Meaning and Truth. London: Allen and Unwin.

Sartori, G., M. Coltheart, M. Miozzo, and R. Job. 1994. "Category Specificity and Informational Specificity in Neuropsychological Impairment of Semantic Memory." In C. Umiltà and M. Moscovitch (eds.), Conscious and Nonconscious Information Processing, Attention and Performance, no. 15, 537–544. Cambridge: MIT Press.

Schubert, L. K. 1976. "Extending the Expressive Power of Semantic Networks." Artificial Intelligence 7:163–198.

Searle, J. 1980. "Minds, Brains, and Programs." Behavioural and Brain Sciences 3:471–475.

Searle, J. 1982. "The Chinese Room Revisited." Behavioural and Brain Sciences 5:345–348.

Shallice, T. 1988. From Neuropsychology to Mental Structure. Cambridge: Cambridge University Press.

Shapiro, S. C. 1971. "A Net Structure for Semantic Information Storage, Deduction, and Retrieval." Proceedings of the International Joint Conference on Arificial Intelligence (London) 2:512–523.

Smith, B. C. 1991. "The Owl and the Electric Encyclopedia." Artificial Intelligence 47:251–288.

Stalnaker, R. 1993. "Twin Earth Revisited." Aristotelian Society Proceedings 93:297–311.

Strawson, P. F. 1952. Introduction to Logical Theory. London: Methuen.

Taylor, W. C. 1953. "'Cloze' Procedure: A New Tool for Measuring Readability." Journalism Quarterly 30:416–438.

Thomason, R. H. 1974. Introduction to Montague 1974b.

Thomason, R. H. 1991. "Knowledge Representation and Knowledge of Words." In J. Putejovsky and S. Gergler (eds.), Lexical Semantics and Knowledge Representation, 1–8. Berkeley, Calif.: Association for Computational Linguistics.

Tye, M. 1991. The Imagery Debata. Cambridge: MIT Press.

Warrington, E. K. 1975. "The Selective Impairment of Semantic Memory." Quarterly Journal pf Experimental Psychology 27:635–657.

Warrington, E. K. 1985. "Agnosia: The Impairment of Object Recognition." In J. A. M. Frederiks (ed.), Clinical Neuropsychology, Handbook of Clinical Neurology, rev. ser. no. 1 (=no. 45), 333–349. Amsterdam: Elsevier Science Publishers.

Warrington, E. K., and R. McCarthy. 1983. "Category Specific Access Dysphasia." Brain 106:859–878.

Warrington, E. K., and T. Shallice. 1984. "Category Specific Semantic Impairments." Brain 107:829–853.

Wettstein, H. 1986. "Has Semantics Rested on a Mistake?" Journal of Philosophy 83:185–209.

White, J. S. 1991. "Lexical and World Knowledge: Theoretical and Applied Viewpoints." In J. Pustejovsky and S. Berbler (eds.), Lexical Semantics and

Knowledge Representation, 139–149. Berkeley, Calif.: Association for Computational Linguistics.

Wilks, Y. 1982. "Some Thoughts on Procedural Semantics." In W. G. Lehnert and M. H. Ringle (eds.), Strategies for Natural Language Processing. Hillsdale: Erlbaum.

Winston, P. H., and B. K. P. Horn. 1984. LISP. 2nd edition. Reading: Addison-Wesley.

Wittgenstein, L. 1922. Tractatus Logico-philosophicus. London: Routledge and Kegan Paul.

Wittgenstein, L. 1953. Philosophische Untersuchungen. Oxford: Blackwell.

Wittgenstein, L. 1958. The Blue and Brown Books. Edited by R. Rhees. Oxford: Blackwell. 2nd edition, 1969.

Wittgenstein, L. 1974. Über Gewißheit. Oxford: Blackwell.

Woods, W. A., and J. C. Schmolze. 1992. "The KL-One Family." Computers and Mathematics with Applications 23:133–177.

찾아보기

[용어]

[인명]

저자 소개

디에고 마르코니 Diego Marconi (1947년 6월 10일 토리노에서 출생)

이탈리아의 철학자로서 2017년까지 토리노 대학에서 철학을 가르쳤다. 박사 학위 논문의 대상은 헤겔이지만 비트겐슈타인의 생각을 구체화한 것으로 유명하다. 그는 철학과 인지 과학, 컴퓨터 과학의 융합을 주장했던 사람으로서, 이탈리아 분석 철학 학회(SIFA)의 회장이자 유럽 철학 학회(ESAP)의 창립 멤버이다. 논저로는 이 책 Lexical Competence(MIT Press, 1997)와 Philosophy and Cognitive Science(Laterza, 2000)가 유명하다.

옮긴이 소개

신명선_ 서울대학교 사범대학 국어교육과 박사
(현) 인하대학교 국어교육과 교수

이기연_ 서울대학교 사범대학 국어교육과 박사
(현) 국립국어원 학예연구사

차경미_ 서울대학교 사범대학 국어교육과 국어교육 전공 박사 수료
(현) 서울대학교 국어교육연구소 연구원

강경민_ 서울대학교 사범대학 국어교육과 한국어교육 전공 박사 수료
(현) 서울대학교 행정대학원 한국어 강사

한국문법교육학회 【문법교육번역총서 4】

어휘 능력 Lexical Competence

초판 인쇄 2019년 3월 25일
초판 발행 2019년 3월 30일
저 자 Diego Marconi(디에고 마르코니)
역 자 신명선, 이기연, 차경미, 강경민
펴낸이 이대현
편 집 박윤정
디자인 최선주
펴낸곳 도서출판 역락
서울 서초구 동광로 46길 6-6 문창빌딩 2층
전화 02-3409-2058(영업부), 2060(편집부) | 팩시밀리 02-3409-2059
이메일 youkrack@hanmail.net
홈페이지 http://www.youkrackbooks.com
등록 1999년 4월 19일 제303-2002-000014호
ISBN 979-11-6244-237-1 94370
979-11-5686-809-5 (세트)

* 책값은 표지에 있습니다.
* 파본은 구입처에서 교환해 드립니다.